本书系广东省哲学社会科学规划项目《"海上丝绸之路"背景下粤港澳旅游文化遗产挖掘、保护及其传承研究》（GD18XGL08）最终成果；

本书系广东财经大学省级一流本科专业旅游管理专业、自然地理与资源环境专业建设成果；

本书系广州市人文社会科学重点研究基地"广州文化和旅游融合发展研究基地"研究成果。

光明社科文库
GUANGMING DAILY PRESS:
A SOCIAL SCIENCE SERIES

·历史与文化书系·

粤港澳旅游文化遗产保护利用及价值传承研究

秦 学 | 著

光明日报出版社

图书在版编目（CIP）数据

粤港澳旅游文化遗产保护利用及价值传承研究 ／ 秦学著 . -- 北京：光明日报出版社，2023.10

ISBN 978 - 7 - 5194 - 7717 - 2

Ⅰ. ①粤… Ⅱ. ①秦… Ⅲ. ①旅游文化—旅游业发展—研究—广东、香港、澳门②文化遗产—保护—研究—广东、香港、澳门 Ⅳ. ①F592.765②G127.65

中国国家版本馆 CIP 数据核字（2024）第 011096 号

粤港澳旅游文化遗产保护利用及价值传承研究
YUE-GANG-AO LÜYOU WENHUA YICHAN BAOHU LIYONG JI JIAZHI CHUANCHENG YANJIU

著　者：秦　学

责任编辑：杨　娜　　　　　　责任校对：杨　茹　董小花

封面设计：中联华文　　　　　　责任印制：曹　净

出版发行：光明日报出版社

地　　址：北京市西城区永安路 106 号，100050

电　　话：010-63169890（咨询），010-63131930（邮购）

传　　真：010-63131930

网　　址：http://book.gmw.cn

E - mail：gmrbcbs@ gmw.cn

法律顾问：北京市兰台律师事务所龚柳方律师

印　　刷：三河市华东印刷有限公司

装　　订：三河市华东印刷有限公司

本书如有破损、缺页、装订错误，请与本社联系调换，电话：010-63131930

开　　本：170mm×240mm

字　　数：228 千字　　　　　　印　　张：14

版　　次：2024 年 4 月第 1 版　　印　　次：2024 年 4 月第 1 次印刷

书　　号：ISBN 978 - 7 - 5194 - 7717 - 2

定　　价：89.00 元

前 言

党的十八大召开以来，中国特色社会主义进入了新时代，党中央对新时代中国特色社会主义建设做出了一系列战略决策和部署。2017年《深化粤港澳合作、推进大湾区建设框架协议》签署，标志着由国家主导、地方为主体的粤港澳大湾区建设正式启动，2018年《粤港澳大湾区发展规划纲要》正式推出并实施。粤港澳大湾区，作为自20世纪90年代末港澳回归以后形成的紧密连接粤港澳大珠三角地区的核心区域，近年来成为业界和学界关注的中国经济发展版图的热土。围绕粤港澳大湾区的相关学术研究也逐渐丰富起来，这方面的研究成果，比较多集中在大湾区的历史沿革和地理概况、产业融合与经济协作、商贸物流与交通建设、科技合作与金融服务、人才交流与文化融合、制度互鉴与政策互动、生态建设与环境共治等内容上。而关于大湾区的人文精神与历史遗产、民族与国家认同、共有精神与价值观塑造等相关研究相对较少，这在越来越多的粤港澳地区（以大湾区为核心）的学术研究中，不得不说是一个缺憾。

文化遗产作为一个民族、一个国家、一个集体长久历史发展中传承下来的最宝贵的财富，在我国21世纪民族振兴、文化复兴的大业中，具有弥足珍贵的作用和意义。深入挖掘、整理我国深厚的地方历史文化遗产，对于国家的繁荣昌盛、民族凝聚力的锻造和中华文明的寻根探源具有重大的历史和现实意义。粤港澳地区作为岭南文化的典型代表区域，千百年来创造了独具特色、自成一体的文化遗产体系，在"21世纪海上丝绸之路"背景下，这些还远未被充分发掘、有效利用的文化遗产，有待学者深入、系统研究。把研究扎根岭南的山水间，把论文写在祖国的大地上，是当代岭南学人的责任和使命。基于这份责任和情怀，作者于四年前申请了广东省哲学社会科学规划项目"'海上丝绸之路'背景下粤港澳旅游文化遗产挖掘、保护及其传承研究"，得到资助后，怀着崇高的使命感和强烈的责任感，认真完成了课题研究，最终成果得到同行专家的认可。本书是在课题结项成果（专著）的基础上完善而成的，作者旨在抛砖引玉，以有限的知识和水平，为粤港澳文化遗产的保护利用与传承工程做些微薄贡献，主要目的还是希望引起越来越多学界、业界、政界、商界等社会各界对粤港澳地区文化遗产的重视。期盼在市场经济的滚滚洪流中，能够守护着祖先存留并传承给我们的宝贵遗产"家园"不被冲刷掉，也为我们的后世留一些我们这个民族不朽的东西——中华文明及其精神基因。

序一
以新视野新维度新方法阐释
粤港澳旅游文化遗产保护利用及价值传承

　　高质量发展是全面建设社会主义现代化国家的首要任务。党的十八大以来，中国特色社会主义进入新时代，中国式现代化进入新阶段。党的二十大擘画的中国式现代化的宏伟蓝图，是以中国式现代化全面推进中华民族伟大复兴的根本道路遵循。全面贯彻落实党的二十大精神，更要聚焦加快构建新发展格局，着力推动高质量发展，推进粤港澳大湾区建设，支持香港、澳门更好融入国家发展大局，为实现中华民族伟大复兴更好发挥作用。建设粤港澳大湾区是习近平总书记亲自谋划、亲自部署、亲自推动的重大国家战略。全面贯彻落实党的二十大精神，培育建设粤港澳大湾区世界级旅游目的地，推进文化自信自强，铸就社会主义文化新辉煌，坚持以文塑旅、以旅彰文，推进文化和旅游深度融合发展。深入挖掘、整理我国深厚的地方历史文化遗产，对于国家的繁荣昌盛、民族凝聚力的锻造和中华文明的寻根探源具有重大的历史和现实意义。粤港澳地区作为岭南文化的典型代表区域，千百年来创造了独具特色、自成一体的文化遗产体系。新时代深入、系统研究粤港澳旅游文化遗产保护利用及价值传承，把研究扎根岭南的山水间，把论文写在祖国的大地上，是当代岭南学人的责任和使命。基于这份责任和情怀，广东财经大学秦学教授于四年前成功申请了广东省哲学社会科学规划项目"'海上丝绸之路'背景下粤港澳旅游文化遗产挖掘、保护及其传承研究"，几经努力已经到了收获的美好季节，现由光明日报出版社出版。

看到《粤港澳旅游文化遗产保护利用及价值传承研究》这个书名，就深深感到该书目光不是局限于粤港澳旅游文化遗产保护利用及价值传承，而是充分彰显大湾区的人文精神与历史遗产、民族与国家认同、共有精神与价值观塑造，将文化的发展与经济社会环境的发展联系起来，将人民文化生活质量的提高与相关产业的发展关联起来，展现出有情怀的学者的责任担当。而静心细读，您将深深感悟到此乃人生一种享受，是辨门径、识堂奥之经典，在时空中穿行，与文化、与经济、与生活交融，融入大局，值得细细读、慢慢品、久久回味。

创新乃生命之源，如何让源远流长的粤港澳旅游文化遗产在当今时代焕发新的光彩？如何坚持国际视野和中国实际，在文明的交流对话中呈现粤港澳旅游文化遗产的传承利用与特殊时代价值？如何让精深的粤港澳旅游文化遗产经典为广大公众所理解、吸收，并在构建人类命运共同体中共享发展成果，更在保证学术严谨的同时兼顾普及性？该书的创新体现在以下四方面：立足当代性，择取粤港澳旅游文化遗产精华，与当代经济社会高质量发展的文化价值观和审美观结合，实现粤港澳旅游文化遗产的当代呈现；旨在世界性，以国际视野研读粤港澳旅游文化遗产，以世界表达讲述粤港澳旅游文化遗产，体现粤港澳旅游文化遗产在世界的独特价值；秉承原创性，所有均为原创并吸收新的研究成果和材料，着重引入近年来对粤港澳旅游文化遗产有所突破和创新的成果；志在普及性，以"大家写小书"为原则，用新语言、新形式讲好粤港澳旅游文化故事，提升粤港澳大湾区的世界影响力。期盼在市场经济的滚滚洪流中，能够守护着祖先存留并传承给我们的宝贵遗产"家园"不被冲刷掉，也为我们的后世留一些我们这个民族不朽的东西——中华文明及其精神基因。

该书不做高高在上、非专业人士无法深入理解的庙堂式学术研究，而是以"俯首甘为孺子牛"的态度，将佶屈聱牙的哲理与晦涩难懂的理论，以平易近人、深入浅出的方式呈现出来，研究了粤港澳旅游文化遗产的当代价值和精神谱系，提出了粤港澳旅游与文化产业融合的模式及文化传承工程，以文化形象提升文化知名度、以文化价值凸显文化生命力、以现代科技打造文化竞争力传承粤港澳旅游文化遗产，是一本值得一读再读的好书。

成功延续人类的文明，也让这个世界更加美丽。文化遗产作为一个民族、一个国家、一个集体长久历史发展中传承下来的最宝贵的财富，在我国 21 世纪民族振兴、文化复兴的大业中，具有弥足珍贵的作用和意义。品读《粤港澳旅游文化遗产保护利用及价值传承研究》一书，受益匪浅。

广东省习近平新时代中国特色社会主义
思想研究中心特约研究员
第二届广东省人民政府决策咨询顾问
委员会专家委员
广东省社会科学院环境与发展研究
所所长、研究员
庄伟光
2023 年初夏于羊城

序二

　　广东享开放风气之先，早在四五千年前的新石器时代，居住在南海之滨的岭南先民就已经使用平底小舟，从事海上渔业生产。而在随后的"海上丝绸之路"的发展演变过程中，广东一直都扮演着对外交往的重要角色。在中国改革开放的历程中，更是开创了多个全国第一。随着香港、澳门回归祖国，以及中央政府提出打造粤港澳大湾区，建设世界级城市群的战略布局，创新发展与文化传承已经成为大湾区发展中的核心内容之一。

　　适逢粤港澳大湾区建设如火如荼之际，欣闻秦学教授的新作《粤港澳旅游文化遗产保护利用及价值传承研究》付梓。该学术著作以"21世纪海上丝绸之路"为时代背景，深入系统地分析汇总了岭南地区千百年来创造的独具特色、自成一体的文化遗产体系，并对未来粤港澳旅游文化遗产价值传承与传播提供了决策参考。

　　秦学教授的学术成果体现了与以往旅游资源研究不同的几个特点。

　　第一，跳出了传统的以旅游资源调查与评价为基础的旅游资源研究和管理范式。本著作独辟蹊径地以"海上丝绸之路"作为历史主线，并以此为纲将广东（粤）及港澳（近代以来）对外商贸文化交流历史中形成和遗存（曾经的、现存的）的文化遗产资源串联起来，让原本散布于大湾区各地的文化遗产有了共同的历史脉络，瞬间鲜活了起来。

　　第二，以宽口径对粤港澳大湾区的旅游文化遗产资源进行了系统整理与挖掘。该专著将大湾区各城市对外旅游文化交流历史中形成和遗存的各类文化遗产资源，进行了分门别类的整理。对资源的整理工作秉承了"大旅游"的观念，因此，书中的资源分析结果，可在最大限度上保留未来湾区文化遗产旅游发展的多元性和弹性。

　　第三，对粤港澳大湾区可以恢复与抢救的文化遗产旅游资源按照不同类别进行了深入研究与分析，并在此基础上提出了相应的资源保护与开发的模式。该著作也基于研究者的实证研究，就"海上丝绸之路"粤港澳旅游文化遗产价值传承与传播提出了发展建议。

　　该著作是以创新的历史视角，对粤港澳地区千百年来创造的独具特色、自成一体的文化遗产体系的重新审视。书中作者对资源的规范性和系统性的分析整理、翔实充分的数据和资讯的获取、精彩纷呈的观点阐述等都展现了秦学教授努力把研究扎根在岭南的山水间，把论文写在祖国的大地上的责任、使命与情怀。有感于作者扎根地方、追求创新的情怀和本书蕴含的学术价值，特作此序！

李玺　博士/教授

2023 年 5 月于澳门城市大学

目 录
CONTENTS

第一章

绪　论

第一节　研究背景与意义

二战以后，世界经济进入全球化时代，以国际贸易和海洋运输为主体的经济交往方式，促使各国将产业布局由其内陆推向沿海，以制造业、贸易运输和金融服务为主的产业部门纷纷向沿海地区集聚。拥有广阔腹地、优良港口、综合交通体系的"湾区"，成为国家经济发展和参与国际分工与合作的龙头，成为全球经济发展的重要增长极。经过近百年的发展，世界形成了东京湾区、纽约湾区和旧金山湾区三大世界级大湾区。这三大湾区均是所在国（日本、美国）经济增长、人才规模、科技创新、基础设施与公共服务的"航母"，成为该国的经济窗口及城市化标杆。

2008 年金融危机爆发后，世界经济发展及全球化步伐趋于放缓，全球贸易与分工出现新变化，我国经济进入新常态。在此背景下，党的十八届三中全会提出了加快实施新一轮高水平对外开放，加快培育引领国际经济合作竞争新优势，加快实施创新驱动发展战略，推动经济发展方式转变，实现由增长速度向质量效益的转变。在国家"双向"开放、"一带一路"建设和实现经济发展方式转变的战略背景下，重新定位港澳珠三角地区的功能角色具有重要的战略意义。党的十九大报告提出："要支持香港、澳门融入国家发展大局，以粤港澳大湾区建设、粤港澳合作、泛珠三角区域合作等为重点，全面推进内地同香港、澳门互利合作。"2019 年 2 月 18 日，中共中央、国务院印发了《粤港澳大湾区发展规划纲要》，指出要打造粤港澳大湾区，建设世界级城市群，重塑区域发展新优势，引领中国参与新一轮国际竞争，助推中国经济由大到强，实现中华民族伟大复兴的中国梦。

粤港澳大湾区包括香港特别行政区、澳门特别行政区和广东省广州市、深圳市、珠海市、佛山市、惠州市、东莞市、中山市、江门市、肇庆市（以下称珠三角九市），总面积5.6万平方千米，总人口7000多万，是我国开放程度最高、经济活力最强的区域之一，在国家发展大局中具有重要战略地位。

粤港澳大湾区不仅是一个经济的湾区，也是一个文化的湾区，这里是中国改革开放新文化的发源地，也是我们国家文化发展的重要阵地。湾区文化是湾区创造经济价值的重要组成部分，为湾区经济的发展提供智力支持。粤港澳大湾区拥有独特的地理位置、特殊的区情、独特的文化差异和历史积淀以及庞大的经济体，使得它拥有作为经济、金融等中心的社会资源优势。它对内集合内部资源，对外实现扩散流动，它所产生的价值是其他地区无法等量获得的。湾区价值资源既是湾区文化核心竞争力的来源，也是推动湾区文化持续发展的动力，同时湾区建设需要这种独具特色的、动态的文化范式。

世界其他三大湾区也同样是文化湾区。纽约以英国的传统重镇约克郡为名，发展出一种民间化、自由化而又具有活力的开放型城市文化。而旧金山的文化则具有强大的开放性，各种文化都毫无障碍地融合。东京的歌舞伎、能剧、相扑等日本传统文化与现代商业文明高度融合，并行不悖。习近平总书记在党的十九大报告中强调要坚持"一国两制"，推进祖国统一，又强调要支持香港、澳门融入国家发展大局。港澳两地文化与珠三角内地基本相同，在语言、风俗、生活习惯、审美观、价值观等方面都非常接近。这种文化上的同质性拉近了彼此的距离，有利于集体团结。传承发展粤港澳湾区文化，能推进港澳与内地的文化交流，增强湾区人的文化归属感，从而产生更大的凝聚力，推动"一国两制"的贯彻实行。湾区文化是海洋的文化，是多元的文化，也是开放包容、兼容并蓄的文化。发扬湾区文化的开放性，是推动大湾区进一步发展成中国南方甚至太平洋西海岸文化中心的基础，使粤港澳湾区以更开放的文化态度融入"21世纪海上丝绸之路"。

因此，探讨粤港澳大湾区的文化，对湾区经济的发展具有重要意义。梳理大湾区文化遗产资源，能够为"21世纪海上丝绸之路"的经贸、文化、旅游交流提供文化基因和文化资本支持，为粤港澳世界级大湾区建设提供源远流长的文化血液，为广东的文化产业发展和文化强省建设提供助力，对广东（岭南）文化引领中华文化走向世界、实现中华民族伟大复兴具有重要的战略意义。

第二节　研究目标与内容

本书研究"海上丝绸之路"形成以来，广东（粤）及港澳（近代以来）对外商贸文化交流历史中形成和遗存（曾经的、现存的）的文化遗产资源；从大旅游视角考察各类文化遗产形成及演变的历史路径、数量和类型、遗存方式和特征；研究各类文化遗产的历史和当代价值，特别是在"21世纪海上丝绸之路"中外旅游文化交流和粤港澳大湾区国家战略中的价值和贡献。主要研究内容如下。

"海上丝绸之路"与广东对外交流史。主要包括"海上丝绸之路"的背景及历史、"海上丝绸之路"与广东对外文化交流、"海上丝绸之路"的旅游文化交流、广东与"海上丝绸之路"、广东"海上丝绸之路"文化遗产分布，其中广东"海上丝绸之路"文化遗产分布为港航遗存、外销品生产基地、文化交流遗存、海神信仰建筑、海防设施等类别。

粤港澳旅游文化遗产挖掘与整理。挖掘"海上丝绸之路"形成以来，广东（粤）及港澳（近代以来）对外旅游文化交流历史中形成和遗存的各类文化遗产资源，分门别类整理各类旅游文化遗产（按类型分为山水和城乡景观、民居与建筑、商业与交通、民俗生活方式、组织和社群、民间文学艺术、祭祀和宗教等文化遗产；按地域分为广府、潮汕、客家、港澳和华侨五个次地域文化遗产）的数量和类型、地区分布、遗存方式和特征。

粤港澳旅游文化遗产开发与保护。研究粤港澳现存及可以抢救和恢复的旅游文化遗产资源的保护措施及合理开发模式，如岭南传统村落和城市建筑遗产、名人故居和革命文化遗产、古迹和古驿道文化遗产、滨海地区古港遗址、宗祠与宗教文化遗产、非物质文化遗产等文化遗产的开发利用和保护现状。

"海上丝绸之路"粤港澳旅游文化遗产价值传承与传播。包括粤港澳旅游文化遗产的当代价值及精神谱系、旅游产业和文化产业融合发展、文化探源与文化传世工程建设、文化形象建构与旅游品牌塑造、文化的海外传播等。

第三节 研究技术路径与方法

一是文献资料研究。课题组前往粤港澳三地代表性的图书馆、博物馆、档案馆，搜集"海上丝绸之路"及与广东相关的文献资料，研究广东沿"海上丝绸之路"的对外交流史；挖掘、整理粤港澳对外旅游文化交流历史中形成和遗存的各类文化遗产资源，分门别类整理各类旅游文化遗产的数量和类型、地区分布、遗存方式和特征。

二是田野调查研究。在前面文献资料分析基础上，对挖掘整理形成的"粤港澳旅游文化遗产资源谱系"进行田野调查考证，针对各类型、各地区的旅游文化遗产，选取代表性的地点和对象，实地考察、调查、访问，考证各地区现存各类旅游物质文化遗产（自然和人工景观）资源和非物质遗产（人文社会景观和事项）资源的数量、类型、遗存方式、特征，收集整理成类、成集。深入了解各类旅游文化遗产的保护与开发状况。

三是综合对策研究。在历史分析、文献资料研究、田野调查考证基础上，分析广东（及港澳）在千年"海上丝绸之路"中的地位和作用，展望粤港澳在"21世纪海上丝绸之路"的战略地位，评估粤港澳旅游文化遗产资源在粤港澳世界级大湾区建设和"21世纪海上丝绸之路"中的重大价值。进而构建面向"21世纪海上丝绸之路"的粤港澳旅游文化遗产价值传承传播的系统框架，从传承传播内容构建、空间传播路径、历史传承途径三方面进行系统设计：内容上包括粤港澳旅游文化遗产的当代价值及精神谱系、旅游产业和文化产业融合发展、文化探源与文化传世工程建设、文化形象建构与旅游品牌塑造、文化的海外传播等；空间上主要面向"21世纪海上丝绸之路"沿线国家和地区；历史时间上着眼中华民族文化伟大复兴的新时代及长远的未来。

本书研究的技术路径如图1-1：

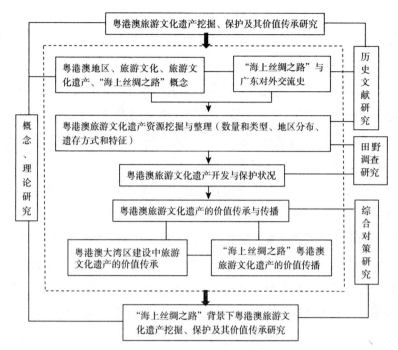

图1-1 本书研究的技术路径

第四节 主题词与核心思想

一、"海上丝绸之路"

"海上丝绸之路",一般是指从秦汉时期至鸦片战争前中国与世界进行政治、经济、文化交往的海上通道,主要包括由中国通往朝鲜半岛及日本列岛的东海航路和由中国通往东南亚及印度洋地区的南方航路。迄今发现最早正式提出"海上丝绸之路"一词的是日本考古学家三杉隆敏,他在1967年出版的《探寻海上的丝绸之路——东西陶瓷交流史》中首次使用"海上丝绸之路"一词。1991年王翔发表《谁最早提出"海上丝绸之路"?》一文,认为最早使用"海上丝绸之路"一词的中国人是饶宗颐先生。饶宗颐先生认为,中国丝绸自古迄今闻名海外,以"丝绸"或"丝绸之路"作为中外交通的象征,尤为恰当。他又对"海上丝绸之路"内涵进行界定,认为它实际上是古代中国与海外各国互通使节、贸易往来、文化交流的海上通道。北京大学陈炎教授对于"海上丝绸之路"的研究具有标志性的象征,他于1980年提出"海上丝绸之路"研究。陈炎教授之后,从事"海上丝绸之路"研究的学者越来越多,尤其是沿海一些港口城市向联合国申请"海上丝绸之路"非物质文化遗产活动,将"海上丝绸之路"研究推向新高潮,国家把建设"丝绸之路经济带"和"21世纪海上丝绸之路"作为今后国家对外发展战略①。

2013年9月7日,习近平总书记首次提出建设"丝绸之路经济带""21世纪海上丝绸之路"的重大倡议。2013年11月党的十八届三中全会明确提出"加快同周边国家和区域基础设施互联互通建设,推进丝绸之路经济带、"海上丝绸之路"建设,形成全方位开放新格局"。"21世纪海上丝绸之路"上升为中国的国家目标,这是确定我国全球发展定位,实现从区域大国向新型全球大国迈进的长远谋划;是我国建设海洋强国,面向海洋拓展合作空间,建设陆海复合型强国目标的尝试;是我国统筹双多边各层次区域经济合作,更好地实施"走出去",推动与相关国家携手建设利益共同体和命运共同体的重要实践。

"21世纪海上丝绸之路"的构想源于古代"海上丝绸之路"。学术界一般认为,历代"海上丝绸之路"可分三大航线:一是东洋航线,由中国沿海港口通向朝鲜、韩国和日本的航线;二是南洋航线,由中国沿海港口至东南亚诸国;三是西洋航线,由中国沿海港口至南亚、西亚和东非沿海及美洲诸国的航线。中国政府提出的"21世纪海上丝绸之路"显然并不局限于古代"海上丝绸之路"所覆盖的范围,而是规模更为宏大。在"21世纪海上丝绸之路"计划刚刚提出时,有学者认为主要是为了加强与东南亚国家的合作。继而又有学者认为,"21世纪海上丝绸之路"可以远溯到非洲的莫桑比克,对中国与南亚、西亚交流起着重要作用。基于古代"海上丝绸之路"的航线和新时期的现实需要,"21世纪海上丝绸之路"可规划西线、东线和北线三个方向:西线由中国东南部沿海出发,过南海,经印度洋连接亚欧非;东线经东海连接南太平洋岛国至拉丁美洲、北美;北线则是连接日韩,利用北冰洋航线,加强东北亚合作的重要航

---

① 时平."海上丝绸之路"概念的历史考察:兼谈饶宗颐先生的学术贡献 [N].潮州日报,2016-02-04 (6).

道。其中的西线与横贯欧亚的"丝绸之路经济带""孟中印缅经济走廊"和"中巴经济走廊"连为一体，起到东西向连接东亚和南亚、中东，以及太平洋和印度洋，南北贯通中国西南内陆及中亚与印度洋的作用，具有重要的地缘政治和地缘经济意义。

"21世纪海上丝绸之路"作为"一带一路"的两翼之一，依托东南沿海，着眼东南亚，放眼亚太和非欧，是我国适应全球化趋势，再次融入世界潮流，与世界握手的蓝色宏图。"21世纪海上丝绸之路"是借用和平友好、通向繁荣的历史符号，以现代化海上大通道为基础，以构建我国为龙头的区域产业分工新体系为目标，与沿线国家共同打造的政治互信、经济融合、文化包容的合作发展带。

二、粤港澳大湾区

2014年，深圳市政府工作报告首提湾区经济；2015年3月，国家发改委、外交部、商务部经国务院授权发布了《推动共建丝绸之路经济带和"21世纪海上丝绸之路"的愿景与行动》，首次提出要"深化与港澳台合作，打造粤港澳大湾区"；2016年3月，国家"十三五"规划再次提出要"推动粤港澳大湾区和跨省区重大合作平台建设"，强调要"携手港澳共同打造粤港澳大湾区，建设世界级城市群"；2019年2月18日，中共中央、国务院印发《粤港澳大湾区发展规划纲要》。粤港澳大湾区不是一个单纯的空间、经济、产业概念，而是同时涵盖基础设施、体制机制、文化观念、生态环境等全方位的综合发展战略规划。

粤港澳大湾区是由广东省的广州、佛山、肇庆、深圳、东莞、惠州、珠海、中山、江门9市和香港、澳门两个特别行政区形成的城市群，面积达5.59万平方千米，2021年末人口达8600万，是中国开放程度最高、经济活力最强的区域之一。《粤港澳大湾区蓝皮书：中国粤港澳大湾区改革创新报告（2022）》显示，2021年粤港澳大湾区经济总量约12.63万亿元，比2017年增长约2.4万亿元。据中国国际经济交流中心预测，2022年粤港澳大湾区GDP将超越东京湾区，成为全球经济体量最大的湾区。截至2022年7月，大湾区进入世界500强企业25家，比2017年增加8家；大湾区拥有超50家"独角兽"企业、1000多个产业孵化器和近1.5万家投资机构；广东省现有高新技术企业超6万家，其中绝大部分都在粤港澳大湾区，比 2017 年净增加 2 万多家。①

三、"21 世纪海上丝绸之路"上的粤港澳大湾区

以广东占据主要地理空间的粤港澳大湾区背靠南海，是我国"海上丝绸之路"最早的发祥地之一，在古代"海上丝绸之路"发展史上具有重要地位。秦汉时期，开辟的东西方通向印度的航线，标志着丝绸之路的贯通。当时番禺（今广州）作为南越国的国都，是岭南的中心城市，凭借靠海和便利的海港条件，依靠丝绸之路的贯通，其对外贸易兴隆，成了当时南海地区的贸易中心和交通枢纽。这一时期，除了番禺外，古代历史典籍有记载的著名商业城市还有徐闻、合浦等。

秦汉到魏晋时期，航海技术的不断发展及航海知识的不断提高，奠定了"海上丝绸之路"进一步发展的基础。这一时期，从广东到东南亚各国的商船开辟了从广州启航，穿越海南东部海域进入南海的深海航线，而不需要像秦汉时期沿着海岸近海航行，这标志着广州成为"海上丝绸之路"的起点，这是"海上丝绸之路"发展史上的重大进步。

唐朝国力强盛，思想兼容并包，海外经济文化交流频繁，并在对外贸易中形成了一套完善的对外贸易制度体系。这些都是"海上丝绸之路"拓展和畅通的有利条件。值得一提的是，在唐朝以广州为起点的"通海夷道"历经南海、印度洋直至东非海岸，开辟了中世纪最长的远洋航道，在广州航海史上留下了浓墨重彩的一笔。另外，唐朝在广州设立市舶使（一般由岭南帅臣兼任）主管南海贸易，创新了对外贸易制度，直到清朝被推翻前一直发挥着积极作用。

宋元时期指南针应用于航海，造船技术和航海技术取得持续进步，对外贸易胜于前代，"海上丝绸之路"发展进入鼎盛阶段。元丰三年（1080 年）8 月，以程师孟方案为蓝本经过多次修订的外贸管理条例获准颁行，史称"元丰广州市舶条"，这表示中国对外贸易体系不断呈现出制度化管理的特点。

明朝初期，郑和七下西洋的壮举在加强与周边国家经济文化联系的同时，也有益于"海上丝绸之路"的发展，中后期的明政府海禁政策又确实打断了这

---

① 汪灵犀，金晨. 粤港澳大湾区建设"成绩单"亮眼 ［N］. 人民日报海外版，2022-07-07（10）.

一富有进取心的不经意的开拓尝试。对于采取了与明朝一脉相承的海禁政策的清朝而言，"一口通商"改写了清朝贸易发展史的走向。所谓的"一口通商"后来衍生出了一个著名的史学名词，即"十三行"。从 1757 年起，中国对外贸易收缩到仅剩广州一个窗口，而广州对外贸易又被"十三行"这些商行垄断，这种状况一直持续到鸦片战争五口通商为止。

近代以来，港澳由于特殊的历史条件和优越的地理位置，成为中西方经贸文化交流的窗口，新中国成立及改革开放以后，得益于港澳资金、港澳的回归，广东经济率先腾飞，特别是 21 世纪以来粤港澳大珠三角紧密关系的形成、大湾区战略的实施，粤港澳大湾区已成为我国区域发展的最强增长极，在引领"21世纪海上丝绸之路"中具有巨大的优势。

大湾区背靠大陆经济腹地，面向东南亚，位于亚太经济的核心位置，处于太平洋、印度洋、大西洋航运的枢纽位置。大湾区拥有全球通货能力最大、水深条件最好的区域性港口群，规模庞大，运输能力居国内领先的机场群和航线。便捷的海运和空运交通为大湾区与世界各国各地区的经贸往来和人员交流提供了保障。

大湾区地处南海之滨，凭海而立，因海而生，自古以来在连接中国与外国贸易、文化往来中起到不可替代的作用。大湾区也是最早受到西方工业文明影响的地区之一，开启了中国近现代工业文明的大门。20 世纪 80 年代末我国实施改革开放之后，借着"中国第一展（广交会）"每年吸引了大量的中外企业和商家前来参展、交流、合作，成为我国对外商贸的最重要平台。大湾区是我国华中、华南、大西南的重要出海口，海洋运输的重要枢纽，有通达东北印度洋、南亚次大陆国家的最短航路，有到达印度洋西岸、非洲国家的最近距离，有到达西亚和欧洲，实现"海上丝绸之路"与陆上丝绸之路海上对接的最便捷通道。

大湾区是我国第一侨乡，海外侨胞占全国的 2/3，其中丝绸之路沿线东南亚国家占广东海外华侨人数的 60% 以上，具有其他地区无可比拟的侨商优势。海内外粤商间的文化统一性、价值认同感和民族向心力，为大湾区建设"海上丝绸之路"提供了精神动力。其中，有 60% 以上的粤籍华人华侨生活在东南亚各国，包括泰国、马来西亚、印尼、菲律宾和新加坡等。改革开放以来，海外侨胞和港澳同胞在广东省的直接投资累计超过万亿元，随着改革开放不断深入，海外华侨与大湾区的经济社会联系更加密切，已成为我国与华侨所在国经贸合作和文明交流的桥梁，成为提升中国软实力的重要途径。

广东从古代作为最早的"海上丝绸之路"的发源地、交通枢纽到现代改革开放的前沿地带，一直与东南亚联系密切。在历史上，大量广东人赴南洋谋生，不少人选择了在东南亚等国定居，经过长期发展，大量的粤港澳籍华侨华人与东南亚各国在经济文化等方面相互融合，使岭南文化在"海上丝绸之路"沿线各国得到传播发展，为广东与东南亚国家架起沟通的桥梁，为双边和多边商贸带来了特殊的人文资源和精神动力。港澳珠江三角洲经济圈是中国最发达的经济区域之一，是三大增长极之一，粤港澳大湾区是世界第四大湾区。在转型阶段，"21世纪海上丝绸之路"将对"一家亲"的粤港澳大湾区产业升级产生巨大促进和提升。同时粤港澳也是华侨大区，与沿线国家和地区人文纽带长期不断，这个优势将很好地促进大湾区与"21世纪海上丝绸之路"的良好结合。

四、旅游文化遗产

（一）文化遗产

文化遗产，或称人类遗产，是对全人类具有普遍价值的共同财产的称呼。这一概念是20世纪70年代，伴随着世界各国工业化和社会发展的进程而提出来的，并不断完善。1972年11月，联合国教科文组织在巴黎发起并通过《保护世界文化和自然遗产公约》。公约指出保护人类共同遗产是世界人民和联合国义不容辞的责任和义务，并阐述了文化遗产的定义：从历史、艺术或科学角度看具有突出的普遍价值的建筑物、碑雕和碑画，具有考古性质成分或结构的铭文、窟洞以及联合体；从历史、艺术或科学角度看在建筑式样、分布均匀或与环境景色结合方面具有突出的普遍价值的单立或连接的建筑群；从历史、审美、人种学或人类学角度看具有突出的普遍价值的人类工程或自然与人联合工程以及考古地址等地方。文化遗产分为两大类：物质文化遗产和非物质文化遗产。物质文化遗产，在我国也被称为文物，主要分为两个方面：不可移动的文物，包括古遗址、古墓葬、古建筑、石窟寺、石刻、壁画、近现代重要史迹及代表性建筑等；可移动文物，包括历史上各个时代的重要实物、艺术品、文献、手稿、图书资料等。非物质文化遗产，联合国教科文组织通过的《保护非物质文化遗产公约》规定"非物质文化遗产"指被各群体、团体，有时为个人所视为其文化遗产的各种实践、表演、表现形式、知识体系和技能及其有关的工具、实物、工艺品和文化场所。非物质文化遗产包括五个方面：口头传统和表述，表演艺术，社会风俗、礼仪、节庆，有关自然界和宇宙的知识和实践，传统的手工艺技能。①

（二）旅游文化遗产

徐红罡认为，文化遗产是产生和使用于过去，经过历史汰洗留存到现在，并且应该被传诸未来的一种人类的共同财产，包括有形的文物和无形的但是可以通过口传心授、参与感受等方式传承的工艺、民俗等。文化遗产地的发展大都会经历被"发现"、被包装后推向市场，走入"商业化"的发展道路，文化资源丰富、经济资本稀缺的文化遗产地区域，特别希望通过文化旅游的发展，积累经济资本，促进本地经济的发展。文化遗产旅游是促进本地经济发展的主要手段和措施，通过将地方文化遗产转为地方经济资本，实现文化遗产旅游地的发展。②

在旅游成为当代社会大众化生活方式的背景下，文化遗产的旅游开发利用越来越成为一种普遍的方式，文化传承、传播，越来越多地通过旅游方式完成。旅游的本质是一种精神文化活动，是满足旅游审美需求的社会文化现象。随着科学技术的进步和文化教育的普及，人们的文化素质不断提高，消费观念也日益更新，人们对旅游活动的质量提出了更高的要求。旅游活动不再是仅满足于观光、休息、消遣和娱乐等简单的生理方面的需求，而是更希望在旅游活动中增加更多的文化内容，寻求深层次的文化欣赏，感悟不同文化的深厚底蕴，获得提高认识能力和审美情趣的更高层次的心理需求。旅游吸引物，从自然山水到民居建筑、到民俗生活、到人文事项，无不是人类认识自然、改造自然的文化创造，旅游的对象、内涵和过程，本质上是文化客体及人类的文化活动。实践证明，文化遗产的保护与价值传承与传播，旅游是最好、最有效的方式。通过文化参观、瞻仰、研学、体验等旅游活动方式，不仅有利于文化遗产的活化与利用，也能够得到有效的保护与传承，旅游发展和文化传承共生共荣、相得

① 吴宝璋. 关于"文化遗产保护"五题 [J]. 旅游研究，2009，1（1）：20-23，44.
② 徐红罡. 文化遗产旅游商业化的路径依赖理论模型 [J]. 旅游科学，2005，19（3）：74-78.

益彰。从文旅融合、互为依存的角度看，文化遗产就是旅游文化遗产，旅游文化遗产就是文化遗产。

　　综合相关的研究，本书将旅游文化遗产定义为具有旅游开发、服务与教育功能的文化遗产，本书中的文化遗产，特指已被联合国及我国各级政府确定并授予名号（颁匾、登记备案）的各类物质和非物质文化遗产。按照遗产的属性可将其分为山水和城乡景观、民居与建筑、商业与交通、民俗生活方式、组织和社群、民间文学艺术、祭祀和宗教等。按地域分布可将粤港澳地区的文化遗产分为广府、潮汕、客家、港澳和华侨五个次地域旅游文化遗产。按遗产资源的空间分布及开发利用方式，可将粤港澳地区旅游文化遗产分为岭南传统村落和城市建筑遗产、名人故居和革命文化遗产、古迹和古驿道文化遗产、滨海地区古港遗址、宗祠与宗教文化遗产、非物质文化遗产等。

第二章

"海上丝绸之路" 与广东对外交流史

人类的历史就是不同地域、不同民族、不同文化的群体间的流动、交往、互动历史，丝绸之路的诞生，承载了这部历史的主要篇章，甚至改写了人类历史。自地理发现至"海上丝绸之路"形成以来，人类重大的历史事件，可以说无不和"海丝"有着千丝万缕的联系。"海上丝绸之路"的千百年间，世界各民族各群体间的经济、政治、文化、社会交流从未间断过，构成了一幅壮美的"海丝"历史文化图景。

第一节 "海上丝绸之路" 的历史

中华文明，源远流长。"海上丝绸之路"作为连接东西方海上运输的重要通道，不仅承担着物资交换的功能，也担负着文化交流的使命。"海上丝绸之路"对于中华文明的扩散和传播有着重要作用，对于人类文明的进化与交流有着重要意义。

一、"海上丝绸之路" 的背景及历史

"海上丝绸之路"发展过程，大致可分为五个历史阶段："海上丝绸之路"形成期——秦汉；"海上丝绸之路"发展期——魏晋；"海上丝绸之路"繁盛期——隋唐；"海上丝绸之路"鼎盛期——宋元；"海上丝绸之路"由盛及衰期——明清。

"海上丝绸之路"形成期——秦汉："海上丝绸之路"事实上早已存在。《汉书·地理志》所载海上交通路线，实为早期的"海上丝绸之路"，当时海船

载运的"杂缯",即各种丝绸。中国丝绸的输出,早在公元前便已有东海与南海两条起航线。秦始皇统一岭南后发展很快。当时番禺地区已经拥有相当规模、技术水平很高的造船业。先秦和南越国时期岭南地区海上交往为"海上丝绸之路"的形成奠定了基础。主要的贸易港口有番禺(今广州)和徐闻(今徐闻),由南越王墓出土的文物便是见证。中国原始航海活动始于新石器时期,尤其是岭南地区,濒临南海和太平洋,海岸线长,大小岛屿星罗棋布。早在四五千年前的新石器时代,居住在南海之滨的南越先民就已经使用平底小舟,从事海上渔业生产了。

汉武帝以后,西汉的商人还经常出海贸易,开辟了海上交通要道——"海上丝绸之路"。西汉中晚期和东汉时期"海上丝绸之路"真正形成并开始发展。西汉时期,南方南越国与印度半岛之间海路已经开通。汉武帝灭南越国后凭借海路拓宽了海贸规模,这时"海上丝绸之路"兴起,标志着横贯亚、非、欧三大洲的真正意义上的"海上丝绸之路"的形成,从中国广东番禺、广东徐闻、广西合浦等港口启航西行,与从地中海、波斯湾、印度洋沿海港口出发往东航行的海上航线,在印度洋上相遇并实现了对接,广东成为"海上丝绸之路"的始发地。随着汉代种桑养蚕和纺织业的发展,丝织品成为这一时期的主要输出品。

"海上丝绸之路"的发展期——魏晋:三国时代,魏、蜀、吴均有丝绸生产,而吴雄踞江东,汉末三国正处在"海上丝绸之路"从陆地转向海洋的承前启后与最终形成的关键时期。魏晋以后,开辟了一条沿海航线。广州成为"海上丝绸之路"的起点,经海南岛东面海域,直穿西沙群岛海面抵达南海诸国,再穿过马六甲海峡,直驶印度洋、红海、波斯湾。对外贸易达15个国家和地区,丝绸是主要的输出品。

"海上丝绸之路"繁盛期——隋唐:隋唐时期,广州成为中国的第一大港、世界著名的东方港市。由广州经南海、印度洋到达波斯湾各国的航线,是当时世界上最长的远洋航线。"海上丝绸之路"开辟后,在隋唐以前,即公元6—7世纪,它只是陆上丝绸之路的一种补充形式。但到隋唐时期,由于西域战火不断,陆上丝绸之路被战争所阻断,代之而兴的便是"海上丝绸之路"。到唐代,伴随着我国造船、航海技术的发展,我国通往东南亚、马六甲海峡、印度洋、红海、非洲大陆的航路纷纷开通与延伸,"海上丝绸之路"终于替代了陆上丝绸之路,成为我国对外交往的主要通道。

"海上丝绸之路"鼎盛时期——宋元:宋代的造船技术和航海技术明显提高,指南针广泛应用于航海,中国商船的远航能力大为加强。宋朝与东南沿海国家绝大多数时间保持着友好关系,广州成为海外贸易第一大港。宋代"海上丝绸之路"的持续发展,大大增加了朝廷和港市的财政收入,一定程度上促进了经济发展和城市化生活,也为中外文化交流提供了便利条件。而元朝在经济上采用重商主义政策,鼓励海外贸易,同中国贸易的国家和地区已扩大到亚、非、欧、美各大洲,并制定了堪称中国历史上第一部系统性较强的外贸管理法则。"海上丝绸之路"发展进入鼎盛阶段。元世祖忽必烈在位时由于连年对外征战和失败,因而先后进行了四次海禁。

"海上丝绸之路"由盛及衰期——明清:15—18世纪是人类历史上发生重大变革的时代。欧洲人相继进行全球性海上扩张活动,特别是地理大发现,开启了大航海时代,开辟了世界性海洋贸易新时代。西欧商人的海上扩张,改变了传统"海上丝绸之路"以和平贸易为基调的特性,商业活动常常伴随着战争硝烟和武装抢劫。这一时期明代的"海上丝绸之路"航线已扩展至全球:(1)向西航行的郑和七下西洋,这是明朝政府组织的大规模航海活动,曾到达亚洲、非洲的39个国家和地区,这对后来达·伽马开辟欧洲到印度的地方航线,以及麦哲伦的环球航行,都具有先导作用。(2)向东航行的"广州—拉丁美洲航线"(1575年),由广州启航,经澳门出海,至菲律宾马尼拉港,穿圣贝纳迪诺海峡基进入太平洋,东行到达墨西哥西海岸。这样,开始于汉代的"海上丝绸之路",经唐、宋、元日趋发达,迄于明代,达到高峰。郑和远航的成功,标志着"海上丝绸之路"发展到了极盛时期。明朝海禁,泉州港衰落。

清代,由于政府实行海禁政策,其间广州成为中国"海上丝绸之路"唯一对外开放的贸易大港,广州"海上丝绸之路"贸易比唐、宋两代获得更大的发展,形成了空前的全球性大循环贸易,并且一直延续和保持到鸦片战争前夕而不衰。这在清代的外贸史上也是重要的转折点。进口商品中,鸦片逐渐占据了首位,并从原来的走私演化到合法化。鸦片战争后,中国海权丧失,沦为西方列强的半殖民地,沿海口岸被迫开放,掠夺中国资源和垄断中国丝、瓷、茶等商品的出口贸易,成为西方倾销商品的市场。从此,海上丝路一蹶不振,进入了衰落期。这种状况一直延续了整个民国时期,直至新中国成立前夕。

二、"海上丝绸之路"的航线

"海上丝绸之路"主要有东海航线和南海航线，东海航线主要是前往日本列岛和朝鲜半岛，南海航线主要是前往东南亚及印度洋地区。宋朝之前东海航线主要由宁波进出港，南海航线则主要由广州进出港。

（一）南海航线

在"海上丝绸之路"形成的过程中，阿拉伯是最关键的缔造者。丝绸之路的西端，无论是陆路还是海路，并不是我们今天所说的西方或西欧。罗马帝国和汉朝之间也并没有直接的商业往来，全通过阿拉伯等中间商进行交易，西欧人想要获得中国丝绸、瓷器都要通过阿拉伯和威尼斯热那亚商人。从地中海到中国南海，整个旧世界已知的海域内都可以见到他们的船，直到宋朝中后期中国航海业超过阿拉伯世界才改变。

宋朝中期前，朝廷对华商出洋并不鼓励，甚至一度禁华商下海，属被动型国际贸易，此时在广阔的海洋世界，仍是阿拉伯商人们掌控着优势。之后宋朝朝廷出于贸易营收依赖等原因开始支持鼓励，国家和商业力量的合力，使得中国海商成功地参与到被阿拉伯垄断的海洋贸易中，并超过他们，在此后几百多年的时间里，开创出一个中国主导国际贸易的时代，并基本上垄断了中国—印度的航运。宋元时代的欧亚大陆展开了前所未有的商品和技术交流。海洋四通八达，技术与市场、原料与商品、生活习俗与宗教信仰、思想与艺术彼此交流、相互影响，从东北亚的日本、高丽，到东南亚各地和印度沿海，乃至波斯湾和东非各港口，已经形成了一个"小全球化"的活跃海丝贸易网络，商船扬帆万里，回首中国内陆，是庞大的丝绸、瓷器、茶叶等供应基地，这些深受国外客商欢迎的产品，经过车马、舟船、手挑、肩扛，汇聚到海岸线上的各个港口，然后再被装上大船运往海外……与此同时，发生在宋朝庞大经济体内部的商业革命则十分有力地支撑宋朝成为整个中国封建社会阶段最富有的朝代，南宋城市化率、科技商业都是中国古代的最高峰。

到元朝时期，元朝辽阔的版图第一次与拜占庭（东罗马帝国）接壤，第一次使欧洲人穿过阿拉伯人的帷幕与中国人直接交往贸易。海路陆路全畅通，马可·波罗从陆路来从海路回，并不是偶然的。由于元朝在中国实行民族政策分四等，汉人属最低等，于是，主导权实际上落入在华的色目人手里，如泉州的阿拉伯蒲氏家族。元朝的兴起使得欧洲人可以直接与东方进行贸易。《马可·波罗游记》更深刻激起了欧洲人对黄金东方的热烈向往，对以后新航路的开辟产生了巨大的影响。元朝的崩溃、奥斯曼土耳其人的崛起再次在欧洲人的东面形成了一道帷幕。这一切阻隔迫使欧洲人热切寻找通往东方的新航路，从而引发了地理大发现和西欧大航海。

15世纪的西班牙、葡萄牙开始企图绕过被意大利和奥斯曼帝国控制的地中海航线与旧有的丝绸之路，经由海路接通南亚和东亚，并希望能从中获得比丝路贸易更大的利润。等到西欧航海先驱葡萄牙人绕过好望角，依靠武装船队打败了往日与东方进行贸易的自由无武装的阿拉伯商人后终于来到南中国海时，郑和下西洋刚停航不久，此时明朝正在海禁，郑和船队消失后在亚洲海域留下了权力真空，使远道而来的葡萄牙扩张势力所向无敌地控制海洋主导权发展贸易，葡萄牙船队的到来是近代西方扩张的开始。一个西方为主导的世界经济政治秩序开始成型，东西方的强弱格局也由此开始逆转。

（二）东海航线

东北亚丝绸之路是指中日两国之间一衣带水，水路交往十分方便。秦始皇为求长生不老丹派徐福率领童男童女船员百工数千人东渡日本已成中日佳话。据日本古史记载，西汉时中国的罗织物和罗织技术已传到日本。公元3世纪中国丝织提花技术和刻板印花技术传入日本，中国的镂空版印花技术也传到日本。隋唐时期，日本使节和僧侣往来中国频繁，唐天宝年间鉴真和尚也经海路东渡日本。唐朝时，江浙出产的丝绸直接从海上运往日本，丝织品已开始由礼物转为正式的商品。中日航线上主要是中国商人占主导。唐宋时期，中日往来紧密，元朝忽必烈两度海征日本因台风惨败，日本称之神风。明朝时日本是倭寇之乱的本营，也是中国海商海盗的聚集地。朝鲜方向最早记载是自周武王灭纣，封箕子到朝鲜，从山东半岛、辽东半岛的渤海湾海港出发，到达朝鲜教其民田蚕织作。中国的养蚕、缫丝、织绸技术由此最早传到了朝鲜，对日本丝织工业的发展起了很大作用。

通过东海航线，不仅中国的商品被源源不断地输往日本及朝鲜半岛，中国文化也随之大规模地传播到这些国家，包括儒家思想、律令制度、汉字、服饰、建筑、饮茶习俗等。中国文化对日本及朝鲜半岛的伦理道德、政治制度、文学艺术、生活习惯、社会风俗等方面都产生了深远的影响。

第二节　"海上丝绸之路"背景下的广东对外交流

拥有2000多年历史的"海上丝绸之路"堪称中华民族乃至世界海洋背景下人类发展史的缩影，历经王朝更迭、岁月洗礼，其间发生了诸多可歌可泣的历史事件。本节仅以南海"丝路"为重点，选取在其形成、发展、衰落、复兴过程中重大或标志性事件，以此为基点，考察"海上丝绸之路"背景下的广东对外交流历史。

一、"海上丝绸之路"与广东对外文化交流

广东濒临南海，地处亚太海洋交通要冲，秦汉以来一直是中国海上对外经济文化交流的前沿和枢纽地区，也是"海上丝绸之路"的重要发祥地，在东西方经贸往来和文化交流中发挥着十分重要的作用。

东西方的海路接触交流可以上溯到秦末汉初，当时从中国南方的番禺等地循海路前往东南亚乃至印度洋的海上航路也开始接驳贯通，呈现出"珠玑、犀、瑇瑁、果、布之凑"的活跃景象。南朝时期，"四海流通，万国交会""舟舶继路，商使交属"，中外国家经贸往来进一步增多，促进了相关地区的文化交流。船只是沿海地区民众海上交通主要工具。由于阿拉伯人的商船经常来往广州，西晋时期阿拉伯人高超的造船技术也传入广东。曾任广州太守的嵇含在《南方草木状》中说，桄榔皮可作绳子，"联木为舟"，因为桄榔皮浸水后更为柔韧。唐代这种技术在岭南沿海流传。到了宋代，上述造船技术又有改进，出现不用铁钉桐油而用藤捆绑船板的"藤舟"，船缝以海上所生干茜草填塞，这种草遇水则胀，船就不漏水。

唐代有不少药物通过海路、陆路被贩运到中国，由海路引进的外国药物被称为"海药"。广州是当时世界闻名的大都会，也是海药交易的中心。有记载说，大中末年大臣萧仿出镇岭南，广州贸易大盛，使得首都长安"宝货药肆，咸丰衍于南方之物"。有些海外药用植物被引进后种植成功，称为"南药"，为传统中医、岭南医学增加了十分珍贵的特种药物资源。苏颂《本草图经》记载，

唐朝宰相郑绸为岭南节度使，因水土不服，疾病缠身，屡治不愈；诃陵国商人慷慨赠予波斯国"补骨脂"，该物有延年益气、悦心明目、补添筋骨之功效，郑绸依法服食调养，果然药到病除。后来郑绸把这种奇效海药处方抄录回内地，"补骨脂"也在广东种植。唐苏敬等《唐本草》、孙思邈《千金方》、王焘《外台秘要方》、郑虔《胡本草》《南海药谱》等医书药典记录了不少从海路引进的外国药材。

唐宋以后从海路进入中国的外国物种还有粮食作物，不仅增加了沿海民众的食品资源，相当程度上也丰富了中国人的传统食谱。明代中叶以后，番薯、木瓜等作物被引入广东并传至全国，对中国饮食文化产生重要影响。特别是自番薯引进后在国内迅速推广，成为小麦、水稻之外另外一种主要粮食作物，极大地改变了国人的粮食结构，缓解了明朝后期以来中国由于人口增长造成的粮食短缺问题。

东西方文化交流是双向互动的。宋人朱彧在《萍洲可谈》中记载了11—12世纪广州的中国海船使用指南针的情景。此后，中国商人、海员在与外国商人、海员交往的过程中，将这一技术带到海外，并与外国的航海技术相结合，推动了世界航海事业的发展，也为后来欧洲人的地理大发现和新航路的开辟奠定了技术基础。

瓷器是唐宋以后中国主要出口商品之一，承载着唐朝高度文明的精美绝伦的唐代花瓷和乳白瓷输入阿拉伯地区，在西亚掀起持久的陶瓷热。851年，阿拉伯商人苏莱曼在其著作《中国印度见闻录》中记载，广州有大批即将运往印度洋各国的瓷器，这些质地细薄又富有釉彩的中国瓷器令人赏心悦目，苏莱曼大加赞赏，并注意到瓷器的制造技术。15世纪以后中国瓷器通过葡萄牙人、西班牙人、荷兰人大量销往欧洲，直接刺激欧洲制瓷技术的发展。

16世纪，意大利人发明了仿制中国白瓷的技术。1709年，中国白瓷的秘密在德累斯顿附近的梅森被重新发现。1752年，用煤烧窑的技术在都柏林出现，使窑温很快达到烧瓷的高度，使瓷器的洁白得到保障，中国瓷器被仿制，一个欧洲瓷业新时代来临了。

明清时期，与商人结伴而行的西方传教士来到广州、澳门等沿海城市，再转往内地，把近代西方物理、生物、医学、建筑、音乐、绘画、语言、哲学等学说介绍到中国，钟表、枪炮、园艺等方面的技术还被推广应用到实际的设计与制作。

明万历年间，意大利传教士利玛窦来到肇庆、澳门，在传教的同时，还传播西方的科学知识。中国近代科学的先驱徐光启曾跟随利玛窦学习历算、火器、天文。利玛窦与徐光启合译古希腊数学家欧几里得的《几何原本》，与李之藻合译了介绍欧洲笔算的著作《同文算指》。利玛窦绘制的《山海舆地全图》于1584年刊印，是中国第一幅绘有世界五大洲的地图。

19世纪以后，来华传教的传教士在广州、澳门等地成立学校、医院，开设印书馆，创办报刊，并翻译各种书籍，推动了西方哲学、天文、物理、化学、医学、生物学、机械制造、地理、经济学、法学、文学、艺术等西学的传入。中国的第一部中英字典、第一份英文报刊、第一所女子寄宿学校、第一间西式医院、第一批西医人员、最早被翻译成中文的西医西药书籍，都出现在广州。

地理大发现以后，处在全球海洋贸易重要枢纽位置的广州、澳门长期聚集众多形形色色的外国商人、海员、领事馆人员、传教士、旅行家、艺术家、科学家，他们依据自己的见闻和经历写下了大量的札记、日记、书信和报告，介绍中国传统文化和哲学思想，为欧洲人呈现了一个历史悠久、博大精深、充满魅力的东方文明古国形象，增进了西方人对中国的了解，从而推动了欧美的汉学研究。他们喜欢将一些工艺美术品、服装、家具等带回本国，在欧洲掀起一股"中国时尚"，受影响的不仅仅有制瓷业，还有绘画、建筑、园艺、贴纸、家具等领域。

秦汉以来，广东对外交往密切，外国语言文化和民风习俗纷纷传入，使广东的日常生活、饮食、服饰、婚丧嫁娶、民间信仰等方面或多或少沾有异域色彩。1982年，南越国"文帝陵"出土的波斯风格圆形银盒、两河流域工艺制作的金花泡饰等舶来品，说明远在印度、波斯湾地区的珍贵物品开始输入番禺，给南越文化增添了一抹带有海洋色彩的异国情调。1984年在广东遂溪县附城出土了一批具有萨珊波斯风格的南朝窖藏的波斯银碗、鎏金器、银簪、波斯银币等物品。

唐代是中国古代最强盛的朝代之一，东西方交流盛况空前。广州"地当要会，俗号殷繁，交易之徒，素所奔凑"①，城市之繁华不减吴越。唐人有诗记其

---

① 出自韩愈：《昌黎先生集》卷二十一《送郑尚书序》。

盛:"常闻岛夷俗,犀象满城邑"①,"蛮声喧夜市,海色润朝台"②。

素有航海传统的广东人在唐宋以后陆续有民众渡海移居到东南亚国家,称为"住蕃"。明清时期,下海民众除东南亚地区外,还远走美洲、大洋洲新大陆以及欧洲、非洲,遍及世界。他们吃苦耐劳,精明能干,富有创业精神。他们把具有浓郁地方特色的广府文化、客家文化、潮州文化带到居住国家,与本地民族文化相融合,成为岭南文化在海外的延伸,对海外社会产生了不同程度的影响。

总而言之,两千多年来,南粤(亦称南越)大地在"海上丝绸之路"文化交流中得天时与地利,沟通东方与西方,融汇中学与西学,为广东发展注入活力,形成了开放兼容、敢于冒险、富于创新的人文精神,在中国地域文化中独树一帜。③

近代许多带有革新或革命意义的事件,不少是从广东这个地域出发的,如太平天国、鸦片战争、北伐(第一次国共合作)、公社(中华大地上第一个无产阶级政权),后来广东又在改革开放中一马当先。

二、"海上丝绸之路"的旅游文化交流

"海上丝绸之路"是从丝绸之路衍生出的概念,指的是由中国沿海港口出发,通向东亚、东南亚、南亚、西亚、非洲甚至欧洲的古代海上贸易路线。"海上丝绸之路"既是"丝绸贸易"路线,又是一条黄金旅游线路,远航、冒险、异域风情、文化传奇,无不对中外游客充满诱惑。穿越 2000 年历史烽烟,人们依然对这条"探险旅游"之路充满好奇与敬重,曾经的生死穿越,凝结着航海人的勇气和执着。受意大利商人德安科纳《光明之城》的感召,马可·波罗到达大都、到达"刺桐港",又从"海上丝绸之路"启航,返回威尼斯,完成《马可·波罗游记》;郑和沿"海上丝绸之路"七下西洋,往返航行 7 万余海里。33 年前阿曼"苏哈尔"号仿古木帆船,沿着"海上丝绸之路"走了 6000 海里到达广州;23 年前联合国"海上丝绸之路"考察队搭乘的"和平方舟"万吨轮

---

① 出自彭定求等编《全唐诗》卷四百九十二,殷尧藩《寄岭南张明甫》。
② 出自彭定求等编:《全唐诗》卷三百八十四。
③ 王潞.广东与海上丝绸之路文化交流 [EB/OL].新浪网,2014-01-23.

抵达广州；11 年前，仿造复原的"哥德堡号"重走"海上丝绸之路"远航中国，抵达广州港。

从"海丝"沿线众多的文物古迹和博物方志中可见"海丝"千百年来的中外旅游交流状况，既有如郑和七下西洋的宏大旅游壮举，也有如马可·波罗的个体细小旅游探微，无论是官方派遣的公务（经济、政治、文化）旅游，还是民间自发的商贸、文化（考察、学习）旅游，都为"海丝"中外旅游交流史谱写了宝贵的篇章。成书于公元 1 世纪的《汉书·地理志》中保存了已知中国最早的"海上丝绸之路"的记录，中国商人携带黄金、丝绸从南方的徐闻、合浦港出发，与今天的越南、柬埔寨、泰国、印度、斯里兰卡等南海、印度洋沿海诸国交易奇石、异物，完成了长达约 5300 海里的商贸之旅，沿途航海、观光、考察、贸易、学习。公元 7—8 世纪，这条海洋贸易旅游路线继续向西大幅延伸，《新唐书》中所载的"广州通海夷道"已通达波斯湾一带；公元 12 世纪之后，"中国制造"广泛分布到西太平洋及印度洋沿岸地区，伴随着商品贸易的深入开展，商贸旅游和文化交流也日益频繁。

"海丝"旅游交流史大致分为"艰涉鲸波探索远洋"（远古至三国）、"港埠渐隆海路绵延"（两晋至唐五代）、"碧海云帆货通万国"（宋元）和"大洋通衢丝路涅槃"（明清）四个历史阶段。包含了商贸旅游（货物贸易）、文化旅游（科技传播、人文交流）、宗教旅游、探险旅游（航海）等方面。

及至清朝闭关锁国以后，"海丝"的旅游交流就中断了，鸦片战争以后，中国被迫卷入世界资本主义市场体系，伴随着鸦片贸易，西方商人、政界、军队、宣教士等进入中国，开展了事实上的"中华之旅"。他们了解中国自然地理环境、经济社会状况、民风民俗和政治格局，加深了对古老中华的认识。随着"洋务运动"和新文化运动的开始，封闭了几百年的中国人，一批批地沿着"海丝"路线到日本、东南亚、欧美国家履行"师夷长技以制夷"之历史使命，从而开启了近代以来"海丝"中西方旅游和文化交流大潮，至今未有间断。

第三节 "海上丝绸之路"上广东的历史文化遗存

作为"21 世纪海上丝绸之路"起始地的粤港澳大湾区，由于其独特的地理位置，一直就是中西方文化荟萃之地。秦汉以降，"海上丝绸之路"开通，岭南作为始发地甚至是唯一通商大港，一直是中外文化交流的平台，东西方的商业文化、科技文化、宗教文化、政治文化都从这里登陆引进，近代以来其势更甚，外来文化给岭南文化注入新活力，使得广东拥有多处"海上丝绸之路"始发港口，如广州、潮州、阳江、徐闻、合浦（现划归广西）等。广东是中国"海上丝绸之路"文化资源非常丰富的省份。

一、广东与"海上丝绸之路"

广东"海上丝绸之路"文化从史料记载可追溯到汉代。两汉时期采取开明的对外政策，开辟了陆上、"海上丝绸之路"，使得中国的文化突破东亚范围，远及欧、非，在广泛外传的同时，也积极吸收外来文化，为人类文明的进步做出了巨大贡献。

魏晋时，孙吴政权黄武五年（226年）置广州（郡治今广州市），加强了南方海上贸易。有史料可稽，东晋时期广州成为"海上丝绸之路"的起点。对外贸易达15个国家和地区，不仅包括东南亚诸国，而且西到印度和欧洲的大秦。经营方式一是中国政府派使团出访，二是外国政府遣使来中国朝贡。

隋统一后加强了对南海的经营，南海、交趾为隋朝著名商业都会和外贸中心；义安（今潮州市）、合浦也是占有一定地位的对外交往港口。

唐朝海上交通北通高丽、新罗、日本，南通东南亚、印度、波斯诸国。特别是出发于广州往西南航行的"海上丝绸之路"，历经90多个国家和地区，航期89天（不计沿途停留时间），全程共约14000千米，是8—9世纪世界最长的远洋航线。自唐玄宗开元二年（714年）设市舶使后，市舶使（一般由岭南帅臣兼任）几乎包揽了全部的南海贸易，注重经济效益，为地方和中央开辟了可观的财政来源。

宋朝与东南沿海国家绝大多数时间保持着友好关系，广州成为海外贸易第一大港。

明初实行"有贡舶即有互市，非入贡即不许其互市"以及"不得擅出海与外国互市"的政策。但对广东则特殊：一是准许非朝贡国家船舶入广东贸易；二是唯存广东市舶司对外贸易；三是允许葡萄牙人进入和租居澳门。

就清代的"海上丝绸之路"而言，从海禁到广东一口通商，是清代对外贸易史的重要转折点。出口商品中茶叶占据了主导地位，而丝绸退居次席，土布和瓷器（特别是广彩）也受到青睐。清代广州的外贸制度是具有代表性的，它是在从十三行到公行、从总商制度到保商制度的发展过程中形成的一套管理体系。民国时期香港逐渐演变成远东国际贸易的重要转口口岸，除了洋行之外，在抗战前英国一直是第二大贸易伙伴，抗战后为美国所取代。①

二、广东"海上丝绸之路"文化遗产分布

张晓斌、郑君雷参考《2012 年编制的"海上丝绸之路"（中国段）申报世界文化遗产文本》和《2017 年编制的"海上丝绸之路"（中国史迹）申报世界文化遗产文本》，将 438 处广东"海上丝绸之路"史迹划分为港航遗存、外销品生产基地、文化交流遗存、海神信仰建筑、海防设施等类别，其下包括若干类型（见表 2-1）。

表 2-1　广东省"海上丝绸之路"史迹类型统计

类别	类型		分计（处）	合计
港航遗存	海港设施	港口码头	28	62
		贸易机构及市场	12	
	航线遗存	航标地标	11	
		沉船遗址	11	
外销品生产基地		窑址	84	98
		工场遗址	14	
文化交流遗存		宗教遗址	52	62
		舶来品出土遗址	10	
海神信仰建筑		南海神庙、妈祖庙等	143	143
海防设施		卫城、所城、炮台等	47	47
其他		石碑刻、岩画、造船厂、反映海外移民活动的遗迹、古驿道等	26	26

（一）港航遗存

包括海港设施和航线遗存两类。其中海港设施分为港口码头、贸易机构及

---

① 张开城. 论广东海上丝绸之路文化资源的开发利用 [J]. 南方论刊, 2011 (11)：14-17.

市场两个类型,航线遗存分为航标地标、沉船遗址两个类型。港航遗存是"海上丝绸之路"的物质基础,最能表现"海上丝绸之路"的文化线路特征。

港口码头主要为沿海外港,包括徐闻二桥汉代遗址、广州南宋扶胥港古运河遗址、南海神庙明清码头、清代黄埔古港、澄海唐宋凤岭古港和明清樟林古港、饶平唐宋至明清柘林古港、湛江吴川芷寮港和赤坎埠明清码头旧址、清代徐闻海安港、阳江明清大澳古港等,少量为江河内港,如南海民乐窦明清码头、梅县松口港和清代江门潮连码头等。贸易机构及市场主要包括广州南越国——南汉国宫署遗址和清代粤海关旧址、黄埔古村、锦纶会馆、台山市上川岛大洲湾明代遗址等。

古代航海主要利用山峰、岛屿等天然标志,航道沿线突兀醒目的楼、塔等建筑也发挥航标作用。明清珠江航道上的"三支桅杆"——莲花塔、琶洲塔、赤岗塔是进入广州的重要航标,成为外国人游记和历史绘画的素材,素有"省会华表"之称。广州城内珠江北岸的唐代怀圣寺光塔、北宋六榕寺塔和明代镇海楼亦兼具航标作用,"镇海楼"还是广州城的标志性建筑物。其他包括潮州柘林港镇风塔、龟塔、蛇塔和南澳岛石虎塔、阳东清代独石塔、惠来清代玉华塔等。

沉船是最直接的航线证据。广东海域经水下考古已发掘南宋"南海Ⅰ号"和明代"南澳Ⅰ号"两艘沉船,其他沉船遗址或线索包括吴川沙角旋唐代沉船地点、南澳岛附近海域"南澳Ⅱ号"宋元沉船和青澳湾清代沉船、饶平公鸡岗沉船、电白莲头西海湾沉船等,汕头达濠广澳港、汕尾白沙湖两艘沉船可能与郑成功活动有关。

(二)外销品生产基地

新会官冲窑、梅县水车窑等窑口生产的瓷器在唐代已经开始外销,广州西村窑、潮州笔架山窑和雷州窑是宋元时期外销瓷代表性窑址,并称为"广东三大民窑",南海唐宋奇石窑、惠州北宋东平窑、大埔元明时期余里窑、惠东明代白马窑和佛山明清南风古灶,以及东莞清代松岗碗窑等窑口也有外销瓷生产。其他外销品生产基地包括罗定炉下村冶铁遗址、洪塘采石工场遗址、龙湾制蓝工场遗址等。

(三)文化交流遗存

六朝时期佛教、唐代伊斯兰教、明末天主教相继传入广东,宗教史迹丰富,遗产价值较高，光孝寺、南华禅寺、开元寺、清真先贤古墓、怀圣寺光塔现为全国重点文物保护单位。广州光孝寺创建于三国时期，南宋以后称光孝寺，被誉为岭南佛教丛林之冠；华林寺为南朝梁普通七年（526年）印度僧人达摩来华登岸时始建，时称西来庵；海幢寺始建于明代，是清代外国商人获准定时游览的唯一寺庙；韶关南华禅寺为南朝梁天监元年（502年）印度僧人智药三藏创建，有禅宗"祖庭"之称。清真先贤古墓是唐代中国伊斯兰教奠基人之一宛葛素的"归真"之所，是中国现存最早的伊斯兰教遗址，怀圣寺是唐代阿拉伯人在广州番坊建立的中国最早的清真寺之一，光塔是中国伊斯兰教的标志性建筑。天主教史迹主要包括台山市上川岛的方济各墓园和新地村天主堂遗址。出土玛瑙、水晶、香料、钱币、工艺品等舶来品的遗址主要有广州象岗南越王墓、南越国—南汉国宫署遗址、南朝遂溪县边湾村波斯货币窖藏等。

（四）海神信仰建筑

祈求神灵保佑航海平安的海神信仰在广东沿海地区非常普遍，主要祭祀南海神和妈祖。广州南海神庙是祭祀海神的国家坛庙，创建于隋开皇十四年（594年），是唯一完整保存至今的四海神庙。现存韩愈撰《南海神广利王庙碑》及历代皇帝御祭石碑30余方，2005年发现明清码头遗址。南海神地位显赫，历代帝王循礼崇封，官民祈禳祝佑，影响巨大，珠三角地区的洪圣庙、广利庙、南海神祠等均由南海神庙衍生而来，梅县等内地也有分布。

妈祖信仰宋代传入广东，是广东最普遍的海神信仰，各地较具历史价值的妈祖庙（天后宫、天妃宫等）多达200余座，集中在明清时期。比较著名的有汕头升平路天后宫、妈屿天后古庙、澄海新围天后宫、深圳赤湾天后庙、上沙天后宫、珠海淇澳天后宫、白沥岛天后古庙、电白登楼村天后宫、雷州超海宫、夏江天后宫等。

广东南海观音崇拜、北帝崇拜、伏波将军崇拜等海神信仰多已泛化。北帝又称玄武、玄天上帝等，即水神，佛山祖庙建于北宋元丰年间（1078—1085年），为佛山"诸庙之首"。伏波庙、冼夫人庙主要见于粤西地区，江门地区还有南宋杨太后崇拜。

（五）海防设施

唐宋时期主管海外贸易的市舶（使）司还负有缉私和船舶管理等职责，唐代始置屯门镇（今香港屯门），宋代广东水军首次巡航南海诸岛。明清时期建立了以卫城、所城为骨干，堡、寨、墩、烽堠相结合的海防设施体系，《南澳山种树记碑》充分表明了海防设施保障商旅安全的作用，是"海上丝绸之路"军事功能的体现。明清时期的海防设施主要有潮州大埕所城、揭阳靖海所城、汕尾坎下城、惠州平海所城、深圳大鹏所城、湛江乐民所城、虎门炮台等。

（六）其他

与航海或海洋活动有关的石刻、碑刻和岩画包括珠海市宝镜湾岩画、连湾山岩画、两粤广仁税摩崖石刻和南澳岛大潭摩崖石刻等。清远峡山石刻记录了梁代达摩初祖"石上禅定"一事，湛江黄坡埠头碑刻涉及清代海关、税务等事务；东莞"却金亭碑"记载了明嘉靖年间番禺县尹李恺与暹罗（今泰国）商人的交往，现为全国重点文物保护单位。

造船厂史迹3处，其中广州秦代船台遗址的性质存有争议，湛江偃波轩造船厂和芷寮船厂仅存旧址。反映海外移民活动的遗迹以梅县清代罗芳伯故居和澄海郑信衣冠墓为代表，东莞明代陈莲峰墓地是中国最早种植番薯的地方。广东"海上丝绸之路"史迹还包括饶平风吹岭古道、珠海岐澳古道等一批联通内地的古驿道。

依历史阶段统计，广东先秦时期"海上丝绸之路"史迹有4处、秦汉13处、六朝5处、隋唐五代43处、宋元72处、明代110处、清代188处。年代越晚，史迹的数量和类型越多，这固然与文物保存状况有关，更重要的是反映了广东"海上丝绸之路"内涵不断丰富、功能不断扩展的历史过程。

依据沿海港口分布、航海地标，以及内河联运通道，可以将广东"海上丝绸之路"史迹划分为粤东片区（包括粤东地区潮州、汕头、揭阳、汕尾4市和梅州市，计118处）、珠三角片区（包括广州、江门等9市，计139处）、粤西片区（包括粤西地区湛江、茂名、阳江3市和云浮市，计160处）和粤北片区（包括韶关、河源、清远3市，计21处）。其中粤北片区保存有梅关古道、西京古道、南天门古道等古驿道，"海上丝绸之路"史迹的文化内涵主要表现在通道意义上。①

---

① 张晓斌，郑君雷. 广东海上丝绸之路史迹的类型及其文化遗产价值 [J]. 文化遗产，2019（03）：141-148.

第三章

粤港澳旅游文化遗产挖掘与整理

第一节 概况

根据联合国教科文组织《保护非物质文化遗产公约》对文化遗产的定义，以及我国对物质文化遗产和非物质文化遗产的分类，结合粤港澳文化遗产的属性，本章拟从山水和城乡景观、民居与建筑、商业与交通、民俗生活方式、组织和社群、民间文学艺术、祭祀和宗教等文化遗产七方面概述粤港澳地区旅游文化遗产的分布状况。

粤港澳地区的物质性旅游文化遗产主要包括山水和城乡景观、民居与建筑、商业与交通遗产。山水和城乡景观遗产，指分布在粤港澳地区具有较高科学艺术和历史价值的城乡景观及其所包含的地理环境共同构成的独特人文要素集聚体，包括古城古镇、公园、纪念地等，这类遗产，比建筑遗产的内涵更丰富（包含了所在地的地理环境），是建筑与地理环境的整体。民居与建筑遗产，指具有独特历史文化和艺术价值的城乡聚落建筑体（物），能代表粤港澳及岭南地域历史文化和人文活动的精神价值，包括民居、寺院、庙堂、祠堂、楼宇等。商业与交通遗产，指粤港澳地区千百年来对内外交通和商业贸易过程中存留下来的具有典型纪念意义和特殊历史人文价值的商业和交通建筑物和工程设施，包括厂房、官窑、店铺、港口、码头、驿道等。

粤港澳地区的非物质性旅游文化遗产包括民俗与生活方式、组织和社群、民间文学艺术、祭祀和宗教等文化遗产四类。民俗与生活方式遗产，指粤港澳地区长期社会发展中连续传承并完好保留的民间生活习俗，包括饮食服饰、岁时节令（庆）、社交礼仪等。组织和社群遗产，则是指粤港澳地区历史上形成的具有独特形式和功能的社会（群）组织、机构，包括家族的、经济的、政治的组织，如宗祠、会馆（帮会、行会、武馆、医馆）。民间文学艺术遗产，指传承至今的粤港澳地区的民间传说、音乐、戏剧、工艺等。祭祀和宗教遗产，指粤港澳地区保留至今的本土宗教建筑及祭祀活动和外来宗教建筑及朝圣仪式，包括寺院、教堂及内部的各项宗教活动仪式。

　　研究人员通过大量的文献整理分析，结合实地调查研究，发现粤港澳地区的旅游文化遗产，分布范围广，广东、香港和澳门三个省级行政区内均有各种类型的旅游文化遗产，其中以港澳珠江三角洲（即小珠三角）地区分布最多，包括广东省的珠江三角洲和香港、澳门三个地区，小珠三角外围的粤东、粤西、粤北地区分布较少。小珠三角自古以来就是"海上丝绸之路"的起点和中心区域，集中了大量的经济产业、城镇、人口及人类活动，存留下来的文化遗产类型丰富、数量多；珠三角外围的广东地区除了潮州、韶关、雷琼（合浦）少数几个沿海港口城市，大部分都是乡村地区，经济、社会和对外交流不发达，文化遗产较少分布。由于文化遗产的形成和传承与文化地域综合体（自然、经济、社会、人文）的地理分布、空间演化密切相关，因此，对文化遗产的空间分布的研究，最好的参照系统是文化地理空间分异。根据岭南文化地理空间分异状况，本章（第三节）将粤港澳旅游文化遗产空间分为广府、潮汕、客家、港澳和华侨五个次地域旅游文化遗产空间，通过文献和实地调查，详细整理、分析各次区域的旅游文化遗产的分布状况。

第二节　粤港澳旅游文化遗产分类

　　"海上丝绸之路"是人类开发海洋、探索世界之路，也是促进沿线国家与居民共同发展的经贸之路。粤港澳地区作为中国南方以及东南亚重要的商贸中心和"海上丝绸之路"的重要起点之一，在"海上丝绸之路"史上有着极其重要的地位。"海上丝绸之路"在粤港澳地区遗留下的历史文化遗产内容丰富、种类繁多，至 2021 年 10 月，广东省有广州、佛山、梅州、潮州、肇庆、雷州、中山、惠州 8 座国家历史文化名城、15 个中国历史文化名镇、25 个中国历史文化名村、1 片中国历史文化街区（中山市孙文西路历史文化街区），以及 15 座省级历史文化名城、19 个省级历史文化名镇、56 个省级历史文化名村、104 片省级历史文化街区，各地确定公布了 3827 处历史建筑。本书从七方面对现存较为重要的旅游文化遗产进行分类整理。

一、山水和城乡景观遗产

"海上丝绸之路"沿线繁荣的贸易活动催生了大量的城乡风貌及其自然地理景观，中外往来客商与当地居民共同形成了一个又一个集市或城镇，其中有的城镇繁荣延续了几百年甚至上千年。我国目前正大力推进"海上丝绸之路"沿线不可移动文化遗址的保护与利用，较多的古城镇建筑被开发为博物馆、纪念馆或旅游参观点。本书共收集整理粤港澳山水和城乡景观相关的遗产共 22 处，其中广东省 16 处，香港与澳门分别是 2 处与 4 处（见表 3-1）。

表 3-1 粤港澳主要山水和城乡景观遗产

山水和城乡景观遗产			
		名称	位置
广东	1	黄埔古村	广州市海珠区新港东路
	2	赤坎古镇	珠江三角洲西南部经济开发区
	3	潮州老城古民居建筑群	广东省潮州市湘桥老城区
	4	汕头小公园	汕头市金平区
	5	南澳岛	广东省、福建省交界洋面
	6	新兴街	汕头市澄海区东里镇樟林古港
	7	湘子桥	潮州市湘桥区环城东路
	8	大鹏所城	深圳市大鹏新区鹏程社区
	9	乐民千户所城	湛江市遂溪县乐民镇乐民村委会乐民城村
	10	大埕所城	饶平县所城镇
	11	平海古城	惠东县城平山东南面
	12	靖海所城	惠来县东南六十里靖海镇
	13	白鸽寨遗址	湛江城月河和通明河汇合处的通明港村
	14	双鱼城遗址	阳江市阳西县上洋镇双鱼村
	15	大潭摩崖石刻	南澳县黄花山管区大潭村
	16	宝镜湾岩画	珠海市金湾区高栏岛宝镜湾

续表

山水和城乡景观遗产			
香港	1	吉庆围	新界元朗锦田吉庆围（锦田公路侧）
	2	九龙寨城公园	九龙城东正道
澳门	1	妈阁庙前地	澳门风顺堂区半岛南部妈阁庙前地
	2	亚婆井前地	澳门风顺堂区高楼街 38 号附近
	3	岗顶前地	澳门风顺堂区
	4	议事亭前地	澳门大堂区澳门半岛中区

1. 黄埔古村

黄埔古村位于广东省广州市海珠区新港东路，北宋年间已有居民聚居，自北宋建村以来，黄埔村在"海上丝绸之路"中扮演了重要的角色。在清政府宣布粤海关一口通商后，外国商船必须在黄埔港下锚停泊缴清税费，黄埔村发展由此进入繁盛时期。之后随着一口通商政策的改变，黄埔古村逐渐衰落。黄埔古村在明清时期是一个拥有数千居民的大镇，且几乎所有居民都与外国商人有直接或间接的联系①，黄埔古村的建筑具有传统的岭南文化特色，镬耳屋与古老的家族祠堂见证了黄埔古村昔日的繁华。

2. 赤坎古镇

赤坎古镇位于广东省珠江三角洲西南部经济开发区内，沿潭江而建，南岸是乡村，北岸则是城市，清一色的骑楼，远比开平老街庞大的洋楼群。沿江的堤东路、堤西路，里面与之平行的中华路，夹在两条大路间还有一条叫"二马路"的小路，这是与江平行的三横，还有许多纵马路与它们交叉形成城区的路网，这些特点使得赤坎镇有一番中西合璧的古朴味道。赤坎古镇的主要历史建筑景点有南楼、景辉楼、欧陆风情街、司徒氏图书馆、关族图书馆、迎龙楼、加拿大村与骑楼建筑。

3. 潮州老城古民居建筑群

潮州老城古民居建筑群位于广东潮州，是国家历史文化名城，也是"海上丝绸之路"上的文化重镇，更是潮文化的发祥地。建筑群的具体位置在南门十巷历史街区、许驸马府历史街区和旧西门街历史街区，主要包括辜厝巷林宅、

---

① 李文翎. 活力粤港澳大湾区之历史文化［M］. 广州：广东科技出版社，2020：53.

郑厝巷蔡宅、甲第巷外翰第、甲第巷大夫第、德里旧家、辜厝巷王宅、兴宁巷大夫第、红栏杆、东府埕儒林第、卓府、马使埕闫宅、青亭巷大夫第、黄尚书府和铁巷陈宅十四座古民居，分别为明代、清代、民国时期建筑遗存，是三个时期建筑典范和代表，具有很高的历史价值。

4. 汕头小公园

汕头小公园中心位置坐落于广东省汕头市金平区，其所在的历史文化区域，包括安平路、升平路、国平路等多条以中山纪念亭为核心，呈现放射状的一个路网，在这里可以看到以骑楼建筑为特色的旧街坊，"四永一升平"五条平行的道路，从南到北排列依次是永兴街、永泰街、永和街、永安街与升平路。汕头小公园见证和承载了汕头"百载商埠"的历史，成为汕头老城的核心地标和文化标志。①

5. 南澳岛

南澳岛位于广东省和福建省交界的洋面上，是广东省内唯一的海岛县，隶属汕头市。南澳岛由大小 23 个海岛组成，人称"潮汕屏障，闽粤咽喉"。唐代以来，潮汕地区就是"海上丝绸之路"的重镇，南澳岛上始建于明朝万历四年的总兵府，见证了明清 300 多年间"海上丝绸之路"的发展与繁荣，"南澳Ⅰ号"古船的成功发掘更是证明了明代"海上丝绸之路"贸易的发达。

6. 新兴街

广东潮州新兴街建于嘉庆七年（1802 年），其时毗邻韩江出海口的樟林古港正处于最鼎盛阶段，沿港的新兴街相应建起大型货栈。街长 200 米的新兴街由 54 间两层楼的货栈组成，栈房沿街而立，后门连接内港，设石门、水闸和小码头。货船泊港后货物由小船转载入内港直达小码头，然后被搬进栈房，畅通无阻。位于街口东南隅的永定楼是现存景点之一，栈房中有"安平栈""藏资楼"。

7. 湘子桥

位于广东潮州城东门外，又称广济桥，是"海上丝绸之路"与潮州中转站，见证了海上贸易的发展历程。每一个桥墩距今都有几百年的历史，从宋代建成第一个桥墩到形成"十八梭船二十四洲"的格局，前后共延续了 300 多年。广

---

① 林蓁. 小公园开埠区焕发新活力［N］. 汕头日报，2021-10-13（11）.

济桥以其"十八梭船二十四洲"的独特风格与赵州桥、洛阳桥、卢沟桥并称中国四大古桥，被著名桥梁专家茅以升誉为"世界上最早的启闭式桥梁"。

8. 大鹏所城

大鹏所城全称为"大鹏守御千户所城"，位于广东省深圳市大鹏新区鹏城社区，是明清两代中国海防的军事要塞，有"沿海所城，大鹏为最"之称，是鸦片战争肇始地，深圳别称"鹏城"即源于此。大鹏所城建于明洪武二十七年（1394年），即海防卫所，隶属南海卫。现存东南西三个城门及东北约300米古城墙基址。城内主要街道有南门街、东门街、十字街与正街。大鹏所城是岭南重要的海防军事要塞，也是我国保存较为完整的明清海防军事城堡之一。2001年被公布为国家重点文物保护单位，2003年鹏城村被公布为中国历史文化名村。

9. 乐民千户所城

全称乐民守御千户所城，位于广东省湛江市遂溪县乐民镇乐民村委会乐民城村。明洪武二十七年（1394年）由安陆侯吴杰始建，以屯兵设防为主；隆庆三年（1569年）设遂溪哨；后改乐民仓大使署，崇祯三年（1630年）废署；清康熙八年（1669年）重建所城；后改乐民汛城。乐民所城是明清时期防御倭寇和抗击海盗的海防要塞，同时为朝廷征采"对乐珠池"贡珠起到保护和管理作用，故又被誉为"乐民珍珠城"。

10. 大埕所城

大埕所城位于广东省饶平县所城镇，是一座明朝洪武年间建成用于抵御倭寇的古城，已有607年历史，东西南北四个城门保存完好，城内现有居民7000多人，仍保留着纯朴的民风。大埕所城号称粤东第一城，三街六巷格局保存完好，实际上大大小小的街巷共有23条。通往四门的直道交叉成"十"字形，交叉点即整座城的中心点。古代这些区域商贾云集，不同方向的行当也有所区别。

11. 平海古城

平海古城位于广东省惠东县城平山东南面，历史上是海防重镇和惠州南部海运进出口的咽喉。平海古城至今仍较完整地保留着四座城门、十字古街和部分古民居及一批古寺庙、古文化遗址和大量的历史文物。在城内，还可以看到不少质朴多姿的民间传统艺术。来这里观光，可欣赏到众多极具地域色彩的名胜古迹，古城于1991年被广东省人民政府公布为第一批历史文化名城。主要景点有古城门、十字街、七星井、城隍庙等，七星井水质随气候变化而变化，雨季水淡，冬旱水咸。

12. 靖海所城

靖海所城位于广东省惠来县东南 30 千米靖海镇，由于位置突出，从明朝起就在这里设立了靖海所城，先设所，后建城，有"东土屏藩""惠来锁钥"的美称。城内贯通四门的长十字形街道及卵形围墙形成古城独特的象形格局，故靖海所城也有"象城"之称。

13. 白鸽寨遗址

地处广东湛江城月河和通明河汇合处的通明港村，古称白鸽寨，曾经是明清时期水师重镇。该村共有 48 个姓氏共 7000 多人，村民间和睦相处，互通婚娶，亲密无间。村民的先祖主要由三类人群构成，守卫白鸽寨的官吏和服役者占大部分，一部分是外地商贾，另一部分是雷州半岛沿海渔民。

14. 双鱼城遗址

双鱼城位于广东省阳江市阳西县上洋镇双鱼村，距县城 30 千米，坐落在龙高山西麓。明洪武年间，千总马如龙为抵御倭寇而建。双鱼城依山傍水，占地面积 7500 平方米，城墙环抱其中，鸟瞰似瓜状。城砖每个重 20 公斤左右，其中刻有"双鱼城砖"字样。全城有东、南、西、北四个城门楼，每个城门楼均设有大炮一门，吊桥一座。千户所官署设在城半枢线东北侧，为全城地势最高处。双鱼城庙宇颇多，最有特色的是文昌阁、真宇庵等。

15. 大潭摩崖石刻

大潭摩崖石刻位于广东省南澳县黄花山管区大潭村，是广东省面积最小的省级文物保护单位。大潭摩崖石刻分别在北宋政和三年（1113 年）和政和五年（1115 年），分两次镌刻而成，有学者分析，这是海上商人途经南澳的见证。石刻高 1.5 米，宽 1.6 米，字体为楷书。碑刻上第一次镌刻分四行，内容为"女弟子欧，七中舍井，一口乞平安，癸巳十一月记"；第二次镌刻也分四行，内容为"李欧七娘同，夫黄舍井，二口，乙未政和五年"。两题石刻之间有"匠李一"三字。大潭摩崖石刻是南澳至今发现年代最早的石刻。

16. 宝镜湾岩画

位于广东省珠海市金湾区高栏岛宝镜湾，岩画刻在花岗岩石面上，图案密集而复杂，形状有船、波浪、龙蛇、舞蹈人等，表现了古越人进行航海活动和宗教活动的情景。在岩画附近的沙丘和山冈上采集到新石器时代晚期的陶片和石器，证明很早便有人类在此活动。经专家考证，距今有二三千年历史，是青铜时代的产物。此岩画为广东仅有，与中国北方、西南岩画风格迥异，被誉为"广东第一画""中国沿海地区史前岩画最杰出的代表作"。

17. 吉庆围

吉庆围位于香港新界元朗锦田吉庆围（锦田公路侧），建自明朝年间，是已有500多年历史的古老围城，而这座围城至今依然坐落在新界的锦田。当地居民中，以新界五大氏族之一的邓氏最为富庶。邓氏徙居锦田时，因初居之地四周都是高山，故将该地命名为"岑里"，而四周开辟的田地就命名为"岑里田"，后来"岑里田"被简称为"岑田"，此名沿用至明朝万历十五年（1587年）。现在，仍有不少邓氏的后裔居于吉庆围内。

18. 九龙寨城公园

九龙寨城公园位于香港九龙城东正道，是香港近代历史上一个最重要的遗迹，其原址是九龙寨城，在香港历史上，九龙寨城是唯一没割让或租借给英国的香港领地，面积2.9万平方米，1994年被辟为一座颇具香港特色的园林。公园包括一座坚固石墙、六座瞭望台和四道城门，如今寨城公园还保留了原衙门建筑，衙门采用三进式的设计布局，内有四厢，陈列九龙寨城的历史资料与文物，包括门前两尊清嘉庆七年（1802年）铸成的大炮，是香港仅存的一批古炮。

19. 妈阁庙前地

在澳门历史城区世界遗产中，除了文物建筑外，另一个重要组成部分就是"前地"，其实就是小型公共广场，与历史建筑组成和谐优美的文化景观，同时保留了近现代澳门居民社区建设及生活方式等历史信息。妈阁庙前地是澳门半岛南部妈阁庙门前的广场，因位于妈阁庙前而得名，是各地游客来访澳门必到的旅游景点之一。前地向海之方向有澳门海事博物馆，附近有新发展出现的手信街，北端为妈阁斜巷，南端连接妈阁上街。妈阁庙前地是葡萄牙人最早登陆澳门的地方，正是中葡文化融合的起点。

20. 亚婆井前地

亚婆井的葡文意思是"山泉"，这里以前是澳门主要的水源，又靠近内港，是葡人在澳门最早的聚居点之一。澳门葡人民谣说：喝了亚婆井水，忘不掉澳门；要么在澳门成家，要么远别重来。

21. 岗顶前地

澳门的岗顶前地古称磨盘山，该地段虽然不大，但自然环境清幽典雅，人文宗教景观荟萃，著名的建筑物有圣奥斯定教堂、岗顶剧院、圣若瑟修院、何东图书馆等，加上由碎石铺成的波浪图案路面，散发着浓郁的欧陆情调。亚婆井前地仍保留了不少葡萄牙风格的民居建筑，不过，亚婆井并不是葡萄牙人开凿的，其历史更早。井的位置也不在此前地，而是位于亚婆井斜巷尽头的高地上。

22. 议事亭前地

议事亭前地是澳门最有欧洲风情的地区之一，也是商业最发达、游人最多的地方，周围不仅古迹多，而且商店也多，好吃的也多。本地居民又称此地为"喷水池"。开埠至今议事亭前地一直是澳门的市中心，两侧建筑建于19世纪末20世纪初。1993年，前地一带铺设黑白色碎石地面，并砌成波浪形图案，衬托周围颜色鲜艳的文物建筑，互相辉映，使前地一带显出浓浓的南欧风情。

二、民居与建筑遗产

建筑是历史的见证，也是文化的标志。"海上丝绸之路"的繁荣与发展促进了中国与世界的交流与合作，既有外国商人与传教士来到我国进行商贸活动并留居我国沿海地带，也有中国人出海谋生定居他乡，频繁的贸易往来在粤港澳地区形成了大量兼具中外特色的建筑遗产。本书收集整理"海上丝绸之路"民居与建筑遗产共20处，其中广东省9处，香港与澳门分别是3处与8处。

1. 陈家祠

陈家祠堂又名"陈氏书院"，位于广州市中山七路。陈家祠堂是现存规模最大的广府传统建筑之一，也是我国现存规模最大、保存最完好、装饰最精美的祠堂式建筑，被誉为"岭南建筑艺术的明珠"。陈家祠的建筑装饰集中体现了广东民间装饰艺术的精华，但其中不乏颇具特色的西方文化因素，最突出的有"天使穿肚兜"的砖雕，它将西方小天使与中国年画中的"福娃"造型融为一体，经典地体现了中西文化的结合。陈家祠是广州市著名的文化旅游景点，1988年被列为全国重点文物保护单位。

表 3-2　粤港澳主要民居与建筑遗产

民居与建筑遗产			
		名称	位置
广东	1	陈家祠	广州市中山七路
	2	西关大屋	广州市荔湾区
	3	粤海关旧址	广州市荔湾区
	4	镇海楼	广州市越秀山小蟠龙岗
	5	从熙公祠	潮州市潮安区彩塘镇
	6	罗芳伯故居	梅州市梅县区石扇镇西南村
	7	粤海关雷州口部税馆遗址	雷州市雷城关部街
	8	雷州骑楼老街	广东省雷州市三元公园、环城南路、曲街
	9	开平碉楼	广东省江门开平市
香港	1	大夫第	新界元朗新田永平村
	2	大澳文物酒店	大屿山大澳石仔埗街
	3	伯大尼修院	香港薄扶林道 139 号
澳门	1	港务局大楼	妈阁内港入口附近的山坡地
	2	郑家大屋	澳门妈阁街侧
	3	岗顶剧院	澳门岗顶前地
	4	何东图书馆大楼	澳门半岛风顺堂区岗顶前地 3 号
	5	民政总署大楼	澳门半岛风顺堂区新马路 163 号
	6	仁慈堂大楼	澳门议事亭前地
	7	卢家大屋	大堂巷 7 号
	8	东方基金会会址	澳门历史城区

2. 西关大屋

西关大屋是指位于今广州市荔湾区具有岭南特色的传统民居，明清时期属于广州城西门外城，故称"西关大屋"。西关大屋是高檐、深宅式、砖体结构民居，其产生与经济发展和周边自然环境密切相关。清代广州的商业经济中心逐步从原来的城南一带向西关方向迁移，从 1685 年在广州设立海关一直到清朝末期，西关一带成了广州非常繁荣的中外贸易中心，因西关地理位置毗邻泮塘，自然环境优美，富商巨贾都喜欢在此买地建屋，集经商、居住、享乐于一体。

3. 粤海关旧址

位于广东省广州市荔湾区，俗称大钟楼，是我国最早设立的海关之一，也是近现代重要的代表性建筑。原海关历经多次火灾与重建，现址为 1914 年 3 月 2 日奠基重建，1916 年 5 月完工。建筑设计风格仿照欧洲古典建筑形式，迄今已有一百多年历史，钟楼里有全国罕见的、保存完好的英制、全机械传动式、大型四面立钟，可以整点报时。粤海关旧址对研究我国海关发展史具有重要意义，2006 被列为全国重点文物保护单位。

4. 镇海楼

镇海楼又名望海楼，位于广州市越秀山小蟠龙岗上，为广州市标志性建筑之一，广东省级文物保护单位。明朝洪武十三年（1380 年）永嘉侯朱亮祖扩建广州城时，把北城墙扩展到越秀山上，同时在山上修筑了一座五层楼以壮观瞻，故名"望海楼"，后取雄镇南疆之意，改名"镇海楼"。镇海楼历史上曾五毁五建，现建筑为钢筋混凝土结构，是 1928 年重修时由木构架改建而成。1929 年成为广州市市立博物馆，1950 年改名为广州博物馆。2013 年被公布为全国重点文物保护单位。

5. 从熙公祠

从熙公祠位于广东省潮州市潮安区彩塘镇，主人姓陈名旭年，字从熙。陈旭年 17 岁出洋谋生，冒险躲进开往马来半岛的红头船，只身来到柔佛国（现马来西亚的柔佛州）。起初身无分文饱尝人间辛酸，后来柔佛出现一系列经济危机，而陈旭年因发现新锡矿受到嘉奖。陈旭年致富后结识柔佛贵族阿布加而开始飞黄腾达，阿布加继任柔佛苏丹，并把表妹嫁于陈旭年为妻。从熙公祠坐东向西，琳琅满目的建筑装饰使整座建筑物显得富丽堂皇。建祠费用高达 26 万多银圆，汇集了当时的能工巧匠历时 14 年才得以完工。陈旭年晚年告老回乡，75 岁卒于故里。从熙公祠 2006 年被国务院批准列为全国重点文物保护单位。

6. 罗芳伯故居

罗芳伯故居位于梅州市梅县区石扇镇西南村，罗芳伯（1738—1795 年），原名芳柏，是亚洲第一个民主共和国——兰芳共和国的缔造者和印尼婆罗洲开发的重要贡献者。1738 年出生于广东嘉应州（今梅州）石扇堡一耕读之家。中秀才后，考举人不第，1772 年，罗芳伯因赴乡试再次不中，于是和百多名亲戚朋友漂洋过海，到印尼婆罗洲（加里曼丹岛），组建采金公司。1777 年担任首任国家首脑"大唐总长"，富可敌国，并被当地人尊称为"坤甸王"。1795年，因病在坤甸逝世，终年58岁。

7. 粤海关雷州口部税馆遗址

位于雷州市雷城关部街，现为关部康皇庙，始建于康熙年间，1985年修缮。原为清代雷州海关驻地，负责管理来往商船，收购专卖品及征收关税等事宜，对推动古雷州经济有积极作用。粤海关雷州口部税馆遗址对研究清代雷州海关贸易具有较高的史料价值，是粤西"海上丝绸之路"重要的历史文化史迹。

8. 雷州骑楼老街

骑楼是近代一种商住一体化建筑，普遍存在于南亚及广东、广西等沿海地区，骑楼建筑很好地结合了地区文化，既可以遮风挡雨又可乘凉休憩，特别适合雷州地区潮湿多雨的天气，也成了岭南这边的特色建筑之一。雷城内现存的骑楼建筑大部分都建造于清末民初，雷州骑楼老街最大的特点是成行成片，不同的建筑相连在一起非常和谐，完全没有突兀感。这些骑楼融合了东西方建筑艺术，西式的拱门不仅出现在连廊，也出现在二、三楼，一些窗户也是拱形结构。

9. 开平碉楼

碉楼是一种中西合璧的中国民居，因形似碉堡而得名，是集防卫、居住和中西建筑艺术为一体的塔楼式建筑。明朝时期开平地区社会动荡，盗匪常常袭扰百姓，当地民众被迫在村中修建碉楼以求自保。碉楼上层的四角有全封闭或半封闭的"角堡"，可用来对外射击。碉楼有古希腊、古罗马及伊斯兰等多种风格，汇集了外国不同时期不同风格的建筑艺术，开平碉楼是世界先进建筑技术广泛引入中国乡村民间建筑的先锋。开平碉楼是海洋文化在中国生根落户的见证，也是主动接受外来文化的重要历史文化景观。2001年开平碉楼被国务院批准列为全国重点文物保护单位。

10. 大夫第

大夫第位于香港新界元朗新田永平村，相传由清朝"大夫"文颂銮兴建，香港文氏是新界五大民族之一，对新界发展举足轻重。大夫第是传统华南士绅阶级府第建筑的典范，也是本港最华丽的历史建筑物之一，一砖一瓦都叫人惊叹中国建筑之美。大夫第可以作为香港早期中西文化汇集的佐证，其建筑方式、结构和外形以至装饰均根据中国传统手法，而屋内装饰细节上蕴含西洋风格。

宅内门头上刻有洛可可式的浮雕,窗门有彩色的玻璃,砌成不同形状的几何图案,二楼回廊的栏杆有十字形的装饰图案,混合了中西不同风格。

11. 大澳文物酒店(旧大澳警署)

位于香港大屿山大澳石仔埗街,旧大澳警署建于 1902 年,以打击当时猖獗的海盗犯罪活动为主要目的。在 1997 年以前,警署隶属香港水警管辖,并以舢板在大澳小区巡逻。鉴于大澳罪案率偏低,警署于 2002 年正式关闭。旧大澳警署在发展局"活化历史建筑伙伴计划"下,于 2012 年活化成设有九间套房的精品酒店,并附设文物探知中心供市民及游客免费参观。

12. 伯大尼修院

伯大尼修院位于香港薄扶林道 139 号,由法国外方传道会(又称巴黎外方传教会)于 1875 年所建,是为罹患热带病的传教士而设的疗养院,并支持传教士前往中国传教。传道会在 1974 年关闭修院,其后修院由香港特区政府接管。1978 年至 1997 年间租予香港大学,2003 年起租予香港演艺学院。修院最显著的建筑特色包括其新歌德式的尖头窗、尖拱形柱廊、飞扶壁及小尖塔等。

13. 港务局大楼

港务局大楼位于澳门妈阁内港入口附近的山坡地,现为政府部门办公大楼。1874 年建成,原称摩尔兵营,俗称水师厂,由意大利人卡苏杜(Cassuto)设计,是当时由印度来澳门的警察的营地,可驻 200 多名官兵。大楼是一座受阿拉伯色彩及哥特建筑特色影响的砖石建筑,楼顶设置有台风信号站,台风来临之际可让渔民、船只与居民得知风球信号。

14. 郑家大屋

澳门的郑家大屋建于 1869 年,是中国近代著名思想家郑观应的故居,是一院落式大宅。建筑虽主要以中国形制构建,但却处处体现中西结合之特色,中式建筑手法主要表现于屋顶、梁架结构,还有趟栊门等;而受西方影响的则印证于一些室内天花的处理、门楣窗楣的式样、檐口线,以及外墙之抹灰。

15. 岗顶剧院

澳门岗顶剧院原称伯多禄五世剧院,建于 1860 年,但当时只建成主体部分,至 1873 年才加建具有古典主义特色的正立面。它是中国第一所西式剧院,供戏剧及音乐会演出之用,也是当年葡人社群举行重要活动的场所。其建筑设计为新古典希腊复兴风格。

16. 何东图书馆大楼

澳门的何东图书馆大楼建于 1894 年以前，原主人为官也夫人。香港富商何东爵士于 1918 年购入该大楼，作为夏天来澳门消暑的别墅。他逝世后，其后人根据他生前的遗嘱，将大楼赠予澳门特区政府作为公共图书馆之用。1958 年图书馆正式对外开放。

17. 民政总署大楼

澳门民政总署大楼建于 1784 年，前身为市政厅，后曾多次重修，目前规模是 1874 年重修时形成的，具有明显的南欧建筑艺术特色。一楼的图书馆于 1929 年启用，以葡国玛弗拉修道院的图书馆为设计蓝本，装潢和家具陈设具有浓厚的古典气息，现在专门收藏 17 世纪至 20 世纪 50 年代的外文古籍。

18. 仁慈堂大楼

仁慈堂于 1569 年由澳门首任主教贾尼路创立，负责慈善救济的工作，故名"仁慈堂"。成立后，仁慈堂开办了中国第一间西式医院白马行医院，并设育婴堂、麻风院、老人院、孤儿院等机构。仁慈堂大楼修建于 18 世纪中叶，至 1905 年形成今天的面貌，具有新古典主义建筑风格。

19. 卢家大屋

澳门的卢家大屋位于大堂巷 7 号住宅，是澳门著名商人卢九家族的旧居。据屋内壁画显示，约于清光绪十五年（1889 年）落成。卢家大屋是用厚青砖建造的中式两层建筑，是典型的中式大宅，也是晚清时期粤中民居温婉纤细建筑风格的典型。

20. 东方基金会会址

东方基金会会址建于 18 世纪 70 年代，原址是葡国皇室贵族俾利喇（Manuel Pereira）的别墅。该建筑可能是澳门首幢别墅式花园的豪华住宅。20 世纪 60 年代后曾改作贾梅士博物馆，现为东方基金会会址。

三、商业与交通遗产

自唐代以来，广东沿海地区已经出现大量的以烧制外销瓷器为主的窑口，其中广州西村窑、潮州笔架山窑、佛山石湾窑和湛江雷州窑合称为广东四大名窑，"海上丝绸之路"又被称为"陶瓷之路"或"香瓷之路"。"海上丝绸之路"的发展与繁荣在粤港澳地区不仅留下大量的瓷器生产、贸易街市等商业遗址，也产生了颇具规模的对外贸易港口、灯塔等交通设施遗址。本书选收较为重要的商业与交通遗产共 17 处，其中广东 16 处，澳门 1 处（见表 3-3）。

表 3-3　粤港澳主要商业与交通遗产

商业与交通遗产			
		名称	位置
广东	1	十三行	广州市越秀区
	2	广州西村窑址	广州市西村增涉河东岸岗地
	3	怀圣寺光塔	广州市越秀区
	4	琶洲塔	广州市海珠区
	5	秦代造船遗址	广州市越秀区
	6	黄埔古港遗址	广州市海珠区石基村
	7	南海神庙码头遗址	广州市黄埔区
	8	佛山石湾窑	佛山市石湾镇
	9	潮州笔架山窑址	潮州市东郊笔架山西麓
	10	樟林古港	汕头市澄海区东里镇
	11	柘林港	潮州市饶平县柘林镇
	12	惠东白马窑	惠州市惠东县白盆珠镇
	13	梅关古道	南雄市珠玑镇梅花岭
	14	大洲湾遗址	江门市台山市上川岛西北部三洲港
	15	南海 I 号	阳江市江城区广东"海上丝绸之路"博物馆
	16	海安港遗址	雷州半岛南部的徐闻县海安镇
澳门	1	澳门港	澳门半岛

1. 十三行

十三行位于广东省广州市越秀区，是清政府指定专营对外贸易的垄断机构，号称"天子南库"。乾隆二十二年（1757 年）下令关闭江、浙、闽三个海关，独留粤海关，广州成为全国唯一的通商口岸。直至 1840 年第一次鸦片战争爆发，在长达 83 年的时间中，造就了闻名于世的"十三行"，大量的丝绸、瓷器、茶叶等货物从广州出口，广彩、广绣、外销画等"广货"远销海外。[①] 十三行

---

① 韩维龙，易西兵. 海上丝绸之路广州史迹 [M]. 广州：广州出版社，2017：34-36.

商业馆区历史上曾经历三次大火，第二次鸦片战争时期的一场大火将十三行彻底烧成灰烬。现在的十三行地区是广州历史上最长的服装批发集散地。这里每天进出货物上千吨，人流量达数十万人次，商业辐射面远至全国各地、俄罗斯以及东南亚地区。

2. 广州西村窑址

广州西村窑址位于广东省广州市西村增涉河东岸岗地，是北宋时广州规模较大的民间瓷窑址，以烧外销的青白瓷为主，产品输往南亚各地。遗址南北长超过1000米，残存的三处堆积以"皇帝岗"的最大，是西村窑的主要遗存。西村窑产品分粗瓷和精瓷两类，前者为主，后者属于青白瓷。西村窑的产品在国内很少流传，近年来在中国的西沙群岛及东南亚地区都有出土，印度尼西亚、菲律宾等地还有不少西村窑的传世品。广州西村窑是当时岭南地区生产外销瓷器的重要窑场。

3. 怀圣寺光塔

光塔位于广东省广州市越秀区，矗立于怀圣寺内西南角，是我国第一座古代灯塔。始建于唐贞观元年（627年），其后历代均有维修，是唐代广州城内最高的建筑。塔身光洁而且塔顶夜间设有导航明灯，所以又称"光塔"。原塔尖有一只可随风转动的金鸡，以示风向变换，是穆斯林的"宣礼塔"。光塔既是著名的宗教建筑，也是当时广州城的地标性建筑和航标①。光塔为国内最早、最具特色的伊斯兰教古迹之一。2012年10月，怀圣寺及寺内光塔作为"海上丝绸之路广州史迹"的重要组成部分，被国家文物局列入《中国世界文化遗产预备名单》②。

4. 琶洲塔

琶洲塔位于广州市海珠区，于明万历年间落成，又称海鳌塔，是清代羊城八景之一。塔身呈八角形，青砖砌筑，外观9层，内分17层，高50余米。当年乘船从珠江口进入广州，必定会看见这座犹如中流砥柱的琶洲塔，所以其又有"琶洲砥柱"的美誉。琶洲塔与同时期的番禺莲花塔、海珠赤岗塔一起，被称为广州的"三支桅杆"，为广州"海上丝绸之路"的重要灯塔。在明末至清年间，

---

① 韩维龙，易西兵.海上丝绸之路广州史迹［M］.广州：广州出版社，2017：14.

② 韩维龙，易西兵.海上丝绸之路广州史迹［M］.广州：广州出版社，2017：162.

琶洲塔为往来珠江航道的中外商船提示了方向，也是广州城以东重要的标志性建筑。

5. 秦代造船遗址

秦代造船遗址是秦汉时期的造船工场，位于广东省广州市越秀区，造船工场坐西向东埋在地下 5 米深处。造船工场建造在灰黑色的沉积黏土层上，有三个并排的木结构造船台和木料加工场，呈东北—西南走向，平行排列。秦汉是我国开发海上贸易，将航海向远洋发展的重要时期。秦造船遗址是我国目前年代最早、规模最大、保存最好的造船工场遗址，反映了我国在秦汉时期已有较高的造船技术。1996 年被列为全国重点文物保护单位。

6. 黄埔古港遗址

黄埔古港原称酱园码头，位于广东省广州市海珠区石基村，黄埔村见证了广州"海上丝绸之路"的繁荣。自宋代以后，黄埔古港长期在海外贸易中扮演重要角色。南宋时此地已是"海舶所集之地"。黄埔古港地区分为四个功能区，即纪念展示区、古港公园区、栈道餐饮区及村头广场区。1685 年，清政府在黄埔设置海关，正式确立黄埔港地位。在今石基河口，仍有"海傍东约"的古建筑与布局不同的商业街，附近散落着大量的石碑和外国海员、商人的墓碑，并有多种文字的碑文。2002 年被公布为广州市文物保护单位。

7. 南海神庙码头遗址

南海神庙码头遗址位于广东省广州市黄埔区，是广州出海的必经交通要道，也是到广州贸易的外国商船停泊之所。在南海神庙南面考古发现明清码头遗址，其中明代码头遗址全长 125 米，结构完整，极具规模。① 清码头用麻石铺砌，共九级亲水台阶，通往神庙的引路铺五层麻石，被喻为"九五至尊"。南海神庙古码头遗址的发现，为"海上丝绸之路"的研究提供了重要的实物依据，并大大提高了广州在南海"海上丝绸之路"的历史文化地位。

8. 佛山石湾窑

佛山石湾窑亦称"广窑"，位于广东省佛山市石湾镇。考古发掘资料表明，石湾的陶瓷生产最晚可上溯至唐宋，明清时期趋于鼎盛。石湾窑以善于仿制钧

---

① 广州市文物考古研究所，黄埔区文化广电新闻出版局. 南海神庙古遗址古码头 [M]. 广州：广州出版社，2006：35.

窑而著称，故又称"广均"。石湾现存两座古窑遗址——南风灶与高灶。南风灶依山势而建向北延伸，因窑口向南，故名南风灶。高灶是建窑至今仍在使用的柴烧龙窑，对研究明清石湾制陶业具有十分重要的价值。2001年，石湾窑被列为全国重点文物保护单位。

9. 潮州笔架山窑址

笔架山窑址位于广东省潮州市东郊笔架山西麓，窑场创始于唐、繁盛于宋，窑址相传有99座之多，故又称"百窑村"，为当时我国南方重要的陶瓷生产基地。笔架山窑出土的洋人、洋狗等瓷器反映了笔架山瓷器当年运往海外的历史。近年来，在菲律宾、沙特阿拉伯、伊拉克、埃及等国家均发现了潮州笔架山窑瓷器，因此，笔架山窑遗址对于研究我国古代"海上丝绸之路"具有极为重要的历史价值。笔架山窑2001年公布为全国重点文物保护单位，为古代中外文化交流、为中华民族的文明史增添了辉煌一页。

10. 樟林古港

樟林古港位于广东省汕头市澄海区东里镇，是清代东南沿海最大的近海帆船贸易口岸，唐代是个海滨渔村，因樟树成林而得名。这里海阔江宽，宋代就已是潮州东部的盐业中心。中国"海上丝绸之路"有三个重要起源地，也是三个地标，它们分别是南宋时期的福建泉州港、元明时的漳州月港，以及清朝中叶的樟林港。古港于康熙年间正式放开海禁而形成规模，放开海禁后樟林港埠商人纷纷造船出海。因广东商船大桅杆上部及船头均油红漆，故有"红头船"之称。红头船事业的发展，使樟林港日益繁荣昌盛，樟林埠被喻为"通洋总汇之地"。樟林古港对研究明清时期潮汕的对外经贸发展、移民史与华侨史都有着非常重要的价值。

11. 柘林港

柘林港位于广东省饶平县柘林湾，在广东最东部，是明清时期潮汕及闽西南地区的对外通商口岸。柘林港是古代"海上丝绸之路"的重要节点，粤东第一门户，有"未有汕头埠，先有柘林港"之说。柘林港的海上贸易自隋朝开始，到宋朝繁盛，至明朝与清初期，随着海禁的实施，柘林港一度陷入萧条。清初海禁解除之后，柘林港成为粤东对外贸易的主要港口，港内常停泊红头船，柘林港越来越昌盛，直至1860年汕头开埠前夕，才逐渐被代替。

12. 惠东白马窑

惠东白马窑址位于广东省惠州市惠东县白盆珠镇，主要分布在白马河两岸的小包上，是广东省迄今为止发现规模最大的窑场。白马窑址的瓷窑结构多为馒头窑，产品类型较为单一，也是广东明代最重要的仿龙泉青瓷窑场。从东南亚、西亚等地出土过白马窑瓷器可推断其产品以外销为主。2021 年 11 月，惠州加入"海上丝绸之路"保护和联合申报世界文化遗产城市联盟，让"海丝申遗城市联盟"扩容到 28 城。惠州的白马窑遗址作为"海上丝绸之路"申遗的重要史迹点，也借此为更多的人所知晓。

13. 梅关古道

梅关古道位于广东省南雄市珠玑镇梅花岭，始建于唐代，兴盛于明清。修建后的梅关古道真正成为沟通南北的商贸通道，内地丰饶的物产，尤其是享誉世界的丝绸、茶叶、药材、工艺品等从中原经过梅关古道，再经过珠江水系运达港口，再经"海上丝绸之路"漂洋过海走进南亚、中东直至遥远的欧洲。梅关古道把长江水系与珠江水系连接起来，是海陆对接的重要通道。2003 年梅关古道以"南粤雄关与古道"之名被列为全国重点文物保护单位。

14. 大洲湾遗址

大洲湾遗址位于广东台山上川岛大洲村，是明代外销瓷遗址，也称"花碗坪"，因沙滩遍布带花瓷片而得名。遗址范围从方济各·沙勿略（第一个随"海上丝绸之路"来华传教的西方传教士）墓园南侧海岸开始，延伸到朱家庄村外海岸的北侧，东西宽 200 米、南北长 450 米。2014 年 11 月，广东省文物考古研究所对该遗址进行考古调查、勘探，出土的瓷器产地呈现多样化，有景德镇窑、潮州窑、福建窑等，大多数属景德镇民窑瓷器。瓷器经台山销往东南亚、中东、东非等地区。2015 年 12 月 10 日，大洲湾遗址被公布为第八批广东省文物保护单位。

15. 南海Ⅰ号

"南海Ⅰ号"现展示于广东省阳江市江城区广东"海上丝绸之路"博物馆。"南海Ⅰ号"是南宋初期一艘在"海上丝绸之路"向外运送瓷器时失事沉没的木质古沉船，1987 年在广东省阳江市海域被发现，是国内发现的第一个沉船遗址。"南海Ⅰ号"是迄今为止世界上发现的海上沉船中年代最早、船体最大、保存最完整的远洋贸易商船，它将为复原"海上丝绸之路"的历史、陶瓷史提供极为难得的实物资料。2007 年 12 月 22 日"南海Ⅰ号"整体出水，12 月 28 日正式移入为其量身打造的广东"海上丝绸之路"博物馆——水晶宫。

16. 海安港遗址

海安港遗址位于雷州半岛南部的徐闻县海安镇，其在国防战略上地位十分重要，早在汉代，徐闻就设置了左右侯官作为中国最早的海外贸易官员。唐宋时期海安是朝廷贬官流放经过之地，明清代的海安是雷州最重要的商埠，在交通与对外贸易等方面都发挥了积极作用。海安古港是自然形成的良港，从盛唐时起，海安港就成为我国南方对外贸易的主要港口之一，是我国"海上丝绸之路"的驿站。

17. 澳门港

澳门港是明清时期广州的外港，国际海上贸易的重要港口，大航海时代东西交流的港口。14 世纪下半叶明王朝实行海禁，澳门成为中国对外贸易交流的唯一通道，迅速繁荣起来。1561—1580 年短短 20 年的时间内，澳门人口就从 500 人增加至 20000 人。再加上当时的海禁政策，澳门在很大程度上垄断了中国的对外进出口，并以此为契机进一步健全了国际贸易网络，从而一度成为中国国际贸易的主要市场。① 澳门港对"海上丝绸之路"的扩展与延伸，对明朝经济的发展与中外文化交流都起到了非常重要的作用。

四、民俗文化遗产

粤港澳地区传统非物质文化资源丰富、品类繁多。根据国务院公布的《国家级非物质文化遗产名录》，非物质文化遗产可分为民间文学、传统音乐与民俗等十大类。本书收录较为重要的粤港澳地区主要民俗文化遗产共 12 种（见表 3-4）。

1. 龙舟饭

龙舟饭是广东省珠三角地区传统的民俗文化，是端午节庆活动的延续。宴会开支的款项主要来源于捐赠，其次是龙舟部件保管权的拍卖。为讨个好意头，村民会争相出高价竞拍龙头、龙尾等的保管权。龙舟饭是用糯米加上腊肉丁、

---

① 陈文璇，郑天祥，陈丽君. 澳门在"丝路"中的桥梁作用：建设澳门航空中转港［J］. 当代港澳研究，2015（3）：4-5.

虾米、墨鱼丁、香菇粒做成，早期主要是给划龙舟的人吃的，糯米饭耐饿，队员吃了划船特别有力气。后来慢慢所有的来宾、观众等也一起吃，最后演变成一种划龙舟前热热闹闹的仪式，寄寓了劳动人民的美好愿望和祈盼。

表 3-4　粤港澳地区主要民俗文化遗产

民俗文化遗产			
		名称	地区
广东	1	龙舟饭	广东珠三角地区
	2	波罗诞	珠江三角洲一带
	3	淇澳端午祈福巡游	珠海市唐家湾淇澳村
	4	番禺水色	广州市番禺区市桥镇、沙湾镇等地
	5	七夕贡案	东莞市道滘镇
	6	汕尾凤山妈祖庙会	汕尾市品清湖畔
	7	大亚湾渔家婚嫁	大亚湾地区
	8	关帝侯王巡游	佛山市顺德区均安镇
	9	洗佛节	连州市连州镇沙坊村
	10	德庆学宫祭孔活动	肇庆市德庆县
	11	镇隆飘色	信宜市镇隆镇
	12	六祖庙会诞	云浮市新兴县

2. 波罗诞

波罗诞即南海神诞，是对海神进行祭祀的重大活动，在每年农历二月十一至十三举行，其中十三为正诞，也叫波罗诞。波罗诞是广东省珠江三角洲地区独具特色的传统民俗节庆活动，也是非常具有影响力的民间庙会。波罗庙会期间，珠三角一带村民和善男信女便结伴从四面八方到黄埔的南海神庙，参加祈福、观光或购物，游览者达数十万。广州民间俗语有云"第一游波罗、第二娶老婆"，可见庙会影响之大。2011 年 6 月，波罗诞被国务院列入第三批国家级非物质文化遗产名录。

3. 淇澳端午祈福巡游

广东省珠海市唐家湾淇澳村民在端午期间，有进行游神、祭祀、祈福的传统，源于"洗菩萨"的风俗，清道光十三年（1833 年）淇澳人民抗英胜利后，于翌年端午期间开始举行祈福巡游，后渐成惯例，流传至今已有近200年历史。端午巡游不仅有海岛社会独特的民间信仰和历史文化信息，也凝聚着人们对美好生活的祈愿。

4. 番禺水色

广东省广州市番禺水色是一种以木筏为载体、以戏剧或民间传说故事为主要内容的水上表演活动，主要流传于广州市番禺区市桥镇、沙湾镇等地。据说，番禺水色始创于清雍正七年（1729年），是当地民间为奉祀天后，由市桥黎氏家族发起，吴、韩、李、谢等家族参与而形成的迎神庙会活动。清同治《番禺县志》记载："船后则彩艇络绎，缀引水色，皆用娈童扮演故事。"

5. 七夕贡案

是广东省东莞市道滘镇传统七夕拜月习俗，当地人称"拜七姐"。清末探花陈伯陶主编《东莞县志》中记载："七月七曝衣、书。其夜，女儿夜穿针、结彩，为乞巧会。"由此可见，七夕贡案在东莞水乡地区的悠久历史。

6. 汕尾凤山妈祖庙会

凤山妈祖庙会主要分布于广东省汕尾市品清湖畔，相传清初汕尾港兴盛时期即由广西地区传入。凤山祖庙是福建湄洲妈祖庙的分灵行宫，为粤东最负盛名的妈祖文化传播中心，历代香火鼎盛，每年农历三月二十三为妈祖诞。妈祖诞期间，当地理事会拜祭妈祖后，将妈祖金身请下神龛安放在彩轿内，由八位青壮年抬着妈祖神轿沿社区巡游，古装场景巡游队伍可达千余人，巡游每到一处群众皆等候在街道边拜祭妈祖。

7. 大亚湾渔家婚嫁

渔家婚嫁是广东大亚湾地区民俗风情的重要组成部分，是疍家渔民社会文化传统中不可或缺的一部分。大亚湾地区自古以来就是疍民的聚居地之一，大亚湾渔家婚嫁习俗重礼仪，订婚日、赏花日与结婚日等礼仪程式均有着严格的传统规范，在婚俗中传承并延续至今。

8. 关帝侯王巡游

关帝侯王巡游是广东省佛山市顺德区均安镇供奉祭祀关帝、侯王的民俗活动。关帝信仰在当地的历史可追溯至宋代，至明代晏公被敕封为平浪侯后，当地群众建帝王古庙一同供奉关帝与侯王。巡游从农历九月初四到十九，"帝王"自三华帝王古庙出发，在16天里的巡游中，游遍均安13个乡村以祈福辟邪消灾，而后回銮古庙。每天帝王出游历时 2~3 小时。

9. 洗佛节

洗佛节是流传于广东省连州市连州镇沙坊村的传统神诞祭祀习俗，每年农历六月初六东岳大帝神诞期间举行。当地传说，沙坊村自五代时期建村，开基祖石文德受点化在村头建东岳古庙，并将神像在附近大、小龙河中沐浴净身，以祈求五谷丰登、平安吉利。

10. 德庆学宫祭孔活动

德庆学宫位于广东省肇庆市德庆县，始建于北宋，是我国南方现存最古老的孔庙，1996 年 11 月被国务院公布为第四批全国重点文物保护单位。德庆学宫祭祀儒家先贤孔子的活动始于宋，历代相沿成习并被纳入中原王朝官方祭典的范畴，至清代时臻于极盛，至今已有千余年的历史。德庆学宫祭孔活动分春秋两季进行，传统的祭祀是春季正月十五；秋季于农历八月上旬丁日进行。

11. 镇隆飘色

镇隆飘色基地位于广东省信宜市镇隆镇，飘色又称装色，其历史起源有不同的说法，民间相传飘色在当地流传近 300 年，也有一说认为，粤西地区的飘色多源自太平天国末年，当时政府禁演粤剧，民间艺人改以粤剧造型巡游的形式，后逐渐发展为"马色""水色"和"飘色"等类型，人像造型也由泥塑演化为真人扮演。镇隆飘色活动多以镇隆镇为中心，辐射附乡镇，其影响遍及粤西地区。

12. 六祖庙会诞

广东省云浮市新兴县为禅宗六祖慧能诞生与圆寂之地，有关六祖慧能的传说故事和六祖圣迹在当地被人们广为传颂。每年农历二月初八六祖诞辰和八月初三的圆寂日，为当地"春秋二祭"，在六祖圆寂的龙山国恩寺及周围地区举行庙会。六祖诞庙会一般在六祖诞辰日和圆寂日的前后三天举办，主要包括礼佛祭祖等佛事，放生、传灯、斋宴、品尝荔枝等活动。

五、组织和社群遗产

粤港澳大湾区历史悠久，经历千百年的发展，形成了独具特色的社会族群和组织机构，留下了丰富的社会组织文化，迄今被列为遗产的主要分布在广东省（见表3-5）。

表 3-5　粤港澳主要组织和社群遗产

组织和社群遗产			
		名称	位置
广东	1	疍家人	珠三角地区
	2	锦纶会馆	广州市荔湾区华林街
	3	八合会馆	广州市荔湾区恩宁路 177 号
	4	洪圣馆	江门市新会区
	5	启明里	江门市江海区
	6	中兴里	开平市赤坎镇

1. 疍家人

疍家人，即水上居民，一般指生活在水上以打鱼为生的小渔民，因他们长年累月漂浮于海上、江上，像浮在水上的鸡蛋，故得名"疍家人"。清光绪《崖州志》称为疍民。作为一个社群类别的广州户口疍家 10 万之众已上岸定居，分布在大沙头三马路、滨江东路以及南岸路，跟岸上人融为一体。疍家作为珠三角地区历史悠久的水上居民，拥有着自己独特的海洋文化与水上社区生活模式。粤港澳大湾区之内的疍家历史悠久，其创造的生活器具、民间技艺、居住地遗址、现存村落景观等，也可从物质文化遗产和非物质文化遗产来进一步划分。①

2. 锦纶会馆

锦纶会馆又名锦纶堂，原馆址位于广州市下九路，是广州丝织业（锦纶行）老板们聚会议事的场所。因 2001 年扩建康王路，市政府对会馆建筑进行整体平移，移到现址——广州市荔湾区华林街。锦纶会馆始建于清雍正元年，曾先后七次重建，经历了中国资本主义的萌芽阶段，是广州唯一幸存的行业会馆。锦纶会馆不仅是广州丝织行业发展的历史见证，更是中国"海上丝绸之路"的重要物证之一，有着珍贵的历史价值和较高的艺术价值。2008 年被列为广东省文

---

① 陈以乐. 从城市遗产视角探析粤港澳大湾区疍家文化 [C] //波尔图大学，澳门大学，澳门科技大学，澳门城市大学，澳门理工学院. 基于中葡平台的创新性发展研究：2020 年中国与葡语系国家发展研究国际会议论文集. [出版者不详]，2020：43-56.

物保护单位。

3. 八合会馆

八合会馆位于广州市荔湾区恩宁路 177 号，是由邝新华、独脚英、林之等粤剧艺人所建立的粤剧同人的行会组织。这个会馆加强了戏行中人的团结，保障戏班营业正常开展，在清朝解禁粤剧后恢复戏班事业。

4. 洪圣馆

蔡李佛拳发源于古新会县（今江门市新会区），创始人是新会崖门镇京梅村拱北里的陈享。陈享潜心于武术的研究，12 岁随族叔陈远护学佛家拳，19 岁向新会的李友山学李家拳 5 年，后向罗浮山隐居还俗高僧蔡福学蔡家拳至 34 岁。陈享回乡后，遵从师嘱，在新会县城设立了洪圣馆。

5. 启明里

启明里是江门市城区 13 个百年华侨古村落之一。1914 年华侨黄黎阁在此首建启明楼，片区由此得名"启明里"。往后归侨陆续在启明里购地建房，人气鼎盛，但从 20 世纪 70 年代开始，当时的原居民陆续搬出，村落逐渐凋敝。

6. 中兴里

中兴里位于广东省开平市赤坎镇，是建于 20 世纪二三十年代的华侨新村。中兴里建有两座入口牌坊、围墙、七座极具民国风格的庐居建筑以及一座灯寮，村前有池塘，村后有农田山丘。改革开放后，村民全部迁往美国，现存田宅逐渐荒废。[①]

六、民间文学艺术遗产

粤港澳地区山川奇秀人杰地灵，古往今来流传着许多古老的故事与神话传说，其中很大一部分民间文学作品在口头传播中消失，另有一部分则得到文字记录成为我们今天听到或看到的民间文学（见表 3-6）。

---

① 罗耀华，姚惠怡. 地域文化视角下广东华侨村落中兴里的保护与利用研究 ［J］. 文化产业，2021（32）：92-94.

表3-6　粤港澳地区主要民间文学艺术遗产

民间文学艺术遗产			
		名称	地区
广东	1	五羊传说	广州市及其周边地区
	2	增城何仙姑与挂绿的传说	广州市增城地区
	3	深圳市望烟楼的传说	深圳市宝安区
	4	深圳市应人石的传说	深圳市宝安区石岩街道的客家人社区
	5	南雄市珠玑巷人南迁传说	珠江三角洲地区
	6	揭阳市苏六娘传说	粤东名山揭阳市炮台镇桑浦山西侧的千年古寨——雷浦村
	7	清远市凤城的传说	清远地区
	8	江门陈梦吉的故事	新会及其周边地区

1. 五羊传说

五羊传说是流传于广东省广州市及其周边地区的民间文学，广东省省级非物质文化遗产之一，距今已有1500多年。据晋代顾微的《广州记》记载，"广州厅事梁上，画五羊像，又作五谷囊，随像悬之。云昔高固为楚相，五羊衔谷萃于楚庭，故图其像以为瑞。六国时广州属楚"，这是关于五羊传说最早的文字记载。

五羊传说不仅在文化学、民俗学上有重要研究价值，它甚至被历史学家称为"史前拓殖故事"，以幻想的方式保存了远古岭南稻作文化的记忆，对研究岭南农耕文明进化史也有重要价值。

2. 增城何仙姑与挂绿的传说

民间相传何仙姑是广东省增城区小楼镇仙桂村人，生于唐代开耀二年（682年），原名何秀姑，自幼知书达理，深得村民邻里赞誉。秀姑年少时，即得仙人梦中指点，后拜罗浮山麻姑为师修道成仙。增城地区盛产荔枝，其中以挂绿最为著名。增城人认为挂绿是神圣之物，挂绿荔枝最大的特征是其果壳上有一条绿线，当地相传是何仙姑去蓬莱"八仙过海"前为父母织绣花鞋，无意间留下的绿丝带所化成。何仙姑与挂绿的传说，将挂绿荔枝这一岭南佳果与何仙姑的形象联系起来，以口头传述的方式形成民间故事，这是民间集体智慧的结晶。

3. 深圳市望烟楼的传说

望烟楼的传说是深圳市宝安区福永街道文氏家族为纪念其祖先文应麟，而逐渐形成的民间传说。相传文应麟为人尚气节、怀大义，为了解百姓疾苦，每到青黄不接或灾年，会爬上凤凰山顶，看看山脚附近村落各家各户的烟囱是否冒烟，以此判断其是否断粮。如望见山脚附近村落烟囱没有冒烟，则说明无米下锅，就派族人送粮到户。后来他在凤凰山巅搭建了一座望烟楼，傍晚就在望烟楼上瞭望四周村落，以便了解民情。当地百姓多感其恩德，后逢年过节，附近村民就自发地来到望烟楼进行祭拜活动，以表达对文应麟的敬仰之情。

4. 深圳市应人石的传说

应人石传说主要流传于深圳市宝安区石岩街道的客家人社区，以及港澳台地区与东南亚等客家人聚居地。传说很久以前，羊台山下一个小村庄里住着一对相亲相爱的夫妻，丈夫被迫为贪婪的财主去深山老林寻找长生不老药。妻子按照约定，每天下午在山下呼喊丈夫的名字三遍，然而除了大山深处隐约传来的回应声，再无丈夫踪影，丈夫一去不返。妻子难忍思念之情，冒着生命危险去寻夫，她一边喊一边朝着应声的方向爬，待爬到近前发现每天回应她的原来是一块大石头！妻子悲痛欲绝，突然天空划过一道白光，雷电交加——天遂人愿，妻子变成了一尊石头，与附近的应人石永久相随相望。

5. 南雄市珠玑巷人南迁传说

主要讲述南宋年间，在胡贵妃的掩护下，罗贵带领 33 姓 97 户逃亡南迁到南雄珠玑巷，之后辗转落户珠江三角洲地区，从而逐渐开拓岭南这片疆土的传说故事。

关于珠玑巷人南迁传说的相关记载也多见于历代方志、族谱等文献，还曾被改编为章回小说、粤剧、采茶戏、电视纪录片等多种艺术形式。珠玑巷人南迁传说源远流长，反映了中原土民迭次南向迁徙的进程。这一传说具有强大的凝聚力，吸引着海内外几千万粤语族裔到珠玑巷寻根问祖，同时也推动着粤北地区乃至广东省的经济、社会和文化发展。

6. 揭阳市苏六娘传说

"苏六娘传说"流传于粤东名山揭阳市炮台镇桑浦山西侧的千年古寨——雷浦村。苏六娘是明代弘治年间雷浦村人，其父人称苏员外，其母先怀五胎皆流产，仅得"六娘"一女。苏六娘天资聪慧、乐善好施。因自幼寄居潮阳西胪舅舅家读书，与表兄郭继春青梅竹马，情愫暗生，立下百年之约。后因族长做媒要将她嫁给潮州府师爷之子杨子良，六娘刺目明志以拒婚，又在婢女桃花的协助下，逃婚而去。杨师爷勾结雷浦村族长，使毒计骗六娘回乡探母，以败祖辱宗淫妇之名，将六娘装入猪笼沉于榕江。噩耗传至潮阳西胪，表兄郭继春哭了一夜一日，悲痛至极，投江殉情。

7. 清远市凤城的传说

凤城即旧清远县城，位于北江河畔，始建于西汉。清远被称为凤城源于一则悲壮的人凤相救传说。相传古时清远城地形低洼，每年春夏两季河水泛滥成灾。某年北江两岸一片汪洋，很多居民在洪水中苦苦挣扎。一名叫张易的青年渔民一连救出了几位灾民，此时他已筋疲力尽，正准备休息时听到一阵吱吱的哀叫声——不远处一棵露出水面的梧桐树上有个凤巢，一窝刚出生不久的小凤凰在向人求救。张易耗尽最后一丝力气，把梧桐树上的几只小凤雏救上了高地，而他自己却因体力不支沉入江底。觅食归来的母凤凰看见了张易舍己救凤雏的一幕，知恩图报，它用庞大的身躯架在洪水泛滥的江面上，让灾民通过其身体爬向高地，许多灾民因此死里逃生，而与洪水搏斗了一天一夜的凤凰却最终力尽沉江。此后，人们为了纪念人凤相救的传奇，便把清远城称作凤城。

为纪念神鸟凤凰福临清远，当地人民相继修建了凤凰台、凤凰楼、凤羽桥、凤仪亭等建筑，以此寄托对凤凰的感恩之情。

8. 江门陈梦吉的故事

陈梦吉的故事，一直在新会及其周边地区广为传颂，并经过民间的口耳相传而广泛流传于粤港澳地区以至国外。陈梦吉相传出生于明代嘉靖年间，天性聪颖、机智过人，因少时应试不第，逐渐淡泊功名。他鄙视权贵爱打抱不平，极憎恶像他叔父那样的污吏，经常以机敏才智施计戏弄，为贫苦百姓伸张正义。他同情弱小，经常设法帮助百姓，成为百姓解危纾困的救星，深受百姓的喜爱，百姓把他的事迹编成故事到处传扬。

七、祭祀和宗教遗产

"海上丝绸之路"是宗教传播的重要途径，世界三大宗教在中国的传播、发展、繁荣与"海上丝绸之路"密不可分。3000 多千米的海岸线与众多优良的港口使粤港澳地区成为"海上丝绸之路"的起点，成为中国对外贸易与文化交流的重要窗口。宗教的传播在粤港澳地区留下大量的建筑史迹，比较著名的有伊斯兰教怀圣寺、天主教圣心大教堂、佛教光孝寺等。本书收录祭祀和宗教遗产共 28 处，其中广东 13 处，港、澳分别是 4 处和 11 处（见表 3-7）。

1. 怀圣寺

怀圣寺位于广东省广州市越秀区，始建于唐代，为纪念伊斯兰教创始人穆罕默德而创建，故名怀圣寺。怀圣寺为唐宋时期广州城西的地标性建筑，为中国现存最早的清真寺之一，也是唐宋以来，到广州进行贸易的客商以及定居的阿拉伯人最重要的宗教活动场所。① 怀圣寺是广州作为伊斯兰教通过海路传播到中国第一站的物证，因寺内有一光身柱形塔，又名光塔寺。1996 年怀圣寺被列为全国重点文物保护单位。

表 3-7 粤港澳地区主要祭祀与宗教遗产

		祭祀和宗教遗产	
		名称	位置
广东	1	怀圣寺	广州市越秀区
	2	光孝寺	广州市越秀区
	3	六榕寺	广州市越秀区
	4	圣心教堂	广州市越秀区旧部前 56 号
	5	南海神庙	广州市黄埔区
	6	仁威古庙	广州市荔湾区龙津西路
	7	清真先贤古墓	广州市越秀区
	8	南越文王墓	广州市越秀区解放北路
	9	赤湾天后庙	深圳市南山区
	11	淇澳村天后宫	珠海市唐家湾镇淇澳村
	11	新围天后宫	汕头市澄海区樟林港东南面布袋围
	12	超海宫	雷州市附城镇夏岚村东海滩
	13	留隍天后圣母宫	汕尾市区东面的品清湖畔

---

① 韩维龙，易西兵. 海上丝绸之路广州史迹［M］. 广州：广州出版社，2017：29.

续表

祭祀和宗教遗产			
香港	1	圣若瑟堂	香港新界西贡区
	2	犹太教莉亚堂	香港半山罗便臣道 70 号
	3	天主教圣母无原罪主教座堂	香港中环坚道 16 号
	4	洪圣古庙	香港西贡滘西洲
澳门	1	大三巴牌坊	花王堂区炮台山下
	2	妈祖阁	澳门岛妈阁上街
	3	圣老楞佐教堂	澳门风顺堂街
	4	圣若瑟修院及圣堂	澳门岗顶前地
	5	圣奥斯定教堂	澳门岗顶前地
	6	三街会馆（关帝庙）	澳门议事亭前地
	7	玫瑰堂	澳门大堂前地
	8	大堂（主教座堂）	澳门大堂前地
	9	哪吒庙	大三巴牌坊后右侧
	10	圣安多尼教堂	花王堂区白鸽巢前地南面
	11	基督教坟场	花王堂区白鸽巢前地白鸽巢公园侧

2. 光孝寺

光孝寺位于广东省广州市越秀区，民谚云"未有羊城，先有光孝"，光孝寺是岭南地区现存年代最早、规模最大的一座名刹，是佛教通过海路在中国传播的重要见证。从东晋起至唐宋时期，有不少南亚高僧如昙摩耶舍、达摩、惠能等来寺传教译经，对中外文化交流有很大影响。2012 年 10 月，光孝寺作为"'海上丝绸之路'广州史迹"的组成部分，被国家文物局列入《中国世界文化遗产预备名录》。①

3. 六榕寺

六榕寺位于广东省广州市越秀区，始建于南北朝时期，是广州市一座历史悠久、海内外闻名的古刹。六榕寺原名为"广州宝庄严寺"，南梁沙门昙裕法师从扶南（柬埔寨）请得佛陀舍利回广州，得到梁武帝诏许后，于宝庄严寺大殿

---

① 韩维龙，易西兵. 海上丝绸之路广州史迹 [M]. 广州：广州出版社，2017：111.

前修建舍利塔，并得赐号"宝庄严寺舍利塔"。因北宋年间苏东坡来游此庙，见寺内有六棵榕树，题"六榕"二字，后人遂称之为六榕寺，2006 年被公布为全国重点文物保护单位。

4. 圣心教堂

广东省广州市越秀区一德路的圣心教堂（石室），建于 1863—1888 年，其建筑形式完全是法国哥特建筑的移植，是巴黎圣母院的摹本，被称为"东方巴黎圣母院"。教堂属罗马系派天主教，由礼拜堂、传教士住房、习教学校、普济医院和育婴堂等组成，建筑规划富理性，体现了西欧文艺复兴以来的人文主义思想；结构为石砌拱肋砖穹窿，用飞虹作为斜撑。① 圣心大教堂当年在修建时，曾从耶路撒冷与罗马各取一千克泥块用作奠基，这也是东西方文化在广州移植、生根的一段佳话。

5. 南海神庙

位于广东省广州市黄埔区，自隋代建立起就与"海上丝绸之路"紧密联系在一起，是中国古代皇家祭祀海神的场所。现存建筑与碑刻记录了南海神庙历史上的辉煌，反映了隋唐以来中国与海外地区的频繁交通贸易往来，在对外交通贸易中起着重要作用，是古代"海上丝绸之路"发祥地之一，也是对外贸易交往的历史见证和重要史迹。2012 年 9 月，国家文物局公布将南海神庙及码头遗址列入《中国世界文化遗产预备名录》。②

6. 仁威古庙

仁威古庙位于广东省广州市荔湾区龙津西路，始建于北宋年间，是一座供奉道教真武帝的神庙。仁威古庙初建时称北帝庙，北帝全称是北方真武玄天上帝，是海上引航的北极星化身。传说真武帝专门司水，故百姓称他为水神或北帝。又因北帝素有"神威"，所以后来改称仁威庙。农历二月初八是仁威庙诞，庙会期间活动丰富多彩。

北帝庙多见于广东各地，除了广州的仁威古庙，佛山神庙也是北帝庙。历史上，仁威古庙一直是广州市西部和南海、番禺、顺德等地信仰道教的群众进行宗教活动的场所。

---

① 邓其生，曹劲. 广州古代建筑与海上"丝绸之路"[J]. 广东经济，2003（1）：35-37.
② 韩维龙，易西兵. 海上丝绸之路广州史迹 [M]. 广州：广州出版社，2017：140.

7. 清真先贤古墓

位于广东省广州市越秀区，作为广州著名的伊斯兰教古迹，是伊斯兰教在中国传播的重要见证。伊斯兰教自海路传入中国是唐代中西文化交流中的一件大事，广州则是伊斯兰教登陆中国的第一站。穆罕默德的徒弟宛葛素从广州登陆中国，随后在中国南方和东南地区传教。宛葛素病逝后埋葬在广州，即留存至今的清真先贤古墓。① 2012 年 10 月，清真先贤古墓作为"海上丝绸之路广州史迹"的重要组成部分，被国家文物局列入《中国世界文化遗产预备名单》。②

8. 南越文王墓

南越文王墓是"海上丝绸之路"开辟于秦汉的直接重要考古实证，也是广州自秦汉开始海外交通贸易的直接物证。③ 南越文王墓是迄今岭南地区发现的规模最大、随葬品最丰富的汉代石室彩画墓。墓内也出土了一批直接来自海外或具有海外文化风格的遗物，包括原支非洲象牙、产自红海的乳香、来自波斯的银盒，以及至少在技术上受西方影响的焊珠金花泡和玻璃珠。④ 墓内出土的海航图案是目前考古发现的规模最大、最为完备的海船图形，对"海上丝绸之路"的研究具有相当重要的意义。

9. 赤湾天后庙

坐落在广东省深圳市南山区，始建于宋代，明清两朝多次修葺，成为当时东南沿海最重要的一座天后庙宇。鼎盛时期有数十座建筑，是我国沿海地区有99 道门的天后宫。凡朝廷使臣出使东南亚各国，经过这里时必定停船进香，以大礼祈神庇佑。明永乐初年，"三宝太监"郑和奉明成祖朱棣之命，率领舟师远下西洋，开创"海上丝绸之路"，赤湾天后宫为其重要一站。1988 年公布为深圳市文物保护单位。

10. 淇澳村天后宫

淇澳村天后宫位于广东省珠海市唐家湾镇淇澳村，村内的南直街与北直街

---

① 韩维龙，易西兵. 海上丝绸之路广州史迹［M］. 广州：广州出版社，2017：14.
② 韩维龙，易西兵. 海上丝绸之路广州史迹［M］. 广州：广州出版社，2017：162.
③ 韩维龙，易西兵. 海上丝绸之路广州史迹［M］. 广州：广州出版社，2017：31.
④ 广州市文物管理委员会，等. 中国田野考古报告集：西汉南越王墓［M］. 北京：文物出版社，1991：11-12.

以及从北面祖庙到南面村口，均用花岗岩石板铺砌，三行石并排，宽约 1 米，全长 1000 多米，当地人称之为白石街。1836 年 7 月 2 日，英、美商人纠集十五六艘船驶入淇澳湾，炮轰淇澳村。淇澳村 16 岁以上村民齐集在天后宫前，用土炮、铜炮奋勇还击，打死美国波士顿轮船局威廉柯尔舰长和 3 个英国人，迫使侵略者举白旗投降，据传赔白银 3000 两。淇澳村民用这笔赔款修缮了天后宫与白石街。

11. 新围天后宫

位于广东省汕头市澄海区樟林港东南面布袋围，以福建泉州的天后宫为蓝本，盖建了当时广东省最大的天后宫，为区别原来外垄埔的天后宫，称"妈祖新宫"或"新围天后宫"。为了褒奖潮人对外拓展、对内繁荣经济的功绩，当朝宰相刘墉（刘罗锅）特破格为这座海隅神庙题赐"海国安澜"四字巨匾，此后新围天后宫更为声名远扬。新围天后宫反映了 200 多年前潮汕人民勇于外拓发展海运的强烈愿望，也是樟林海运繁荣的见证。

12. 超海宫

超海宫位于广东省湛江市雷州市附城镇夏岚村东海滩，始建于明代。坐北朝南，为砖、石、木结构古建筑，四进三道门四合院式布局。据清乾隆三十年（公元 1765 年）"天妃超海宫管业碑"记载："明正德年间（公元 1506—1521年），经郡守袁、刘二位将近庙海田、海埠、桩门带港五条拔入庙作为香灯。"超海宫内"番鬼托梁"木雕，堪称一绝，价值十分珍贵，是东洋沿海"五海庙"系列之一，五海庙是指超海宫、靖海宫、宁海天后宫、文海宫与镇海雷祠。超海宫对于研究沿海渔民民俗文化、妈祖文化及民族迁徙史具有十分重要的价值。

13. 留隍天后圣母宫

凤山祖庙，位于广东省汕尾市区东面的品清湖畔，始建于明朝天启、崇祯年间（公元 1621—1644 年），庙内供奉的是清源妙道真君李二郎神，清乾隆年间（公元 1736—1796 年）建宫殿式庙宇，称大使公，是广东省粤东地区重要的传统民俗及民间宗教信仰之一。清康熙年间解除海禁，汕尾港得到巨大发展，出现了"商旅两集、舟楫如云"的兴旺景象，凤山祖庙也因此于清乾隆壬戌年（1742 年）得以扩建，1934 年按原风貌重修。

14. 圣若瑟堂

位于香港的圣若瑟堂又名圣若瑟小堂，约于 1890 年落成，是典型的罗马式建筑。1863—1867 年天主堂传教士在西贡植根，盐田仔村逐渐成为天主教村。圣若瑟堂曾于清朝光绪年间（1875—1908 年）提供小学教育。随着村民陆续迁出盐田仔，20 世纪 70 年代初圣若瑟堂开始空置。2004 年圣若瑟堂完成修复对外开放，吸引朝圣团体及旅客参观。

15. 犹太教莉亚堂

莉亚堂位于香港半山罗便臣道 70 号，俗称犹太庙，是香港一所犹太教教堂。建于 1901 年，由犹太籍商界巨子沙宣兄弟为纪念母亲而建，主要服务香港犹太社群。会堂以石灰饰面，糅合古典、巴洛克及意大利文艺复兴式等不同风格的建筑特色，而内部则为典型的西班牙系犹太会堂布局。

16. 天主教圣母无原罪主教座堂

主教座堂又称天主教座堂，位于香港中环坚道 16 号，建于 1888 年。1941 年，教堂被日军炮弹击中而遭受破坏；战后教堂展开紧急维修。1958 年，教堂侧建有天主教教区中心。主教座堂是一座呈十字形仿哥特式风格建筑，主要由砖石砌成，底部为花岗石平台，外有扶壁支撑。

17. 洪圣古庙

洪圣古庙位于香港西贡滘西洲，洪圣是中国民间信奉的海神，是一座典型的乡村庙宇，于 1889 年以前建成，为以捕鱼为生的滘西村村民供奉洪圣之所。洪圣古庙属两进三开间建筑，门厅置有挡中，主殿设有神龛，供奉洪圣、财帛星君及水仙爷，两侧为偏殿。古庙的木构屋顶、制作精巧的檐板、墙檐上色彩明艳的灰塑均别具特色。

18. 大三巴牌坊

位于澳门的大三巴牌坊是天主之母教堂（圣保禄教堂）正面前壁的遗址。圣保禄教堂附属于圣保禄学院。该学院于 1594 年成立，1762 年结束，是远东地区第一所西式大学。而圣保禄教堂则创建于 1580 年，1595 年和 1601 年先后两次失火，1835 年一场大火更是将圣保禄学院及其附属的教堂烧毁，仅剩下教堂的正面前壁、大部分地基以及教堂前的石阶。自此，这便成为世界闻名的圣保禄教堂遗址。本地人因教堂前壁形似中国传统牌坊，将之称为大三巴牌坊。这座中西合璧的石壁在全世界的天主教教堂中是独一无二的。

19. 妈祖阁

妈祖阁是澳门现存庙宇中有实物可考的最古老庙宇，也是澳门文物中原建筑物保存时间最长的。该庙包括"神山第一"殿、正觉禅林、弘仁殿、观音阁等建筑物。早期称妈娘庙、天妃庙或海觉寺，后定名"妈祖阁"，华人俗称"妈阁庙"。

20. 圣老楞佐教堂

创建于 16 世纪中叶，是澳门三大古教堂之一。目前的规模形成于 1846 年。华人称之为"风顺堂"，有祈求"风调雨顺"之意。教堂所在的地区昔日是高尚住宅区，所以教堂建筑也显得美轮美奂，教堂外观的特征是欧洲古典式的基础上带有巴洛克风格。

21. 圣若瑟修院及圣堂

圣若瑟修院于 1728 年由耶稣会士在澳门创办，在 200 多年的办学过程中，修院培养了许多中国和东南亚各地的教会人才，被老一辈的澳门人称为澳门天主教的"少林寺"。与修院毗连的圣若瑟修院圣堂于 1758 年落成，本地人称它为"三巴仔"，具有巴洛克建筑风格特色。

22. 圣奥斯定教堂

由西班牙奥斯定会修士于 1591 年在澳门创建。教堂最初的建筑非常简陋，教士们使用蒲葵叶覆盖屋顶来遮挡风雨；每当大风吹来，蒲葵叶便随风飞扬，华人远远望去，觉得这情景像龙须竖起，就称这教堂为"龙须庙"。

23. 三街会馆（关帝庙）

三街会馆所在地原为昔日澳门之繁荣市区"荣宁坊"，故其门前之坛社仍刻有"荣宁社"字样，且有联云"荣局康乐境，宁享太平年"。会馆初设时只是商人议事的场所，后因馆中设有关帝神殿及财帛星君殿，祀者日众，庙宇成为会馆的主要功能。

24. 玫瑰堂

由道明会士（又称多明我会）于 1587 年在澳门创建，是该会在中国的第一所教堂。教堂初时用木板搭建，华人称之为"板樟庙"。又因教堂供奉玫瑰圣母，故又称"玫瑰堂"。整座教堂建筑富丽堂皇，其巴洛克建筑风格的祭坛更是典雅精致。教堂旁的"圣物宝库"收藏了 300 多件澳门天主教珍贵文物。

25. 大堂（主教座堂）

该堂约于 1622 年以三合土建造于澳门。主祭坛空间深远，设计简单，仅仅以彩色玻璃窗为背景。祭坛下面掩埋着的 16 世纪和 17 世纪的主教和圣徒遗骨，为教堂带来无限的荣光。

26. 哪吒庙

位于澳门的大三巴牌坊后右侧，创建于 1888 年，改建于 1901 年，庙内供奉哪吒。哪吒庙与周围建筑相比，像一个建筑小品，它不和旧城墙及大三巴牌坊竞争厚重和雄伟，而是通过简单装饰材料以不同的虚实对比手法，体现其轻巧别致的形象。

27. 圣安多尼教堂

建于 1558—1560 年间，是澳门三大古老教堂之一。澳门早期的教堂大多经历烈火洗礼，圣安多尼教堂也不例外，今天我们看到的教堂是 1930 年重修后的规模。葡人婚礼多在此举行，华人因此称之为"花王堂"。

28. 基督教坟场

开辟于 1821 年，原称东印度公司坟场，是澳门第一座基督新教坟场。坟场内的马礼逊小教堂，是澳门第一座基督教传教所，造型仿罗马建筑风格，是基督教新教教堂在澳门早期的典型实例。

第三节　粤港澳旅游文化遗产空间分布

粤港澳按地理空间一般分为珠江三角洲地区、粤东粤西粤北地区（也称珠三角外围地区）和港澳地区，从旅游文化遗产的历史演变及特点看，本书采用粤港澳文化地理的空间分异特征，将粤港澳旅游文化遗产空间分为广府、潮汕、客家、港澳和华侨五个次地域旅游文化遗产空间。

一、广府地区旅游文化遗产分布

旅游文化遗产，从旅游资源的分类标准进行统计分类，有利于文化遗产的传承与利用。本书基于《旅游资源分类、调查与评价（GB/T18972-2017）》国家标准，结合实际，对广府旅游文化遗产资源进行分类，分为 4 个主类、10 个亚类及 39 个基本类型（见表 3-8、表 3-9）。

表 3-8　广府地区旅游文化遗产资源一览表

主类	亚类	基本类型	旅游文化遗产名录
E 建筑与设施	EA 人文景观综合体	EAA 社会与商贸活动场所	广州十三行
		EAB 军事遗址与古战场	虎门炮台、开平碉楼、黄埔军校、大鹏所城
		EAE 文化活动场所	广州农民运动讲习所旧址、德庆学宫
		EAF 康体游乐休闲度假地	清晖园、可园、余荫山房、留园
		EAG 宗教与祭祀活动场所	陈家祠、光孝寺、六榕寺、大佛寺、三元宫、纯阳观、仁威庙、都城隍庙、怀圣寺、石室、锡安堂、南海神庙、佛山祖庙、悦城龙母祖庙
		EAI 纪念地与纪念活动场所	孙中山大元帅府纪念馆、孙中山故里、廖仲恺何香凝纪念馆、中山纪念堂、邓世昌纪念馆、冼星海纪念馆、洪秀全故居、梁启超故居、康有为故居、叶挺故居
	EB 实用建筑核心设施	EBA 特色街区	沙面、北京路商业步行街
		EBB 特性屋舍	镬耳屋、西关大屋
		EBH 港口、渡口与码头	黄埔古港、天字码头
		EBJ 陵墓	南越王墓、康陵、德陵
		EBK 景观农田	桑基鱼塘
	EC 景观与小品建筑	ECC 亭、台、楼、阁	镇海楼、八泉亭
		ECF 碑碣、碑林、经幢	七星摩崖石刻、中英街界碑
		ECI 塔形建筑	怀圣寺光塔、莲花塔、赤岗塔、琶洲塔

续表

主类	亚类	基本类型	旅游文化遗产名录
F 历 史 遗 迹	FA 物质类文化遗存	FAA 建筑遗迹	骑楼
		FAB 可移动文物	千金猴王砚、金漆木雕神龛、丝缕玉衣、沧海龙吟古琴、白玉镂雕龙穿牡丹盖钮、《雪梅双鹤图》
	FB 非物质类文化遗存	FBA 民间文学艺术	五羊传说、畲族拜祖公图
		FBB 地方习俗	广府饮茶习俗、七夕节（天河乞巧习俗）、掷彩门、添丁上灯、自梳、不落家
		FBC 传统服饰装饰	香云纱、蕉布
		FBD 传统演艺	飘色、舞火龙、舞狮、粤剧、咸水歌、粤语讲古、粤曲、广东木偶戏
		FBE 传统医药	西关正骨、陈李济传统中药、采芝林传统中药、敬修堂传统中药、潘高寿传统中药、岭南罗氏妇科诊法、岭南火针疗法、蛇串疮特色疗法、岭南传统天灸疗法、小柴胡制剂方法、端午午时茶
		FBF 传统体育赛事	赛龙舟
G 旅 游 购 品	GA 农业产品	GAA 种植业产品与制品	荔枝、菱角、凉茶
		GAB 林业产品与制品	莞香
		GAC 畜牧业产品与制品	广式腊味、水牛奶
	GB 工业产品	GBA 日用工业品	葵扇
	GC 手工工艺品	GCA 文房用品	端砚、茅龙笔
		GCB 织品、染织	广绣
		GCC 家具	广式硬木家具
		GCD 陶瓷	广彩
		GCE 金石雕刻、雕塑制品	广州象牙雕、广州玉雕、广州木雕、广州砖雕、广州榄雕
		GCF 金石器	陶塑瓦、脊灰塑
		GCG 纸艺与灯艺	醒狮扎作、广式红木宫灯、广东剪纸、东莞千角灯
		GCH 画作	木版年画

主类	亚类	基本类型	旅游文化遗产名录
H 人文活动	HA 人事活动记录	HAA 地方人物	孙中山、康有为、詹天佑、冼星海、赵佗、郑观应、洪秀全、容闳、唐绍仪、黄飞鸿、邓世昌
		HAB 地方事件	虎门销烟、三元里抗英、黄花岗起义、广州起义
	HB 岁时节令	HBA 宗教活动与庙会	波罗诞、龙母诞、华光诞、玉岩诞、北帝诞、天后诞、洪圣诞、盘古王诞
		HBB 农时节日	小榄菊花会
		HBC 现代节庆	迎春花市、广交会、广府庙会

资料来源：笔者根据相关文献资料整理而成

表 3-9　广府地区旅游文化遗产资源的类型结构

主类	类型种类		资源类型		所占比例	
	亚类	基本类型	亚类	基本类型	亚类	基本类型
E 建筑与设施	3	39	3	14	100%	35.9%
F 历史遗迹	2	8	2	8	100%	100%
G 旅游购品	3	15	3	12	100%	80%
H 人文活动	2	5	2	5	100%	100%
总计	10	67	10	39	100%	58.2%

　　广府地区的旅游文化遗产，不仅类型丰富、数量众多，而且历史深厚、文化悠久、内涵丰富，可以说是粤港澳大湾区文化遗产的代表。广府文化的中心城市广州，自古以来是广东乃至岭南区域的政治、经济和文化中心。在建筑、艺术、宗教、戏剧、音乐、文学、绘画、工艺、饮食、园林、风俗等各个文化领域，处处表现出悠久的历史渊源和鲜明的个性。早在七八千年前，已有先民在此繁衍生息，公元前 214 年广州建城，这是广州历史上最早的行政建制，也是岭南历史上第一次划分行政区。作为三朝十主的古都，广州留有南越国宫署等遗址，南越王墓、南汉二陵等王室陵墓。自秦代始，广州不仅是华南地区的政治、经济、文化和军事中心，也是"海上丝绸之路"的重要港口。两千多年的通航历史，使广州成为"历久不衰的'海上丝绸之路'东方发祥地"。

　　由于广府文化在广东民系文化中的突出地位，因此，广府文化在各个领域中常被作为粤文化的代称。如广州话称为"粤语"；广州方言歌统称为"粤讴"；广州戏剧、音乐分别称为"粤剧""粤曲"；广东饮食文化体系中虽有广州菜、潮州菜、东江菜之分，但"粤菜"常用以指广州菜；广州工艺品的重要品类被称为"粤绣""广彩""广雕"等。

　　广府地区的旅游文化遗产具有极高的科学研究和教育价值。广府远离中原，在秦朝统一岭南之前，长期处于"蛮荒状态"。广州的沙面建筑群、开平碉楼、东华里古建筑群为研究广府地区建筑提供了重要的实物资料。波罗诞、龙母诞、北帝诞、天后诞、洪圣诞、盘古王诞等，为研究广府地区的俗神信仰提供了重要契机。"行花街""叹早茶""喝凉茶"、醒狮、粤剧等民俗活动，为研究广府地区的社会经济发展和人们的休闲娱乐生活提供了重要的考察方向。广府文化的重要科考价值，成为广府地区发展研学旅行的巨大优势。广府旅游文化遗产的突出特征，主要通过广府建筑、民间工艺和广府民俗体现出来。

　　广府建筑——广府建筑具有鲜明的地方特色，既保留古制，也有近现代西方建筑的特色。广府的中心范围位于珠江三角洲，延伸至周边粤北、粤西部分地区，气候炎热、风雨常至，因此出现了以西关大屋、镬耳屋、骑楼等为代表的地域性鲜明的建筑。作为"海上丝绸之路"的始发点，广府地区最先接触外来文化，因此出现了以沙面为代表的具有异域风情的特色建筑。园林也是广府建筑艺术的代表佳作，其技术和工艺独树一帜。作为中国传统造园艺术的三大流派之一，岭南园林体型轻盈通透，装修华丽精美，布局形式和局部构建吸收了西方的建筑特色，反映出广府文化的兼容性。

　　民间工艺——广府的民间工艺以古越文化为基底，与多种文化连接、碰撞、融合，形成了自身的独特风格。广府工艺是广府人的智慧创造，以"三雕两塑一彩一绣"最为著名。"三雕"是指木雕、牙雕和玉雕，广府的雕刻作品在品种、工艺、用料等方面具有独特的地域风格。"两塑"是指灰塑和陶塑瓦脊，因不怕风雨、久保色质等优点，在陈家祠、番禺学宫等建筑中被很好地保存下来。"一彩"是指广州彩瓷，"堆金积玉"的技艺特点，蕴含了丰富的文化内涵和较高的艺术观赏价值。"一绣"是指广绣，是中国四大名绣——粤绣的重要组成部分。

　　广府民俗——广府特殊的地理位置造就了特别的民俗文化。在节日习俗上，有春节"行花街"、端午赛龙舟之俗；在饮食习俗上，有"喝早茶""喝汤""喝凉茶"等习惯；在游艺民俗上，有粤曲、粤剧、醒狮、舞火龙、飘色等表演方式；在人生礼俗上，有"自梳""不落家"等特殊方式；在民俗观念上，有南沙妈祖、观音、北帝等多种信俗。以建筑艺术、工艺艺术、民俗艺术等为代表的广府文化具有较高的艺术观赏价值，不仅有利于城市观光旅游的发展，给人多层次的、立体的和丰富的感受，还有利于深度旅游体验活动的开展。

二、潮汕地区旅游文化遗产分布

潮汕文化原属于岭南文化的一部分，是古代中原文化流传下来的，是中华民族的重要组成部分，是各代传承的过程中不断发展而形成的今天的汉文化。

潮汕地区具有独特的文化遗产，是潮汕人创造出来独属于潮汕民系的文化，有中内外互相兼容的特点。潮州工夫茶、潮州方言、潮剧、英歌舞、潮汕侨批、潮汕善堂等都代表着潮汕文化，它们影响深远，名扬海内外。其中潮汕的英歌舞、潮汕的侨批文化等多项文化被列为国家非物质文化遗产。

省级以上文物保护单位（以下简称文保单位）由文物古迹、古建、遗址、旧址等组成，是此类文化遗产的重要组成部分。2019 年 5 月，广东省第九批省级文物保护单位公布；2019 年 10 月，第八批全国重点文物保护单位公布。至此，潮汕四市的国保及省保单位情况如下：汕头国保 6 处，省保 40 处，水下文保区 1 处；潮州国保 9 处，省保 31 处；揭阳国保 4 处，省保 37 处；汕尾国保 2 处，省保 10 处。

非物质文化遗产既是文化发展的见证，又是具有重要参考价值的文化资源。① 潮汕地区非物质文化遗产包括民间舞蹈、曲艺、民间美术、传统手工技艺、民俗等，其中国家级非物质文化遗产 24 项，省级非物质文化遗产 45 项，市级非物质文化遗产 14 项（见表 3-10）。推进潮汕非物质文化遗产保护工作，对潮汕文化建设将起到积极作用。

---

① 孙华．文化遗产概论：上：文化遗产的类型与价值［J］．自然与文化遗产研究，2020，5（1）：8-17.

表 3-10　潮汕非物质文化遗产级别表

类别	国家级	省级	市级	小计
民间舞蹈	1. 汕尾滚地金龙舞 2. 英歌舞（汕头潮阳英歌、揭阳普宁英歌） 3. 汕尾海丰麒麟舞 4. 汕头澄海蜈蚣舞 5. 揭阳乔林烟花火龙舞	1. 汕尾陆丰钱鼓舞 2. 潮州饶平布马舞 3. 潮州鲤鱼舞 4. 揭阳惠来九鳄舞 5. 汕尾陆丰碣石五色狮 6. 揭阳榕城舞狮 7. 揭阳惠来高跷虎狮 8. 汕头澄海鳌鱼舞	1. 揭阳惠来葵潭鹤舞	14
曲艺	1. 潮州歌册	1. 汕尾渔歌		2
民间美术	1. 潮州剪纸 2. 潮绣 3. 潮州木雕 4. 揭阳阳美翡翠玉雕 5. 嵌瓷（汕头、普宁） 6. 广东内画（汕头） 7. 潮州花灯 8. 潮安大吴泥塑	1. 潮州麦秆剪贴画 2. 潮州彩瓷 3. 潮州嵌瓷		11
传统手工技艺	1. 潮州枫溪瓷烧制技艺	1. 潮州抽纱刺绣技艺 2. 潮州潮安浮洋方潮盛铜锣制作技艺 3. 潮州菜烹饪技艺 4. 潮州单丛茶传统制作技艺项目 5. 潮州枫溪手拉朱泥壶制作技艺 6. 揭阳酱油酿造技艺 7. 揭阳普宁贵政山村茶叶陶罐制作技艺 8. 揭阳普宁豆酱制作技艺 9. 揭阳老香椴(佛手瓜)制作技艺	1. 揭阳半洋扫帚 2. 揭阳城西打铁技艺 3. 揭阳咸菜制作技艺 4. 揭阳揭西炒茶制作技艺 5. 揭阳菜脯制作技艺	15

类别	国家级	省级	市级	小计
民俗	1. 潮州工夫茶	1. 揭阳春节习俗 2. 潮州畲族招兵节 3. 揭阳揭西大溪宗祠祭典 4. 揭阳揭西三山国王祭典 5. 揭阳行彩桥杆升彩凤 6. 揭阳锣鼓标旗巡游 7. 潮州"出花园" 8. 揭阳竖灯杆升彩凤 9. 揭阳摆猪羊习俗 10. 揭阳普宁赛龙舟 11. 汕头南澳后宅元宵渔灯赛会 12. 汕头潮阳贵屿街路棚 13. 汕尾凤山妈祖庙会 14. 汕尾陆丰博美飘色 15. 揭阳惠来靖海景屏 16. 汕头工夫茶艺 17. 揭阳工夫茶艺	1. 揭阳榕城故事传说 2. 揭阳方言灯谜 3. 揭阳阳美火把节 4. 揭阳竖灯	22
其他	1. 潮州音乐（民间音乐） 2. 潮剧（传统戏剧） 3. 汕尾陆丰正字戏 4. 汕尾海丰西秦戏（传统戏剧） 5. 汕尾海丰白字戏（传统戏剧） 6. 汕尾陆丰皮影戏（传统戏剧） 7. 潮州铁枝木偶戏（传统戏剧） 8. 汕头澄海谜语（民间文学）	1. 汕头潮阳笛套音乐（民间音乐） 2. 汕尾陆丰南塘吹打乐（民间音乐） 3. 揭阳榕城南枝拳（传统杂技） 4. 揭阳普宁广东汉乐（传统音乐） 5. 揭阳铁枝木偶戏（传统戏剧） 6. 汕头太安堂中药文化（传统医药） 7. 潮州陈三五娘传说（民间文学）	1. 潮州暑茶 2. 揭阳泰和堂凉茶 3. 揭阳振高跌打药膏 4. 揭阳抛锣	19
合计	24	45	14	83

资料来源：笔者根据相关文献资料整理而成

潮汕文化几千年文明发展孕育了源远流长的地域文化，丰富的文化旅游资源，包括山水自然文化资源、历史名人文化资源、文物古迹文化资源、宗教文化资源、古建筑艺术文化、红色革命历史文化和民俗文化等方面，所以发展文化旅游具有广阔空间。

潮汕文化遗产丰富，且具有很大的地方特色，在潮汕人衣食住行、婚育丧祭中处处得以体现，已经深刻地融入潮汕人的日常生活、文化心态中。其包含的旅游文化遗产特色有以下几点。

深厚的历史底蕴。由于旅游文化遗产在时间上是传承的、演变的，时间性影响着旅游文化遗产的稀缺性，而稀缺性又影响了旅游文化遗产的价值。稀缺性大的旅游文化遗产一般价值也大。时间性的直接表征就是历史年代的久远与否及由此所延伸产生的历史底蕴。例如自东晋咸和六年（公元 331 年）建海阳县至今，潮州市建城已有 1600 多年的历史，并且直至清末，一直都是粤东的政治、经济、文化中心。其历史遗存的数量，与历史名人历史事件的关联度，与各种文化活动的密切度，都是其旅游文化遗产历史底蕴深厚的表现。

鲜明的地方色彩。旅游文化遗产的价值也体现在其独特性上，也就是"与众不同""唯我独有"等特征。因为独特，所以新奇，文化旅游资源的吸引力也越大。因为旅游者主观上愿意选择与客源地地域文化差异大、具有地方色彩的目的地。活跃于民间的各种文化习俗，又处处展示着潮汕地区与众不同的文化风貌。这种鲜明的地方色彩，正是旅游文化遗产所展现的。

丰富且集中的表现事象。零星半点的文化碎片，即便再新奇再独特，也不具有旅游开发的价值。在一定区域内，文化遗产的各种表现事象数量越多，类型越丰富，相互间搭配越协调，该文化遗产就越具有较高的旅游开发价值。工夫茶、潮剧潮乐、潮菜、潮商这些地区名片，从侧面反映了潮汕丰富且集中的文化遗产表现事象。

三、客家地区旅游文化遗产分布

客家文化在闽、粤、赣边区保存完整，丰富的历史文物古迹，独特的历史渊源、民居建筑、风俗习惯以及民间文化等资源，为客家地区的自然旅游资源和人文旅游资源赋予了很高的文化价值，为旅游业发展提供了文化资源优势。①
在广东，客家文化主要流行于梅州、惠州、河源、深圳、韶关等地。客家人在
漫长的从中原向南方迁徙的历程中，在与南方各民族碰撞融合的过程中，创造
和发展了灿烂的文化，并以独特的风物特征显示着客家人的性格内蕴、文化渊
源和民族精神。客家文化历史的发展轨迹，就是一部客家人求生存、图发展、
争自由的历史画卷。客家文化渊源维系着客家文化的完整性，是游客了解客家
文化体系的入口。

客家文化体系庞大、内涵丰富、地域特色明显，非物质文化遗产类别多、
项目多，有的被列入国家级名录，如石城灯彩、客家山歌（梅州）、汉剧（梅
州）、连城四堡雕版印刷技艺、元宵节庆（走古事、游大龙、花灯、烧炮），更
多的项目被列入省级名录，如客家山歌（梅州市）、广东汉乐（大埔）、船灯舞
（平远）、提线木偶戏（五华）、埔寨火龙（丰顺）、松口山歌（梅县）、竹马舞
（五华）、杯花寿（兴宁）、花环龙（大埔）、席狮舞（梅江区）、鲤鱼灯舞（大
埔）、石雕工艺（五华）、忠信花灯（河源连平县）、花朝戏（河源紫金）、粤北
采茶戏（韶关市）等。

在物质文化方面，有传统的蓝布唐装为代表的衣饰文化，以香、肥、咸三
大味觉见长的东江菜系为代表的饮食文化，以土楼、围龙屋、围楼为代表的民
居文化等；在行为文化方面，有以聚族而居为根本的血缘家族制度，以唐宋中
原古音为基础的客家方言，有团结互助、亲和礼让的行为规范等；在精神文化
方面，有以祖先崇拜为首位的宗教信仰，以读书为立家之本的教育思想，有刻
苦耐劳、进取开拓、热爱自由、反抗压迫等客家精神。客家文化以其丰富多彩、
博大精深渗透于客家大地的方方面面，构成了独特而具有吸引力的旅游文化遗
产。② 客家旅游文化遗产的主要特点包括以下几点：

历史文物古迹丰富。历史文物古迹是一个国家或民族历史发展的特征，是
传统文化的具体表现。客家人生活地区保留着丰富的历史文物古迹，如南雄的
珠玑古巷、五华的狮雄古塔及长乐台遗址、梅州松口的元魁塔、兴宁出土的编

---

① 陈志云，刘敏纯，钟广锐．基于多源数据的梅州市旅游资源综合评价分析［J］．地理空
间信息，2021（4）：51-55.

② 孙华．文化遗产概论：上：文化遗产的类型与价值［J］．自然与文化遗产研究，2020，5
（1）：8-17.

钟以及遍布客家大地的客家民居、名人故居、宗教建筑等，都记载着客家人的历史文化及人文精神，它们以自身的历史文化内涵及独特的风格，形成了巨大的旅游吸引力。

客家民居建筑风格独特。在客家大地上，客家人创造了一种用生土筑成的巨型民居建筑——客家民居。客家民居作为客家文化，特别是客家家族文化的载体，以建筑结构的严谨性、建筑功能的实用性、建筑艺术的审美性和家族思想及宗教信仰体现的巧妙性，而闻名于世。客家民居又称客家土楼，与北京的四合院、陕西的窑洞、云南的一颗印和广西的杆栏式并列称为中国五大传统民居。客家土楼类型多样，有圆楼、方楼、围龙屋、五凤楼、围楼等各种形式，其分布广泛而又集中有致，有较强的观赏性、文化性和科研性，具有很高知名度。客家民居可作为客家文化旅游资源的重点，应加强开发。

客家宗教文化深厚。客家文化中有深厚而广泛的宗教信仰文化。客家宗教信仰广泛，包括自然神、祖宗神、佛教、道教、基督教以及各种禁忌，其宗教情绪对客家人的生活有着重大的影响，也使客家地区广布着各种寺庙宫观，增加了丰富多彩的人文旅游资源。"自古名山僧占多"，客家地区的宗教建筑风格较独特，多建在风景优美的地方，成为观光的好去处。著名的宗教旅游胜地有阴那山的灵光寺，梅城东郊的千佛塔，韶关的南华寺，等等。

四、港澳地区旅游文化遗产分布

香港目前已有粤剧、凉茶、长洲太平清醮、大澳端午龙舟游涌、香港潮人盂兰胜会、大坑舞火龙、古琴艺术、全真道堂科仪音乐、西贡坑口客家舞麒麟和黄大仙信俗等10个具有高文化价值的非物质文化遗产（非遗）项目。香港旅游文化遗产分布为三个区域：①中西区文物径。香港特区政府为方便游人沿途游览中西区文物古迹，了解该区的发展及演变，将区内的历史建筑及旧址连接起来设立"中西区文物径"，包括三条路线中区线、上环线、西区及山顶线。②孙中山史迹径。由于孙中山在香港的活动基本上集中在中西区，中西区区议会整合串联了13个他在中西区活动过的地点，设立"孙中山史迹径"，以叙述史事的方式，展示孙中山在香港的活动地点及其与历史事件的关系，方便人们重游故地，回顾往事。③屏山及龙跃头文物径。两地均是香港历史最为悠久的地区，保留了典型的围村民居风貌。屏山文物径的"三围六村"和龙跃头文物径的"五围六村",不仅保存了不少中式传统建筑(传统中式建筑如祠堂、庙宇、书室及古塔等),居住至今的邓氏仍保留当地民俗文化(如各项节庆仪式等),反映了香港新界的传统风貌。

澳门历史城区于 2005 年 7 月 15 日被列入《世界遗产名录》,成为中国第 31 处世界遗产,保留有 25 处文化遗产景点,其覆盖范围包括妈阁庙前地、亚婆井前地、岗顶前地、议事亭前地、板樟堂前地、耶稣会纪念广场、白鸽巢前地等多个广场空间,以及妈阁庙、港务局大楼、郑家大屋、圣老楞佐教堂、岗顶剧院、何东图书馆、圣奥斯定教堂、民政总署大楼、三街会馆(关帝庙)、仁慈堂大楼、大堂(主教座堂)、卢家大屋、玫瑰堂、大三巴牌坊、哪吒庙、大炮台、圣安多尼教堂、东方基金会会址、基督教坟场、东望洋炮台等 25 处历史建筑,其中有 12 个代表建筑物。从总体上来说,遗产资源存量丰富,大部分建筑、遗迹仍然保存着原有的样貌、延续着原有的功能,至今还在澳门文化和市民生活中发挥着重要功能。

香港的旅游文化遗产呈现出典型的中西方文化交融的特点,以遗产旅游步道呈现,形成了香港的遗产旅游步道系统。旅游文化遗产保护工作由多个政府部门协同开展,主要有康乐及文化事务署及辖下的古物古迹办事处、发展局及辖下的文物保育专员办事处、屋宇署、香港旅游发展局及各地区议会等。同时由专业人才组成城市规划委员会、古物咨询委员会等法定机构,为遗产保护提供监督和建议。同时,当地居民广泛参与到项目设想与实施的过程中,一些机构如香港赛马会、卫奕信勋爵文物信托理事会也参与其中,协同合作。

澳门历史城区是以旧城区为核心的历史街区,是中国境内现存最古老、最集中的中西式并存建筑。它不仅是中国乃至远东地区西方宗教文化的生动见证和中国民间信仰别具一格的反映,而且通过中西建筑风格融为一体展现中西不同宗教、文化以及生活习惯的交融与尊重,从而体现中国文化强大的包容力和旺盛的生命力。在澳门历史城区,旅游文化遗产基本实行免费参观和免费导赏,费用主要来自澳门特区政府的投入。澳门通过法规制定来保护文物具有优良的传统。澳门特区政府一直致力于澳门旅游文化遗产的保护推广及教育工作,文化遗产地旅游教育管理手段更多地体现在对澳门居民的遗产保护教育上。特区政府不但注重向澳门居民,尤其是年轻一代传播文物保护知识,还争取通过多种渠道与民间社团、私人机构合作,努力促成政府同民间双方在文物推广方面的良好互动。为了在全澳普及文物保护知识的教育，特区政府先后推出了大型"全澳文化遗产推广计划"及"文物保护年"活动，面向全澳市民特别是学生推出了"文物大使培训计划"，活动针对性强，富有教育意义。

五、海外华侨分布区旅游文化遗产状况

海外华侨旅游文化遗产，主要产生于华侨在海外生存、创业、奋斗以及归国参与革命和投资建设的过程。各类华侨文化遗产从不同的侧面反映了各个历史时期华侨在侨居国当地和祖籍国的社会活动、社会关系、意识形态等。华侨旅游文化遗产主要包括以下几类：①不可移动的华侨文化遗产，包括华侨在侨居国和祖籍国对政治、经济、市政建设、工业兴办、商业、文教卫生等事业发展做出的贡献所产生的文化遗迹。如华侨回国投资兴办的实业、建筑，捐赠建设的学校、医院等。②可移动的华侨文化遗产，包括反映华侨在侨居国及祖籍国进行生活、经济、文化、政治等活动所产生的历史文化遗产。如华侨在国外持有的各类证件：护照、通行证、华侨家书、侨批和各种海外社团的活动资料、华侨在革命时期认购的公债以及反映华侨历史的文献资料、手稿、典籍等。③华侨的非物质文化遗产，包括华侨爱国精神、华侨融入中西文化所产生的思想、社会实践技术、经营理念、风俗习惯，以及华侨口述史等。

华侨华人是华侨旅游文化遗产发展的源泉和动力，华侨旅游文化遗产的发展与华侨华人为侨居国和祖籍国所做出的巨大贡献和在国际经济文化交往中所发挥的重要桥梁作用及社会地位的提升有着密切的关系。首先，华侨旅游文化遗产以华侨历史文化为本，海外华侨华人创造的辉煌的华侨历史文化遗产是展示的重要内容，华侨旅游文化遗产离开了华侨历史文化，就成了无源之水、无本之木。其次，华侨旅游文化遗产是华侨华人的精神文化家园。华侨旅游文化遗产主要是从华侨的视角展示华侨历史文化的，所举办的各项活动和侨史、侨情及当前华侨华人也有着密切的关系，因此最能引起华侨华人的共鸣。

华侨旅游文化遗产具有中外结合的文化特性，日益受到各国政府和民间的重视，进入良好发展的新时期。华侨旅游文化遗产反映的是华侨华人贡献侨居国与祖籍国的历史，介绍的是华侨华人与各国人民碰撞、交流、融合的历史文化。华侨旅游文化遗产这种中外历史文化相结合的特性，非常有利于

海内外观众通过华侨旅游文化遗产客观、全面、真实地陈列展示，在获取华侨历史文化知识的同时，获得中国及侨居国的基本国情、价值理念、文化观念等信息，有利于中外文化的交流和对话，因而受到各国政府和民间的鼓励与支持。

第四节　粤港澳旅游文化遗产保护与利用现状

2014 年 2 月 24 日，中共中央总书记习近平在主持中央政治局第十三次集体学习时强调，把培育和弘扬社会主义核心价值观作为凝魂聚气、强基固本的基础工程，继承和发扬中华优秀传统文化和传统美德。2016 年 11 月 30 日，习近平总书记在中国文联十大、中国作协九大开幕式上的讲话中指出，要加强对中华优秀传统文化的挖掘和阐发。2017 年 1 月中共中央办公厅、国务院办公厅印发了《关于实施中华优秀传统文化传承发展工程的意见》，意见指出，要坚持保护为主、抢救第一、合理利用、加强管理的方针，做好文物保护工作，抢救保护濒危文物，实施馆藏文物修复计划，加强新型城镇化和新农村建设中的文物保护；加强历史文化名城名镇名村、历史文化街区、名人故居保护和城市特色风貌管理，实施中国传统村落保护工程，做好传统民居、历史建筑、革命文化纪念地、农业遗产、工业遗产保护工作；规划建设一批国家文化公园，成为中华文化重要标识；推进地名文化遗产保护；实施非物质文化遗产传承发展工程，进一步完善非物质文化遗产保护制度。

粤港澳位于"海上丝绸之路"的起点，自古以来就是中西方文化、商贸的交流和融合之地，留下了大量的文化遗产。自新中国成立以来，文化遗产开发、利用与保护就一直在探索之中。改革开放以来粤港澳三地随着经贸往来，尤其是旅游业发展，文化遗产保护和旅游事业（产业）发展同步推进。党的十六大后，国家提出了文化强国战略，10 多年来，一系列的文化发展政策和遗产保护工程相继实施，旅游文化遗产保护取得了长足的进步。本节通过文献梳理，概要分析粤港澳旅游文化遗产保护与利用的状况，根据文化遗产的类型，拟从物质文化遗产和非物质文化遗产两个方面加以简要叙述。

一、物质文化遗产的保护与利用

粤港澳地区是"海上丝绸之路"的起点和重要节点，又通过诸多北上驿道连接陆上丝绸之路，是近代民主革命的策源地和先行地，也是华人华侨最活跃的区域，物质文化遗产资源丰富、底蕴深厚，多年来，物质文化遗产的保护与利用、成绩与问题并存，整体状况良好。

（一）遗产资源与文化产业发展

为了全面整合、发掘、传承粤港澳大湾区的物质文化遗产，粤港澳三地在长期合作基础上，实施了一项文化遗产资源与文化旅游产品开发的重大工程。在 2018 年澳门举办的世界旅游经济论坛上，广东省政府副省长许瑞生首倡共建"粤港澳大湾区文化遗产游径"，并于同年 12 月的香港国际旅游论坛上进一步进行了倡导。许瑞生提出：如果能够以历史为纽带，将粤港澳三地的历史文化遗产，尤其是广州城的文化遗产、珠海和中山的岐澳古道、深圳改革开放的历史遗迹、澳门的世界遗产建筑和历史城区、香港的文物径等，进行有效的串联沟通，将会构建成一个极富特色和历史底蕴的粤港澳大湾区文化遗产游径系统，共同展示三地的包容性和岭南文化特质。这既有利于推动大湾区城市旅游产业的发展，也有利于保护和活化历史文化遗产，从而实现历史文化资源的活化利用，促进粤港澳大湾区文化软实力的建设，成为"国家记忆"的重要组成部分。目前，这一倡议作为粤港澳大湾区建设的重要组成被写入 2019 年广东省政府工作报告中。同时，"粤港澳大湾区文化遗产游径"被列入全国文物系统 2019 年重大工作任务。

广东省人民政府主持召开的"粤港澳大湾区文化遗产游径"专题工作会，共同讨论了关于粤港澳大湾区文化遗产游径的工作计划，拟定了《粤港澳大湾区文化遗产游径建设工作方案》。广东将通过孙中山革命历史、"海上丝绸之路"、华侨华人、古驿道、海防史迹等九大主题，把价值突出、保存较好、资源丰富的相关文化遗产有效串联起来。据广东省文物考古研究所初步研究，粤港澳大湾区内部仅已搜索出的和与 9 条拟打造游径相关的点多达 1079 个。长期以来，数以千计的"珍珠"散落四处，不仅没有串珠成链的相映生辉，其价值也被低估。打造粤港澳大湾区文化遗产游径，是粤港澳三地系统梳理文物古迹、文化遗产，推动历史文化资源创造性活化、创新性发展的新探索。粤港澳大湾区文化遗产游径，正是"串珠成链"之"线"，是优质文化旅游资源得以有机整合和系统提升的新型载体。游径将"文""旅"融合起来，无疑为市场提供了一种新型产品，有望创造新的需求。

通过"粤港澳大湾区文化遗产游径"这项工程的实施，粤港澳地区可以充分利用广州对海外游客的72小时过境免签证的便利条件，吸引海外游客在广州游览；利用广州"海上丝绸之路"资源重点开发"海丝史迹之旅""千年商都之旅""祭海祈福之旅""岭南传统工艺鉴赏之旅"等文化旅游线路。另外，可与"21世纪海上丝绸之路"沿线城市和国家合作，共同开发涉海的跨省、跨境旅游产品，如"'海上丝绸之路'沿线城市文化鉴赏游""广州——东南亚佛教文化精品游""'海上丝绸之路'仿古游"等，打造具有"海上丝绸之路"特色的国际旅游文化品牌。① 利用优质的物质文化遗产资源，形成内涵丰富、形式多样的旅游产品和项目，推动粤港澳大湾区物质文化遗产资源的进一步保护和开发。

20世纪90年代以来，中国的文化遗产在复苏传统文化的号召下逐渐受到关注，恰逢市场经济热潮下文化产业的发展，使得两者很快很自然地结合到一起，即文化遗产的创意性活化和产业化发展②。目前，在粤港澳大湾区建设中，文化事业和文化产业呈现蓬勃发展态势，但与大湾区举足轻重的经济地位相比，文化地位还有待在基础设施建设、文化产品供给、文化品牌活动、文化交流合作等方面进一步提质增量。粤港澳大湾区各城市间文化产业的发展尚未形成错位布局、联动发力的机制。就广州而言，需要发挥文化枢纽的作用，文化企业要善于引领潮流，用于创新，运用"文化+科技+互联网"的手段，实现内容更新，带动湾区各城市间形成文化产业协同发展的机制。③ 物质文化遗产需要得到系统化的梳理，挖掘其独特的文化内涵，充分展现文化的魅力，才能打造出高质量的文化产品，适应当前的市场需求。

---

① 霍秀媚. "一带一路"倡议与岭南文化的传承传播 [J]. 探求, 2018 (3)：96-101.

② 陈赟冰. 市场话语下的文化政策与文化遗产的创意活化 [J]. 美术观察, 2020 (6)：78-79.

③ 赵宏宇，陈俊莉. 发挥广州文化枢纽作用　推动粤港澳大湾区文化资源共享 [J]. 探求, 2018 (3)：29-33.

（二）存在问题

粤港澳大湾区物质文化遗产资源的开发存在一个难点：如何建设文化资源的共享机制的问题。造成此问题的原因首先是城市间的互联互通不够深入，出于区域利益的考虑，各城市之间人才、技术、资本等要素流动还存在一定的障碍；其次是各城市间尚未形成优势互补的格局，同质竞争问题比较明显，开发项目存在低水平重复的现象；最后是社会制度不同的问题，造成了粤港澳三地在意识形态和行政体制方面的差异，成为文化资源互联互通的壁垒。而除此之外，粤港澳大湾区物质文化遗产资源的开发和保护也不乏普遍性问题，主要表现在：

第一，真实性的缺失。在经济利益的驱动下，大量历史文化名城以开发旅游项目为由，选择拆旧建新、建设仿古街道、迁出原住居民、投入大量的资源建造现代化的旅游和娱乐设施。这些做法严重破坏了文化遗产地的传统生活和习俗，损害了旧城市的历史韵味，使其失去了真实性。这种新建的仿古建筑往往缺少文化内涵，传递错误的时代信息，模糊人们对历史文化遗产的认识。

第二，理论和经验准备不足。物质文化遗产遭到破坏的原因除了外在因素，很大一部分是因为我们对文化遗产保护的理论准备不足，保护理念落后、保护方法单一，未能充分认识到物质文化遗产中蕴含文化内涵的价值。除了保护建筑本身，更重要的是要挖掘物质文化遗产的历史价值，保护其存在的意义和所代表的历史气息。

第三，管理效率低。物质文化遗产本身具有复杂性，表现形式丰富、种类繁多，因此其保护和开发也涉及很多部门，容易出现多头管理，造成管理混乱的情况。现有的管理体制下，物质文化遗产的保护很容易因为利益之争而受到影响，不利于对其实施整体保护。

第四，专业人才匮乏。目前，文化遗产保护在思想理论建设方面缺少重视，也鲜少开展遗产保护有关的培训。但无论是政府机关、咨询机构，还是社会团体、科研机构，凡是参与文化遗产保护工作的团体，都需要专业水平。即使只是关心文化遗产保护的公众，或者是文化遗产所有者的私营业主，只要是参与文化遗产的保护，都应该进行专门的培训和知识普及，[①] 拥有一定的专业知识后才

---

① 刘倩. 简述我国有形文化遗产的保护 [J]. 法制与社会，2009（23）：115-116.

能成为保护组织的一员。对公众进行的专业科普也有助于利用舆情力量，引发社会关注。

（三）保护政策与措施

自习近平总书记于 2013 年提出共建丝绸之路经济带倡议和 "21 世纪海上丝绸之路" 战略构想后，"海上丝绸之路" 逐渐成为粤港澳大湾区文化遗产保护与开发的风向标。广州立即启动了与南京等 9 个城市合作申报 "海上丝绸之路" 世界文化遗产的工作，2014 年 3 月 31 日，广州市政府召开广州市 "海上丝绸之路" 史迹申报世界文化遗产广州小组第一次全体会议暨工作动员会，后续申报工作已经取得阶段性成就。广州市文广新局还与中央电视台合作拍摄了《国宝档案——广州海丝文物瑰宝》系列节目，并于 2014 年 12 月 23 日在全国播出。2014 年 4 月 9 日至 7 月 9 日，广州与宁波、福州、扬州、蓬莱、北海、南京、漳州、泉州等城市联合举办了 "跨越海洋——中国'海上丝绸之路'九城市文化遗产精品联展"。一系列举措意在推动我国文化遗产保护工作取得更大进展，充分发挥政府和社会力量、加强文化资源共享、激发文化遗产保护活力和动力。

近年来，粤港澳地区对非物质文化遗产的保护尤为关注，但对物质文化遗产的保护也非常关键。除了依靠政府出台一定的保护政策，还应该制定严格的保护和开发原则，引起社会和行业内部的高度重视。例如，物质文化遗产的保护应遵循整体性原则、可持续性原则、创新性原则。整体性原则主要体现在对物质文化遗产要进行整体保护，要保护它所遗存的全部历史信息，将历史真实性和生活真实性相统一、将表现形式和文化意义相统一。可持续性原则意味着保护历史文化遗产是一项长期的事业，我们应认识到保护的长期性和连续性，要保护的对象一旦被认识和确定就应该一直保护下去，一代代传下去，没有时间的期限。① 物质文化遗产是有生命的、是活的，创新性原则也就是说，我们需要通过激发创新能力、推陈出新，打造更多的文化创意产品，确保物质文化遗产的生命力。

---

① 贺军. 浅谈城市中有形文化遗产的保护 [J]. 聊城大学学报（社会科学版），2008（2）：372-374.

二、非物质文化遗产的保护与利用

（一）资源分布状况

粤港澳大湾区位于我国东南部，由香港、澳门两个特别行政区和广东省广州、深圳、珠海、佛山、惠州、东莞、中山、江门、肇庆九个珠三角城市组成，总面积达 5.6 万平方千米，其核心文化为广府文化。广府文化历史悠久，在走过漫长岁月后，为当代留下了丰富多样的非遗资源。

从资源的数量及等级来看，粤港澳大湾区非遗资源数量众多且等级较高。截至目前，该区域共有国家级非遗资源 93 项，涉及九大类；共有省级非遗资源 212 项，涉及十大类。而且，其中有 4 项入选联合国教科文组织非物质文化遗产名录项目，分别是古琴艺术、中国剪纸、妈祖信俗和粤剧。从资源的种类来看，粤港澳大湾区非遗资源种类繁多，涵盖民间文学、传统音乐、传统舞蹈、传统戏剧曲艺、传统体育、游艺与杂技、传统美术、传统技艺、传统医药、民俗共十大类。在 93 项国家级非遗资源中，民俗类资源数量最多，共 26 项；其次是传统舞蹈类、传统美术类和传统技艺类，各 13 项；之后是传统医药类 9 项和传统音乐类 8 项。这六类非遗资源中，除了传统医药，其他五类都具有较高的体验性和参与性，意味着能够通过进行资源转化形成对游客具有吸引力的旅游产品。

数量多、等级高且种类齐全的非遗资源为粤港澳大湾区非遗旅游开发奠定了坚实的基础。不过，从资源的空间布局来看，粤港澳大湾区非遗资源分布并不均衡。广州市与佛山市分别为广府文化的发源地、发祥地，其余七市和港澳地区仅为广府文化的代表性城市，故而非遗资源主要集中于广佛两地，在其余城市分布较少。①

（二）开发利用状况

非物质文化遗产的开发利用主要是通过世代相传或者口头传授的方式传承，在当代社会，主要还是通过旅游业的发展得以开发利用，在开发中保护，在保护中利用。非物质文化遗产的保护和旅游开发相得益彰，旅游开发是带有保护

---

① 孟子敏. 粤港澳大湾区非遗旅游开发：基于 RMP 分析［J］. 社会科学家，2022（1）：78-85.

性的开发，保护也可以是带有旅游性的保护。在对非物质文化遗产进行保护时，应该开发与保护同时进行，以便达到效益的最大化。①

在粤港澳联合发展上，旅游业是走在最前面的行业之一。2017 年 12 月 11 日，广州、深圳、珠海、佛山、惠州、东莞、中山、江门、肇庆和香港、澳门 2 个特别行政区旅游主管部门发起成立了粤港澳大湾区城市旅游联合会。2018 年 4 月 20 日，粤港澳大湾区城市旅游联合会第一次会议在广州召开。2019 年 2 月 18 日，中共中央、国务院印发《粤港澳大湾区发展规划纲要》。

关于粤港澳大湾区的非遗旅游市场和旅游产品，经调查发现，在选择非遗旅游产品的类型倾向方面，高达 72.92% 的被调查对象选择民俗节庆、舞台展演、工艺体验等动态式旅游产品；仅有 27.08% 的被调查对象选择展馆游览类、手工艺纪念品等静态式旅游产品。在花费意愿方面，29.17% 的被调查者愿意在非遗旅游中花费 700 元及以上，支付意愿较高；18.06% 的被调查者表示愿意支付 501~700 元；27.08% 被调查者的愿意支付范围在 300~500 元；剩余 25.69% 的被调查者则表示只愿意花费 300 元以下。在出游时长方面，有 41.67% 的被调查者选择两日游，选择一日游和三日游的各约占 24%，只有约 10% 的被调查者选择三日以上。在旅游产品组合方面，超过一半的被调查者更倾向于选择非遗旅游与观光旅游、度假旅游结合的旅游产品，只有 14.58% 的被调查者选择专项非遗旅游。

根据以上调查结果可知，粤港澳大湾区非遗旅游的旅游产品开发程度低且宣传力度不足，导致知名度低、缺乏市场占有力。游客倾向于选择体验性、富有娱乐性且价格适中的短期非遗旅游产品。因此，整合非遗旅游资源与当地特色的其他旅游资源，开发具有体验性、参与性的休闲旅游产品是粤港澳大湾区未来发展非遗旅游的重要方向。

---

① 张明昊.地方旅游文化发展中的非物质文化遗产保护思考［J］.文化学刊，2014（3）：141-143.

表3-11　粤港澳大湾区非遗旅游产品开发一览表

旅游产品类型	旅游产品开发形式	非遗旅游产品应用举例
观赏型	博览馆	广东省凉茶博物馆、广东省文化馆、香港三栋屋博物馆、粤剧艺术博物馆、广州"三雕一彩一秀"展馆、广东石湾陶瓷博物馆、香云纱博物馆、东莞非物质文化遗产展馆、崖口飘色展览馆、坦洲咸水歌历史陈列馆
	展览	活力绽放——非遗新造物2020年度展览、"非遗·拾光"珠三角非遗技艺展、"影响世界的中国非遗——非遗见证广州与世界的对话"展览、2020年"在"系列展览之"香云锦绣——屈汀南岭南非遗作品展"、佛山解忧年画铺2021新春展
体验参与型	舞台展演	《香港传统民俗舞剧——舞包山》、粤剧《白蛇传》、木偶长绸舞《人偶情》
	民俗节庆	秋大坑舞龙集会、长洲太平清醮、中元节盂兰潮人盛会、端午节大澳龙舟游涌、鱼行醉龙节、佛山中秋节秋色、佛山祖庙庙会、台山浮石飘色、南朗崖口飘色
	产业园区（企业）	广东省木偶艺术剧院、沙湾何氏"广东音乐"非遗小镇、广州非遗街区永庆坊、佛山南风古灶、广东尚正堂集团、深圳本然非遗文化产业园
	学习、体验型旅游	广东省文化馆广绣体验课、乞巧工艺品体验课和粤剧体验课、澳门"非遗零距离"体验活动、珠海市"文化和自然遗产日"系列活动、珠三角非遗系列讲座、佛山"寻古·粤玩越有趣"系列非遗体验活动、东莞"美丽湾区幸福游会"广东省非物质文化遗产展示系列活动暨2019茶园游会、东莞非遗购物节、广州老城新活力文化遗产深度游非遗主题旅游、粤港澳大湾区·泛珠三角（广东）非遗周暨佛山秋色巡游活动
商品型	旅游商品	图书《粤港澳大湾区非遗地图》、岭南非遗文创
	工艺品、土特产	香云纱、石湾陶塑、佛山木版年画、佛山狮头、佛山彩灯、佛山剪纸

由表 3-11 可知，从地域范围来看，目前粤港澳大湾区非遗旅游的开发仍未打破行政边界。大多数非遗旅游产品仍局限在行政区域内，如澳门"非遗零距离"体验活动、东莞"美丽湾区幸福游会"广东省非物质文化遗产展示系列活动暨 2019 茶园游会、"广州老城新活力文化遗产深度游"非遗主题旅游等。而跨越行政边界的非遗旅游产品只占少数，如"非遗·拾光"珠三角非遗技艺展、《香港传统民俗舞剧——舞包山》粤港澳大湾区巡回演出、珠三角非遗系列讲座等。非遗旅游产品的开发受制于行政边界，导致粤港澳大湾区内非遗旅游资源未能得到有效的整合利用，尚未形成具有强吸引力的规模旅游产品。在项目开发方面，目前已进行旅游开发的非遗资源仅占少数。就非遗类型来看，传统戏剧类与民俗类开发程度较高。例如，长洲太平清醮、佛山中秋节秋色等民俗活动以其周期性、规模性与地域特性，在当地及周边地区形成了一定知名度。而粤剧与岭南木偶戏则通过舞台展演、体验旅游等形式实现了由非遗资源向非遗旅游产品的转化。相较之下，传统音乐、传统舞蹈、传统技艺、传统医药等类型的非遗资源旅游开发程度还很低甚至尚未旅游化。

在开发形式方面，虽然目前学习、体验型旅游产品较多，但大多数为短时活动或首次举办，尚未形成具有较大影响力的品牌和活动 IP。例如，佛山"寻古·粤玩越有趣"系列非遗体验活动于 2020 年首次举办，为期将近 20 天，却因宣传推广缺位而导致活动未形成规模影响。此外，民俗类非遗资源在转化为旅游产品的过程中，因未联动其他非遗资源而未形成系列旅游产品。总体而言，粤港澳大湾区现有非遗旅游产品的开发形式较为传统，缺乏创新，导致其吸引力较低，市场竞争力不足，难以有效获取旅游市场。①

（三）存在问题

粤港澳地区在非物质文化遗产保护方面还存在一些问题和不足。主要表现在：

第一，粤港澳大湾区联合申报的非遗项目数量少。协同保护机制是一种建立在整体性和系统性上的保护策略。有效的协同保护机制可以具体表现为互利合作、资源共享。2019 年 6 月 7 日晚，广东省副省长许瑞生在由文化和旅游部、

---

① 孟子敏. 粤港澳大湾区非遗旅游开发：基于 RMP 分析［J］. 社会科学家，2022（1）：78-85.

广东省政府主办的 2019 年"文化和自然遗产日"国非遗宣传展示活动启动仪式暨主会场展演活动上表示,"广东将把非遗保护工作与推进粤港澳大湾区建设紧密结合起来,着力建设'粤港澳大湾区文化遗产游径',为湾区'优质生活圈'提供充足和优质的文化供给,着力将粤港澳大湾区打造成世界文化和旅游高地"。但现实的状况是,粤港澳三地联合申报并成功入选的非遗项目仅有粤剧和凉茶两项。

第二,粤港澳大湾区非遗资源共享系统不完善。粤港澳大湾区非遗资源共享系统不完善,主要表现为缺乏一个共同展示大湾区非遗资源的专业网络平台。纵然"粤港澳文化资讯网"不断完善,但此平台重在呈现粤港澳三地在粤剧方面的节目合作、演艺人才交流、文化资源等信息。此外,广东权威融媒平台"南方网",以新闻通讯形式展现大湾区珠三角九市非遗新闻资讯。"粤港澳文化生活电子地图"App,方便民众共享文化资源和信息。更进一步,珠三角九市和香港、澳门的非物质文化遗产资源都可以通过"中国非物质文化遗产网"这一平台,达到资源共享目的。但是,对于不具备专业知识的普通民众来说,这一专业平台并不为他们所熟知。况且,因法律制度等原因,港澳地区的非遗认定程序、政府资助规则、非遗资金管理等方式与珠三角九市尚未对接。因此,倘若粤港澳三地能联合建立一个大湾区非物质文化遗产共享展示的网络平台,这对于加强三地民众对湾区内非遗资源的认识,激发全体民众保护非物质文化遗产的热情,帮助建构湾区内非物质文化遗产的管理系统具有重大意义。

第三,粤港澳大湾区非遗保护模式相对独立。粤港澳大湾区的非物质文化遗产保护在"一国两制"和三地非物质文化遗产保护规范较弱的条件下,呈现出相对独立的保护模式。珠三角九市实行的是全国性的非遗保护制度,上由文化和旅游部非遗司和中国非遗保护中心领导,下由市、县一级的非遗处和非遗中心等专职机构专门负责非遗的保护、保存工作等。香港特别行政区则设有香港非遗中心、非遗咨询委员会等机构,专职负责香港的非遗保护工作。澳门特别行政区主要由文化局负责非遗保护工作。粤港澳三地非遗保护各司其职,相对独立。即使是针对联合申报的非遗项目,也没有出台共通的系统性保护文件,这不利于大湾区非物质文化遗产保护的整体化、系统化。例如,凉茶文化,在粤港澳三地具有悠久的历史和广泛的民间认同性。2006 年,凉茶入选广东省第一批省级非物质文化遗产名录。2014 年 6 月,凉茶被列入《香港首份非物质文化遗产清单》，2017 年 8 月，进入香港非物质文化遗产代表作名录。凉茶在澳门于2017 年 9 月列入澳门非物质文化遗产清单，2019 年 10 月进入澳门非物质文化遗产名录。2020 年 6 月，在澳门文化局更新的非物质文化遗产清单中，凉茶属传统手工艺技能，是 8 个国家级非物质文化遗产代表性项目之一。诚然，粤港澳三地同为凉茶项目保护单位，但三地并没有联合出台共通的关于保护凉茶制作技艺的系统性文件，协同保护的基础薄弱，保护模式依然相对独立。

第四章

粤港澳旅游文化遗产开发与保护

第一节　研究概述

前两章简要梳理了粤港澳地区旅游文化遗产的类型、分布及特点，为深入了解粤港澳地区旅游文化遗产的开发利用与保护状况，按遗产资源的空间分布及开发利用方式，将粤港澳地区旅游文化遗产分为岭南传统村落和城市建筑遗产、名人故居和革命文化遗产、古迹和古驿道文化遗产、滨海地区古港遗址、宗祠与宗教文化遗产、非物质文化遗产等。

本书在文献分析基础上，拟对第三章概述粤港澳旅游文化遗产的分类、分布状况进行更加深入、准确的研究和把握，以期获取有价值的"研究发现"，指导粤港澳旅游文化遗产的开发利用、保护与传承。研究人员于 2019 年 12 月—2021 年 12 月分区域、分阶段深入该地区进行调查研究，其间因为"新冠感染"疫情影响，调查过程断断续续，致使调查任务推迟了近 1 年时间才得以完成。

研究人员于 2019 年 12 月—2021 年 12 月先后调查了广东省 18 个地市 59 个区县市共 111 处旅游文化资源点（遗产地），考察了港澳地区几处代表性的文化遗产地。考察成员记录了相关的文字、拍摄了大量的照片（见表 4-1），并对遗产地（资源点）的相关人员（管理人员、游客、居民）进行了询问和访谈，获得了第一手珍贵的资料。

表 4-1 粤港澳旅游文化遗产地（资源点）考察情况一览

地市	区县市	考察点（遗产名录）	考察时间	备注
广州	越秀区、海珠区、黄埔区、番禺区、南沙区、增城区	南越王墓博物馆、西关大屋、北京路、骑楼、沙面、陈家祠、中山图书馆旧址、农讲所、中山纪念堂、黄花岗七十二烈士陵园、黄埔古港遗迹和黄埔村早期建筑、黄埔军校、南海神庙、沙湾古镇、宝墨园、莲花山、东涌水乡、香云纱染整技艺、天后宫、挂绿荔枝	2019 年 2 月—2022 年 7 月	课题组成员的单位及家庭均在广州，调研时间灵活
深圳	宝安区、盐田区、福田区	原宝安县政府旧址、新桥粮仓、沙井蚝加工厂、下沙祭祖习俗、赛龙舟、沙头角鱼灯舞、观澜舞麒麟	2021 年 8 月	
东莞	莞城区、虎门镇、大岭山镇、茶山镇、石排镇	东莞可园、鸦片战争博物馆、东江纵队纪念馆、南社古村、塘尾古村	2019 年 2 月	
佛山	禅城区、顺德区	南风古灶、佛山祖庙、佛山梁园、石湾陶塑技艺、陈村花会、佛山狮头	2019 年 2 月	
中山	南区、南朗镇、三乡镇	詹园、孙中山故居纪念馆、中山温泉宾馆	2022 年 7 月	
惠州	博罗县、惠城区、惠东县、龙门县	罗浮山（百草油）、大亚湾区杨包庙、巽寮妈祖文化节、香溪堡古建筑、瑶族风情园	2021 年 2 月 3 日	
江门	江海区、新会区、开平市、恩平市	江门骑楼、梁启超故居、新会陈皮、宋元崖门海战民间故事、蔡李佛拳、开平碉楼、冯如故里、歇马村、恩平濑粉制作技艺	2019 年 2 月；2022 年 7 月	
潮州汕头	潮汕两市各区县	汕头小公园、南澳古城墙、潮州牌坊街、韩文公祠、潮州工夫茶	2021 年 3—4 月	
汕尾	海丰县、陆河县	海丰红宫红场旧址、彭湃烈士故居、海丰县农民协会旧址、墩仔寨	2021 年 3 月	

续表

地市	区县市	考察点（遗产名录）	考察时间	备注
河源	东源县	粤赣古道、客家糯米酒传统酿造技艺、客家山歌	2020年9月；2021年3月	
梅州	梅县区、蕉岭县、梅江区、兴宁市	梅州客家山歌、叶剑英元帅故居、丘逢甲故居、狮舞、球王故里	2021年11月	
韶关	曲江区、南雄市、始兴县	南华禅寺、马坝人遗址、珠玑古巷、梅关古道、满堂客家大围	2020年9月；2021年8月	
清远	英德市、连南县、连山县、连州市	红旗茶厂、英石假山盆景技艺、红茶制作技艺、浈阳峡艺术馆、瑶后故里、连州商埠古街	2021年7—8月	
肇庆	端州区、四会市、高要区	端砚、四会古建筑、邓村古法造纸、四会玉器博览城、四会文宝斋翡翠博物馆、顺德青云儿童教养院故址纪念馆、黎雄才艺术馆、金渡花席编织技艺、高要春社、金利赛龙舟、高要区黎槎（八卦）古村	2021年7—8月	
阳江	海陵岛经开区、江城区、阳春市	广东"海上丝绸之路"博物馆（"南海Ⅰ号"）、传统刀剑制作技艺、金花坑春砂仁博物馆	2022年7月	
茂名	茂南区、高州市、化州市	茂名露天矿博物馆、高州洗太庙、柏桥贡园(农耕文化遗产)、陈济棠先生故居、化橘红中药文化	2021年4月	
湛江	霞山区、赤坎区、吴川市、雷州市	湛江傩舞、湛江木偶戏、吴川月饼制作工艺、雷剧、雷州石狗	2021年4月	
香港		大夫第、伯大尼修院	2019年5月	因"新冠感染"疫情未能全面、深入调查
澳门		大三巴牌坊、妈祖阁	2022年2月	

按开发利用方式，对调查过的旅游文化遗产地（点）归类统计，结果如表4-2。

表4-2 调查过的旅游文化遗产地（点）名录

文化遗产类型	遗产地（点）名录	数量	分布状况
传统村落和城市建筑	南越王墓博物馆、西关大屋、北京路、骑楼、沙面、陈家祠、中山图书馆旧址、沙湾古镇、宝墨园、东涌水乡、原宝安县政府旧址、新桥粮仓、沙井蚝加工厂、东莞可园、南社古村、塘尾古村、南风古灶、佛山梁园、詹园、中山温泉宾馆、香溪堡古建筑、瑶族风情园、江门骑楼、开平碉楼、歇马村、汕头小公园、南澳古城墙、潮州牌坊街、墩仔寨、满堂客家大围、红旗茶厂、浈阳峡艺术馆、连州商埠古街、四会古建筑、四会玉器博览城、四会文宝斋翡翠博物馆、高要区黎槎（八卦）古村、茂名露天矿博物馆、大夫第、大三巴牌坊	40	主要分布在港澳珠三角、粤西阳江江门中山和潮汕地区
名人故居和革命文化	农讲所、中山纪念堂、黄花岗七十二烈士陵园、黄埔军校、鸦片战争博物馆、东江纵队纪念馆、孙中山故居纪念馆、梁启超故居、冯如里、韩文公祠、海丰红宫红场旧址、彭湃烈士故居、海丰县农民协会旧址、叶剑英元帅故居、丘逢甲故居、球王故里、瑶后故里、顺德青云儿童教养院故址纪念馆、黎雄才艺术馆、高州冼太庙、陈济棠先生故居	21	主要分布在珠三角、粤东潮汕梅州地区和粤西茂名
古迹和古驿道文化	马坝人遗址、粤赣古道、珠玑古巷、梅关古道	4	主要分布在粤北韶关
滨海地区古港遗址	黄埔古港遗迹和黄埔村早期建筑、广东"海上丝绸之路"博物馆（"南海Ⅰ号"）、樟林古港	3	主要在广州、阳江、汕头
宗祠与宗教文化	珠玑镇、南海神庙、莲花山、天后宫、佛山祖庙、南华禅寺、伯大尼修院、妈祖阁	8	主要分布在港澳珠三角和粤北韶关

文化遗产类型	遗产地（点）名录	数量	分布状况
非物质文化	香云纱染整技艺、挂绿荔枝、下沙祭祖习俗、赛龙舟、沙头角鱼灯舞、观澜舞麒麟、石湾陶塑技艺、陈村花会、佛山狮头、罗浮山（百草油）、大亚湾区杨包庙、巽寮妈祖文化节、金花坑春砂仁、宋元崖门海战民间故事、新会陈皮、蔡李佛拳、恩平濑粉制作技艺、潮州工夫茶、梅州客家山歌、客家糯米酒传统酿造技艺、客家山歌、狮舞、英石假山盆景技艺、红茶制作技艺、端砚、邓村古法造纸、金渡花席编织技艺、高要春社、金利赛龙舟、传统刀剑制作技艺、柏桥贡园（农耕文化遗产）、化橘红中药文化、湛江傩舞、湛江木偶戏、吴川月饼制作工艺、雷剧、雷州石狗	37	主要分布在珠三角和五邑地区、粤西茂湛和粤东潮梅地区
六大类	113 处		

岭南传统村落和城市建筑遗产 40 处、名人故居和革命文化遗产 21 处、古迹和古驿道文化遗产 4 处、滨海地区古港遗址 3 处、宗祠与宗教文化遗产 8 处、非物质文化遗产 37 处。由于粤港澳古港现在基本上被开发为现代化港口，单纯的文化遗产很少，因此本章介绍除滨海地区古港遗址外的其他几类旅游文化遗产的开发利用和保护状况。

第二节　岭南传统村落和城市建筑遗产开发利用与保护

从旅游吸引物的成因、属性及功能看，城乡历史建筑具有较高的艺术、科学与历史文化价值，游客从中可以了解先民的生活历史，包括工商业与日常生活、居住与交往、社会组织与治理以及与地理环境的关系。基于中国历史建筑的区域性特征，本节将粤港澳的乡村和城市建筑文化遗产归在一起进行分析，统称岭南建筑，包含传统村落和城市建筑遗产。从旅游资源的价值及吸引力看，本书将具有一定历史或景观价值、被各级政府授予"传统村落""特色村""古村"的村落定义为传统村落，将具有一定历史文化和景观艺术价值、被授予各种名号的城市街区及单体建筑物、群体建筑、公园和园林、广场、水域等统称为城市建筑遗产。本节根据研究人员的实地调查，对粤港澳传统村落和城市建筑遗产的开发利用和保护状况进行概述。

一、开发利用与保护状况

本书在研究期间，作者及课题组成员调查了代表性的村落和城市建筑类文化遗产，在涉及古村落和城市规划研究的书及其他社会服务中，对粤港澳古村落和城市建筑文化遗产的开发利用与保护进行了实践探索，总结起来主要有以下几个方面的特点：

（一）规划统筹，总体开发，有序推进

在40多年的改革开放及快速城市化进程中，城市古建和古村落经历了复杂的内外部环境因素影响。随着近年来新型城镇化和乡村振兴的大力推进，各地市在城市发展和乡村建设中，越来越规范化、技术化和制度化。粤港澳地区各地因地制宜、统一规划、总体开发、有序推进，不断加强文物古迹、文化街区、古镇古村等历史建筑的科学开发和利用。规划起着定位、引领、统筹城乡发展、资源开发、产品设计、项目策划、保障保护等全局性、战略性方向，有规划统筹，城乡历史建筑和文化遗产就有法可依、有章可循、有路可走，不至于盲目冒进，就能够科学地开发利用旅游文化遗产、保护遗产资源。为深入了解规划的引领作用，本节以广州长洲岛（黄埔军校旧址所在地）、原宝安县政府旧址、肇庆黎槎古村为例进行详细分析。

1. 广州长洲岛（黄埔军校旧址所在地）文化遗产资源保护与开发利用规划

广州长洲岛位于广州东缘，是黄埔地区珠江上的一个江心岛，面积11.5平方千米，其中陆地面积为8.5平方千米，岛上常住人口2万余人。长洲岛文物古迹遍地，文化底蕴深厚，旅游资源丰富，孙中山先生创办的黄埔军校使这里成为令世人瞩目的地方和广州的旅游胜地。岛上旅游资源丰富、旅游文化遗产数量多，主要有历史文化古迹类：巴斯楼、巴斯教徒墓地、柯拜船坞、禄顺船坞旧址、外国人墓地、深井文塔、凌氏大宗祠、金花古庙、南海神祠、洪福市、安来市等。近现代革命和军事史迹类：黄埔军校、东征烈士墓、中山纪念碑、孙中山纪念馆、北伐纪念碑、教思亭、黄埔公园旧址、济深公园旧址、袖海亭、白兔岗炮台、白鹤岗炮台、大坡地炮台、蝴蝶岗炮台、新西岗炮台和旧西岗炮台、海军黄埔军事博览中心。自然风光类：长洲是江心岛，绿色覆盖率甚高，尤似海上盆景，岛上河道纵横，除本岛外还有娥媚沙、洪圣沙、白兔沙及大吉沙等沙洲，这些沙洲低矮平坦，水涌纵横，岭南水乡特色浓郁。土特产类：长洲是个农业耕作区域，因此也有不少特产，如深井霸王花、长洲粉葛、长洲香蕉、长洲大果杨桃及龙眼、黄皮等。此外长洲的黄埔蛋、长洲年糕、长洲田蚊鱼也很著名。

为深入挖掘、弘扬长洲岛旅游文化遗产的价值，早在 2004 年广州市黄埔区就编制了《长洲历史文化保护区控制性规划》；2021 年 4 月广州市黄埔区编制完成《长洲岛历史文化街区保护利用规划》，广东省人民政府确定长洲岛历史文化街区为广州市历史文化名城的重要组成部分。2022 年年初广州市黄埔区颁布了《黄埔区关于在城乡建设中加强历史文化保护传承的实施意见》，为长洲岛的旅游资源开发和旅游文化遗产保护指明了方向。2022 年 8 月广州市黄埔区再次委托广东绿道设计有限公司编制完成《黄埔区长洲岛商贸文化遗产资源保护与开发利用》研究报告，报告详细回顾了广州市、黄埔区和长洲岛千年商贸文化的历史变迁及其和广州"海上丝绸之路"的关系，系统梳理了长洲岛的物质文化遗产和非物质文化遗产资源分布状况，科学地提出了长洲岛旅游文化遗产资源开发的主题定位、空间布局、产品设计、项目落地、价值挖掘、政策支撑等。报告提出了长洲岛"因商而立、因商而荣、因商而住、因商而工、因商而防、因商而旅、因商而学"的历史变迁脉络，整理形成了"工商文化、建筑文化、民俗文化、军事文化"的系列旅游资源和文化遗产。报告明确了"长洲岛打造文化遗产活化 4.0 版，'文化+旅游+城市有机更新'引领文化遗产发展新标杆，广东省文化和旅游融合发展示范区、广东省文物保护利用示范区"的发展目标；提出了整合"古迹物质文化遗产、古蕴非物质文化遗产"等双古资源，加大财政投入，以"长洲岛古商贸文化旅游区"为统领，将"黄埔军校、古炮台、古码头、深井古村"等节点捆绑创建；分步实施，有序推进，加快推动深井古村片区、洪福片区有机更新改造，中期启动古炮台、古码头等文物修复活化利用的旅游文化遗产开发利用之路。

2. 原宝安县政府旧址（文物遗产）利用与保护规划

作为深圳市一处历史比较短的文化遗产（区级文物保护单位），位于宝安区新安街道宝民一路1号，始建于20世纪80年代，由原宝安县政府大楼、宝安县委大楼、食堂及花园组成，原宝安县政府大楼1983年7月竣工，坐西北向东南。1992年撤县设区后成为宝安区委区政府所在地。深圳市是新中国改革开放的试验田和排头兵，其一系列重大政策决策实施前，大多在原宝安县先行试验，而后推广，原宝安县政府旧址见证了影响我国改革开放事业的重大事件和历史。如发行全国第一张股票；确定万丰村以股份制办法向村民集资办企业，开创我国农村股份制合作经济之先河；最早设立"三来一补"企业，使宝安成为我国"三来一补企业"基地等。该旧址见证了深圳改革开放历史在全国率先进入工业化、城市化演变的过程，见证了深圳市改革开放的巨大成就，具有较高的历史意义和文化价值。为了开发利用并保护该遗产，早在2010年9月深圳市宝安区人民政府就公布其为宝安区第五批文物保护单位，制订了一系列保护和利用的规划进行科学保护和合理利用。

为了加强统一保护和利用，宝安区于2021年7月制订了《深圳市宝安区文物保护与利用总体规划》（深圳市宝安规划设计院有限公司编制）。该规划指出：宝安区是深港文化之根，依据文献记载以及考古发掘，早在1700多年前，三国吴时就在这一带设置司盐都尉垒，之后设置东官郡、新安县治、宝安县治，因为历史上经历了四五次大的移民浪潮，这里有着丰富的广府文化、客家文化等悠久的传统。宝安是深圳市的文物大区之一，共发现地下、地上的文物古迹达290处，占全市的26%，其中保存下来的清代古村落、古祠堂、古书室、古炮楼等，在岭南地区尤其是珠三角地区富有鲜明的地方特色，占有重要的历史文化地位，由此可见原宝安县政府旧址的遗产价值形成的历史背景之深厚。

在此规划基础上，深圳市宝安区文化广电旅游体育局委托广东工业大学建筑规划设计院有限公司于2021年12月编制完成《宝安县政府旧址、新桥粮仓和沙井蚝加工厂三处区级文物保护单位专项保护规划编制》。编制小组分别从文物保护单位规划思路、专项（价值、现状、管理、利用）评估、文物保护单位的规划衔接、规划编制原则、保护区划与管理规定编制内容、保护措施编制内容、环境规划编制内容等7个方面对原宝安县政府旧址的保护和利用进行了准确定位、科学评估、专业规划。将原宝安县政府旧址这处知名度不高的遗产地纳入规范化、科学化和制度化的利用与保护之中。

3. 肇庆黎槎古村的开发利用

位于广东省肇庆市高要区回龙镇的黎槎古村落，始建于南宋嘉定年初（约公元 1218 年），至今已有 800 多年历史。从高空俯瞰，整个村呈大围屋型，房屋、街巷的分布走向呈八卦图形，因此又名"八卦村"（图 4-1）。古村历史悠久，古迹众多，现存大量元明清三代的古建筑与文物，村中有敦善书舍、祖厅、酒堂等岭南特色的儒家文化、宗教礼仪文化遗产，体现了当地人民孝义为先、崇文重教、敬祖爱家、力求上进的优良文化传统。

图 4-1　黎槎古村（作者拍摄，2021 年 7 月）

为充分挖掘古村的历史文化价值，当地政府和村委，紧紧抓住乡村振兴的契机，委托相关专业机构进行古村保护与旅游开发规划，加大资金和技术投入。按照全域旅游示范区的标准，对古村的房屋建筑、街巷环境整治、导游导览系统、标识系统、智慧旅游服务系统等进行了规范化的建设，在村里面建立了村史馆，深入挖掘古村的历史名人、人文活动，展示优良传统文化，有序推进古村的遗产保护与旅游开发的协调共进。2008 年黎槎古村被评为"广东省首批古村落""广东省首批旅游特色村"，2012 年被评为"广东省十大最美古村落"，2016 年被列入第四批中国传统村落名录。

（二）技术引领文化活化，产业促进价值重生

在以信息科学、数据科学、互联网技术、通信技术、物联网技术、虚拟现实、人工智能为主导的新一轮科技革命及应用大潮下，我国近年来大力推进科技和文化融合、促进文化产业发展，相继制定了一系列的政策、措施和指导意见，如 2017 年 4 月的《关于推动数字文化产业创新发展的指导意见》、2018 年5 月的《国家文化和科技融合示范基地认定管理办法（试行）》、2019 年 4 月的《公共数字文化工程融合创新发展实施方案》和 8 月的《关于促进文化和科技深度融合的指导意见》、2020 年 5 月的《关于做好国家文化大数据体系建设工作的通知》和 11 月的《关于推动数字文化产业高质量发展的意见》、2021 年 1 月的《国家文化大数据标准体系（T/NCBD 1–2021）》等。粤港澳地区依托其强大的新技术研发及应用转化的优势，尤其是以深圳、广州为科创中心的珠三角地区，新技术广泛应用于文化和旅游产业中。课题组在调查中，发现绝大部分旅游文化遗产地（点），正在或计划将新技术用于资源开发、环境设计、产品生产、项目展示、活动组织等各个环节。技术引领文化（遗产）活化，不断创新业态，促进"文化+科技+旅游"产业融合，重生文化遗产价值，取得了显著成效，赢得了庞大的市场青睐，收到了良好的综合效益，探索了宝贵的经验。本书选取几处文化遗产地（点）为例进行介绍。

1. 文物修复与智慧化助力长洲岛文化遗产保护与利用

笔者参与的《黄埔区长洲岛商贸文化遗产资源保护与开发利用报告》研究中，在目前有限的技术基础上，提出了系统的文物修复技术和遗产活化技术方案。针对长洲岛上现存的柯拜船坞（古船坞）、古炮台、古商铺（怡生源记）、广东水陆师学堂、611 护卫艇等古文化遗产（遗址遗迹），根据各自的损毁情况、行业特点，分别采用船舶制造与修理技术（打捞、水动力、钢铁、化学技术）、土木工程与建筑技术、兵器生产技术、建筑与装饰技术、舰艇与航海技术

等，修复长洲岛上的民居与建筑、国防和军事设施、交通与设施。此外，还包括古树名木的保护——林业工程和生物技术，以及非物质文化遗产的活化技术——新媒体存储与传播、文化 IP、3D 打印与动画、5G、VR、AR、AI 等。

长洲岛上的黄埔军校旧址，在技术活化文化遗产方面值得借鉴。旧址上建造 AR 党建展馆，结合 VR 虚拟现实、大数据、三维建模等技术，带给观众全新的党史学习体验。黄埔军校 AR 党建展馆项目设计了两大板块，红色趣味桌游板块和景点 3D 打印模型与 AR 系统板块。"红色趣味桌游"是以互动桌面展示红色历史内容的拼图小游戏，体验者活动指尖完成相应的拼图游戏任务。桌面显示黄花岗起义、红军长征、百团大战 3 个历史故事拼图，体验者通过手指拖动碎片，完成拼图后，画面中的人物产生动画效果（见图 4-2）。景点 3D 打印模型与 AR 系统中，"访寻广州红色踪迹"以 AR 展示 5 个广州经典红色景点：第一次全国劳动大会旧址、孙中山大元帅府纪念馆、邓世昌纪念馆、黄埔军校、黄花岗七十二烈士墓园（图 4-3）。使用 AR 技术对 5 个景点设置识别点，观众使用移动终端扫描模型后得出景点识别点后，系统自动播放展示广州红色景点的纪录片、视频短片、音频介绍以及景点音乐等。

图 4-2　红色趣味桌游（作者拍摄）　　　图 4-3　3D 打印模型（作者拍摄）

2. 大数据技术支持深圳前海智慧文化发展

2020 年 8—10 月，本书负责人参与江苏欣网视讯软件技术有限公司的《深圳前海智慧文化大数据实施方案》研发工作，作为技术骨干，负责深圳市前海区域文化遗产资源的挖掘、整理及数据处理。针对深圳市文化产业与科技融合发展的现状、问题及未来进行了深入研究，研究前海和深圳文化大数据及科技促进文化资源开发利用的高效途径，最大限度地利用文化遗产的价值，为复兴我国传统文化、满足人们的文化和精神生活需求提供智慧方案。该方案的基本技术内容及路径如下图（图4-4—图4-10）所示。

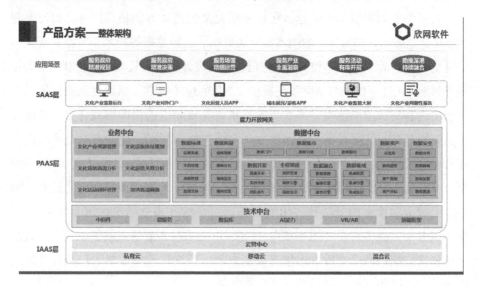

图 4-4

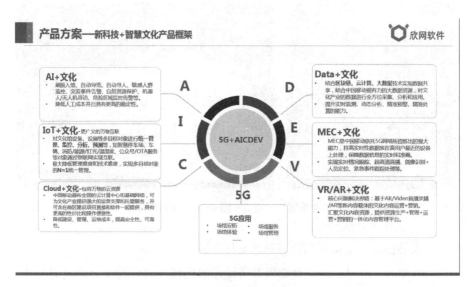

图 4-5

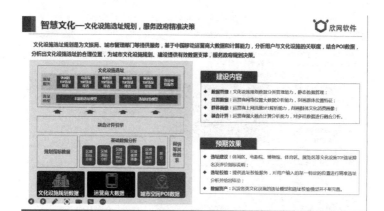

图 4-6

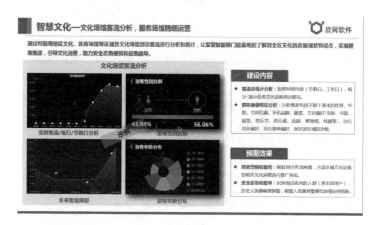

图 4-7

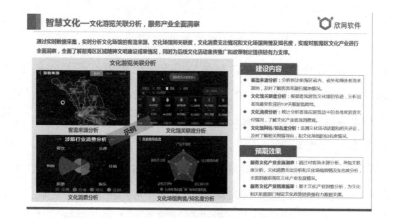

图 4-8

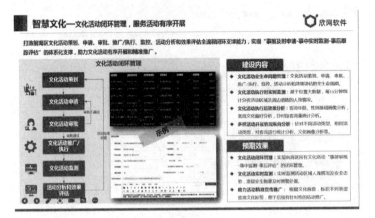

图 4-9

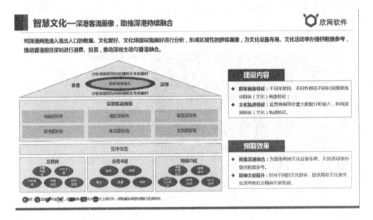

图 4-10

(三）文旅融合主导遗产的持续开发利用

岭南古村落与城市建筑，包含深厚的历史文化和建筑艺术，成为中国建筑的岭南派。遍布粤港澳城乡各地的骑楼、碉楼、围屋、水乡吊脚楼仿佛一部历史教科书和家族族谱，诉说着藏在建筑深处的灿烂历史和魅力文化。粤港澳地区的古村落和城市建筑文化遗产，不仅分布广泛、文化底蕴深厚，而且因为"海上丝绸之路"，使得其随着岭南先祖漂洋过海而带有浓厚的中西文化交融特色，更增加了华侨文化底蕴。自大众旅游发展以来，古村落与建筑文化遗产的旅游开发如火如荼。传统的观光旅游已经被观光、怀旧、研学、科考、康养等多元化的旅游方式取代，农业文明时期的环境与社会生活图景、乡村生产与居住的岁月、古城街区的昔日市井生活气息，无不令游客驻足、流连忘返，文旅融合主导旅游文化遗产的开发成为近年来的最大趋势。

在文旅融合的大趋势下，广东省已公布了三批共 25 处文化和旅游融合发展示范区，覆盖了广东绝大部分地市，成为广东古村落和城市建筑文化遗产持续开发利用的排头兵。首批有 8 处：广州北京路文化旅游区、佛山南风古灶文化旅游示范区、韶关珠玑古巷·梅关古道景区、梅州百侯名镇旅游区、东莞寮步莞香文化旅游区、阳江海陵岛大角湾海上丝路旅游区、潮州古城文化旅游特色区、云浮六祖故里旅游度假区。第二批 6 处：广州番禺沙湾古镇、深圳甘坑客家小镇、珠海海泉湾度假区、汕头前美古村侨文化旅游区、汕尾陆河世外梅园、梅州曼佗山庄。第三批 11 处：广州永庆坊、深圳大鹏所城文化旅游区、珠海横琴长隆国际海洋度假区、汕头莲花峰文化旅游融合示范区、佛山逢简水乡、韶关城口红色小镇、梅州广东客天下文化旅游产业园、惠东县高潭镇中洞景区、东莞南社明清古村落景区、湛江茂德公大观园、清远中国少数民族特色村蒙峒古村。

2022 年 8 月 16 日，广东省文化和旅游厅公布首批广东省夜间文化和旅游消费集聚区名单，其中既有老牌热门景区，亦有多业态融合的文商旅综合体和历史文化街区。7 个集聚区分别为：深圳南头古城、深圳华侨城甘坑古镇、珠海海韵城大剧院文旅综合体、梅州市客都人家文化旅游区、东莞寮步香市文旅夜间集聚区、江门市环五邑华侨广场商圈、清远市清城区北江两岸夜间文化和旅游消费集聚区。

文旅融合主导遗产持续开发利用的具体案例，仍然以《广州黄埔区长洲岛商贸文化资源保护与开发利用》为例，长洲岛有 800 多年的历史，自古至今是因商而立、因商而兴、因商而工、因商而（国）防的"商岛"，历史地位和文化价值极高。即使近代以来因为黄埔军校的建立导致长洲岛在国内外游客心中形成了"黄埔军校"的替代性形象定位，但随着旅游业的飞速发展，以国防和军事文化为特色的长洲岛，也通过旅游的发展而得以扬名天下。在文旅融合日益加速的当下，深入挖掘长洲岛丰富的文化遗产资源和精神内核，提炼"以商为核、商贸+工业+国防+旅游+研学"的文化脉络和旅游业态，是长洲岛文化遗产旅游持续发展及文化遗产有效传承的必然选择。

鉴于此，本书提出长洲岛的战略定位是：文化遗产活化 4.0 版，"文化+旅游+城市有机更新"的文旅新地标。以重要的古商贸历史文化遗址遗迹等为重点，加快文物保护与适度的旅游开发，规划建设一批对外开放的主题景点、休闲中心等，主要通过十大景点重塑长洲岛古商贸繁荣与长洲岛开放之源品牌。实施文旅融合"五变"工程，文物资源变旅游景点、名人故居变旅游窗口、工艺非遗变旅游业态、民居建筑变文创基地、地方民俗变旅游节庆，盘活文化价值，打造文旅品牌。目标是打造"长洲岛古商贸文化旅游区"，构建特色商贸文化旅游产业，建成广东省文化和旅游融合发展示范区。

再以澳门郑家大屋为例，澳门历史城区的建筑文化遗产是四百多年来东西方文化融汇的见证，呈现了澳门独特的文化环境。澳门建筑文化遗产的范畴涵盖了澳门特区政府于 1976 年、1984 年及 1992 年颁布的保护文物建筑的具体法规，在相关法令中列出具有建筑价值的建筑物、建筑群、已评定的纪念物以及具有重要历史价值和独特风格的建筑物等。2018 年港珠澳大桥开通对澳门旅游业的发展有着推动性作用，交通便利性也将吸引越来越多的游客来到澳门旅游。

郑家大屋是澳门建筑文化遗产的代表之一，澳门特区政府于 2001 年开始对郑家大屋进行历时 8 年的修缮工作，随后澳门文化局将其作为文化旅游景点对公众开放。郑家大屋建筑文化遗产的研究，让游客了解到澳门近现代居住建筑的发展过程。它的存在，见证了当时人们生活方式的变迁以及大屋内人们所经历的各个历史时期的生活状况，成为游客了解澳门地区文化和历史的一个物质载体。近年来，澳门特区政府加大了对郑家大屋的修缮和旅游开发，将其深厚的历史和文脉价值、艺术价值、科学研究价值和人文情感价值融入游客的观光、研学和怀旧体验中，做到了文化和旅游的有机融合，每年吸引大量的中外游客，郑家大屋已成为澳门建筑文化遗产旅游的"网红"景点，是文旅融合主导遗产持续健康开发利用的成功范例。①

二、存在问题

在粤港澳古村落和城市建筑文化遗产的开发利用和保护中，也存在着一些问题，有些还比较突出。本书研究人员调查总结了以下几个方面。

---

① 吴尧，毛一山. 澳门居住建筑文化遗产的修缮保育与旅游开发：以郑家大屋为例［J］. 美术学报，2020（6）：26-32.

（一）古村落和城市建筑文化遗产的抢救保护速度不够快

近十多年的快速城市化，尤其是各地房地产的突飞猛进，"旧城改造"的全面推进使得一些城市中具有较强历史文化价值的古建筑、历史街区和古村落（城市近郊区）被大量拆除，对这些具有历史文化遗产价值的古老建筑的抢救保护速度，明显赶不上城市拆迁的速度，致使部分古建文化遗产遭到毁灭。地处粤北、粤西和粤东的一些三、四线城市（县城、县级市），这样的案例比较多。在珠三角地区，一些具有浓郁岭南水乡风情和建筑特色的城郊古村落，在快速城市化中，有的被整体拆除，有的被异地仿建，但最后都丧失了原来的环境、景观、特色和精神。

（二）大部分古村落和城市建筑文化遗产"物是人非""明日黄花"

统计表明，近十年来粤东、粤西、粤北人口向珠三角集中呈加速之势。经过 40 多年的城市化，大量乡村人口迁入城市，广东乡村出现严重的"空心化"趋势。大量的古村落已是"人去楼空"，徒留空空的古旧房子，村庄里冷冷清清，即使是景观有特色、文化有故事、知名度较高的一些村落，也仅在周末才有为数不多的游客光顾。几十年前世代生活栖息、非常富有农业文化的乡村，如今已是"物是人非"，显得非常凄凉。近年来，各级地方政府在国家乡村振兴战略推动下，对乡村建设投入了大量资金和财力，很多古村落"穿衣戴帽"，外表变得时尚、光鲜，里面却全然不是往昔的家居陈设、人烟气息和生活方式，缺失了令人回味和依恋的乡村生活文化，无法找到千百年来深深烙在中国人心中的那份"乡愁"。以下照片（图 4-11）是本书研究人员这两年考察期间随机拍摄到的一些村落的情况，有的村庄整体风貌比较整齐划一，有的古民居建筑显得有较长的年代历史，但均看不到袅袅炊烟、牧童吹笛、渔舟唱晚、赶集进庙的场景。

（三）古村落和城市建筑文化遗产价值体现单一，远未得到充分利用

从调查中发现，目前粤港澳地区的古村落和城市建筑文化遗产开发利用方面，保护比开发利用要好，基于自上而下的重视和对开发利用的研究不足，古建筑文化遗产的开发利用目前还比较肤浅。这主要表现在：

1. 文化遗产开发利用的体制机制问题

文化遗产，从经济价值及其转换看，属于"物质资本＋文化资本"的载体，

墩仔寨(作者拍摄)　　　　　螺洞村(作者拍摄)

满堂客家大围(作者拍摄)　　　珠玑古巷(作者拍摄)

黎槎古(八卦)村(作者拍摄)　　寮后村(作者拍摄)

图 4-11　古村落现状

涉及文化物质载体和文化知识两种产权。相比非文化遗产类的资本,在产权界
定、开发主体、生产交换、价值核算、市场消费等经济活动过程中,要复杂得
多。因此,文化遗产开发利用体制机制难以理顺,难以被有效地开发利用。政
府、社区、企业、居民、开发商等利益相关者,在古建筑开发利用中的权利、
权益博弈非常激烈,影响到开发利用的速度、效率。一些被拆迁的古建筑频发
纠纷,就是其复杂性的体现。

2. 古建筑文化遗产开发利用的业态比较单一，价值未得到充分挖掘

调查中发现，大部分古建筑文化遗产主要以修复、（静态）陈列和展示（部分物品）为开发利用方式，有些地方在古建筑所在地建了博物馆，大部分还是以自然式陈列为主。文化遗产的多业态、多产品开发利用不足，在保护遗产"原生态"基础上让遗产进入千家万户、遗产随时为大众了解、遗产综合价值得以提升这些方面比较欠缺。比如遗产的历史价值如何通过多种形态、多种方式被大众了解，遗产的文化（物）价值如何通过多渠道、多领域被人们熟知，遗产的经济价值如何通过多产业、多链条进入社会被公众消费，这些都做得很不够。即使在文化旅游领域，大部分古村落和城市建筑遗产地（景区、景点）接待的游客基本上是观光客，游客对文化遗产的旅游消费也主要限于观光、打卡等浅层次方面，深度的科考、研学、创作（意）、康养等旅游消费方式非常缺乏。建筑文化遗产和文创产品开发、虚拟现实、沉浸式体验、人工智能、新媒体传播等"新技术、新业态、新场景、新产品"融合不深。就粤港澳地区整体情况看，这方面的地区差异较为明显，经济发达地区的情况要好于粤东、粤西、粤北。

第三节　名人故居和革命文化遗产开发利用与保护

岭南文化源远流长，千百年来在岭南大地上发生过无数惊天动地可歌可泣的故事，留下了数不清的名人故居，诞生了大量的革命遗产地（点）和革命文化遗迹遗址。广东是中国近代史起点、大革命的策源地与改革开放的前沿地，以强烈的革命和改革精神为民族自强、发展、振兴做出突出贡献，形成了独具特色的广东革命文化资源。广东拥有 776 个革命老区镇，有 11 个被认定为原中央苏区，汕尾的海陆丰革命根据地是全国 13 个革命根据地之一，其革命遗址多达 613 处、红色村共计 873 个，拥有大量的革命文物和文献资料。香港、澳门留有很多革命领袖的足迹、革命事迹，拥有一定革命文化资源，留下不少名人、伟人故居。

一、开发利用和保护

近年来在爱国主义、社会主义核心价值观和新时代背景下，粤港澳的名人

故居和革命文化遗产不断地被发掘、整理、开发利用，为岭南大地、为粤港澳大湾区注入了无尽的先进文化源泉和强大民族精神力量。根据本书研究人员的调查和总结，以下从开发利用方式和保护利用技术两个方面介绍粤港澳名人故居和革命文化遗产开发利用状况。

（一）开发利用方式

1. 纪念馆模式

对于文化价值大、知名度高且有一定规模的重要遗产地（重点文物保护单位，尤其是全国重点文物保护单位），大都以成立综合性、专题性博物馆或纪念馆的形式对外展示开放，成为弘扬中华优秀传统文化和开展爱国主义教育的重要基地。这些单位大多成立了独立的专门管理机构，管理力度和水平均较高。如依托"中共三大"会址、黄埔军校旧址、孙中山大元帅府旧址、毛泽东同志主办农民运动讲习所旧址、中华全国总工会旧址等重点革命史迹成立了专题纪念馆。广东名人众多，特别是近现代涌现出了一大批影响全国的仁人志士，他们遗留下来的故居旧居也多被开辟成名人专题纪念馆（陈列馆）供后人参观，如孙中山故居纪念馆（中山）、中山纪念堂（广州）、冼星海纪念馆（广州）、叶剑英元帅纪念馆（梅州）、洪秀全故居纪念馆（广州）、康有为故居纪念馆（佛山）、梁启超故居纪念馆（江门）、叶挺纪念馆（惠州）、詹天佑故居纪念馆（广州）、丘逢甲陈列馆（梅州）、中山纪念馆（澳门）等。

博物馆和纪念馆（园），非常有利于名人故居和革命文化遗产的保护与利用，一方面通过接待游客前来参观、游览、学习、体验的方式使人们了解历史、感受文化、学习名人、牢记先辈丰功伟绩；另一方面，博物馆和纪念馆通过与学校、企事业单位和社区合作，通过形式多样的活动，进行爱国主义教育。例如，番禺冼星海纪念馆将展览送进学校，通过面对面讲解让青少年直观感受冼星海的爱国精神；孙中山故居纪念馆将关于"孙中山，我爱我的祖国"的剪纸活动送进学校，学生通过剪纸这种形式了解孙中山的爱国精神；孙中山大元帅府纪念馆与仲元中学、执信中学的历史教研组合作，通过选取部分民国文物，开发了系列课程"民国那些事儿"。这些系列课程以民国文物为主，极大地丰富了学生的课外知识。孙中山大元帅府纪念馆与广州市第七中学历史学科组合作，举办了题为"服饰里的故事"的小型历史讲座，并在现场展示文物，学生可以零距离接触文物，更直观地感受历史。该馆还准备开发教师授课的 App，开展线上学习。①

2. 旅游景区（点）模式

名人故居和革命文化遗产地，具有很高的历史、文化和教育价值，深受人们喜爱，往往成为旅游产品开发、吸引游客参观的重要旅游地。名人故居和革命文化遗迹遗址，大都被建成旅游景区（点），通过旅游讲解、瞻仰、研学等活动，传播名人、伟人、革命活动的事迹和精神。如广州的黄埔军校旧址、中山纪念堂、黄花岗七十二烈士陵园、中山市翠亨村孙中山故居、韶关市始兴县的红围村、梅州市梅县区的叶剑英元帅故居、东莞市虎门镇的鸦片战争博物馆、东莞市大岭山镇的广东东江纵队纪念馆、惠州市惠阳区的叶挺将军纪念园、潮州市的韩文公祠、李小龙故居（香港）、叶挺故居（澳门）等，都是国家 AAA 级以上的旅游景区或景点。

通过发展红色旅游和（历史文化）研学旅游，当地社区居民深度参与到旅游服务中，游客和当地人民很好地了解到名人和革命先辈的先进事迹和卓著功勋，了解了文化遗产的历史文化和教育价值。特别是在乡村地区，有效地带动了当地的经济发展、社会的对外交流、环境生态的改善，教育了广大民众。实践证明，名人故居和革命文化遗产，通过旅游开发方式，其价值能得到最大程度的挖掘和传播。

3. 教育基地模式

随着国家对传统文化和红色旅游的重视，越来越多的名人文化、革命文化、红色文化遗产资源被开发成爱国主义教育基地，政府和社会不断增加投入，挖掘、整理名人事迹、革命文化历史和红色文化内容，通过展示、参观、研学、体验、文创等多种形式介绍名人事迹、宣传红色文化、传播革命历史，对游客进行爱国主义、民族精神、敬仰伟人、学习名人等思想政治教育。名人和革命文化遗产的价值得到极大的弘扬与传播，也带动了当地的产业兴旺、经济发展和社会进步。

---

① 梁巧玲，陈晓君，梁敏.广东地区名人纪念馆的公众教育功能及其实现路径［J］.文物鉴定与鉴赏，2020（17）：114-117.

（二）保护利用技术

1. 新技术挖掘保护文化遗产资源，新媒体传播传承文化遗产价值

近些年来，广东地区名人和革命文化遗产，致力于借助线上平台宣传和推广名人和革命文化。名人纪念馆的数字化建设大多纳入区域博物馆数据库集中建设的模式，如孙中山大元帅府纪念馆在官网上开设学术研究、观众服务、文创精品等多个专栏，并将文物藏品数字化，从而实现馆内文物、研究成果等方面信息的共享，通过互联网展示文物背后的故事，传递具有特色的名人精神，打造良好的名人纪念馆品牌。值得一提的是，建立数字化博物馆已成为广东地区名人纪念馆建设和发展的趋势，以期借助数字化形式实现信息共享。广州的新时代红色文化讲习所，通过情景式、体验式、互动式等多元化的宣传教育方式来传播红色文化。广州红色文化讲习所开创在线直播模式，通过网站、App、微博、微信等新媒体平台开创在线直播模式，365 天 24 小时授课不打烊，宣告广州红色文化讲习迈入全媒体传播时代。韶关则利用革命老区等遗址开展了北伐之旅、会师之旅等多个旅游主题的红色文化旅游活动。河源则着重红色故事的开发，并形成了一系列红色精品广播剧。以下介绍作者于 2021 年 3—9 月参加的一个利用数字技术开发、利用广州市革命文化遗产资源的研究项目，从中可以了解当前新技术在文化遗产保护与开发中的作用。

2. 广州市革命文物资源数智化管理及保护性开发利用总体方案

2021 年 3—9 月，本书作者作为项目主创人员和技术总负责，参与江苏欣网视讯软件技术有限公司《广州市革命文物资源数智化管理及保护性开发利用总体方案》的研发。基于目前广州市革命文物的数字化（大数据）管理、技术化（高新技术）展示、精准化保护、效益化（文化产业、公益事业、旅游产业）利用等存在的不足，革命文物资源的保护和利用缺少"智慧（脑）"和精准性，文物价值没有被充分挖掘，亟待数字化管理、品质化提升、精准化保护和效益化利用等现实，作者提出了技术引领文化遗产活化、业态创新重生遗产价值的总体方案（图 4-12）。广州市革命文物资源大数据集成、数字化开发、智慧化管理的保护性开发利用，主要任务是：文物资源的数字化和信息化集成，包括基础情况、结构和功能、与城市的空间关系、标识系统、保护及利用状况等；动态化、场景化展示革命文物资源的技术体系、产品形态、平台系统的规

划设计；革命文物资源的文化、旅游、教育、研学功能应用开发的产品、服务、营销、成本、效益、管控智慧化系统设计；革命文物资源的保护政策与措施体系构建。主要内容如下。

（1）文物资源数字化管理：在现有调（普）查、管控、保护等规划和工程基础上，进行文物资源的数字化管理，如调查、登记、上图、进（资源、信息）库、入（管控、展示、利用、共享）平台，实施资源的智慧化、精准化管理。

（2）文物资源科技化展示：在数字化管理基础上，利用高技术场景化展示革命文物资源，开发出"活""动"的革命文物利用产品，包括思政教育产品、文化传播产品、研学旅游产品。

（3）文物资源精准化管控：利用大数据对革命文物资源的赋存、特征、展示、变化等进行精准化管控，科学、合理地发掘革命文物资源的最大价值，服务于广州市党建和经济社会的全面发展。

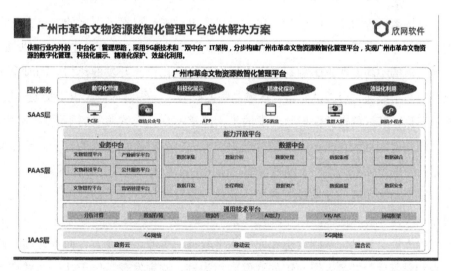

图 4-12　广州市革命文物资源数智化管理平台

二、存在问题

（一）名人和革命文化遗产资源的优势不突出

粤港澳虽然拥有悠久的历史和众多的名人和革命文化遗产，但和相邻的江西、福建、湖南等红色文化资源丰富的省份相比，显得不足。例如，在全国 353

个国家级爱国主义教育基地中，广东只有 12 个；全国红色旅游经典景区名录共有 300 处，广东只有 13 处；第一批国家级抗战纪念设施、遗址名录有 80 个，广东只有 2 个。广东没有国家级重点红色旅游景区，广东省原苏区的 11 个县市均属省重点贫困县。在名人和革命文化遗产的开发与传播方面，邻近的省份对粤港澳形成了很强的竞争力。例如，江西省早在 2000 年就提出了发展红色旅游的思路，2002 年提出"红色摇篮　绿色家园"的口号。江西省在红色资源开发中，注重整体规划、主题提炼、品牌打造、推广营销。湖南省以伟人故里和名人故居为重要品牌，开发片区旅游资源，打造红色旅游精品线路、红色旅游精品景区。福建省在红色文化资源产业化过程中，十分注重业态融合，将红色文化与区域其他文化元素相结合，并融入第一、第二、第三产业，建立了较为完整的红色文化产业链。

（二）粤港澳名人和革命文化遗产开发利用区域差异大

苏区老区曾为广东的革命、建设做出突出贡献，积累了丰富的红色文化资源，然而在改革开放中，由于政策、地理位置等因素没能借改革之势迅速发展，区域发展的不均衡严重影响到老区人民对红色文化资源开发的热情，同时也影响到广东革命文化资源的整合与区域品牌的打造。一些偏远地区由于交通不便、经济落后，其红色资源保护与开发的投入严重不足。区域发展的不平衡与城乡二元结构造成老区、原苏区大量劳动力的流失、乡村生活方式的改变。革命文化遗产资源所依存的空间不断被压缩，文化生态遭到一定程度的破坏。[①]

在革命文化遗产开发投入方面，受地方财政和经济水平的影响，珠三角和粤东、粤西、粤北地区的差异较大。珠三角地区，名人故居和革命文化遗产的开发投入资金充足，基础设施和服务水平较高，客源市场庞大，而粤北和东西两翼相对落后。以名人纪念馆的开发利用为例，调查发现，位于珠三角城市的名人纪念馆如梁启超故居、孙中山故居纪念馆、冯如故居纪念馆等，其基础设施较为完备，具有智慧化规模，基于故居纪念馆的特色活动丰富，客源丰富且参与度较高。而粤东的汕头与潮州，粤西的阳江、茂名和湛江的名人遗产地，多存在基础设施不配套、人员素质参差不齐、管理服务不到位、综合功能开发

---

① 于蓉. 粤港澳大湾区背景下广东红色文化资源开发 SWOT 分析及对策建议 ［J］. 中国市场，2020（32）：17-20.

不够、品牌营造及传播力度不大、软件及智慧化程度不高等一系列问题。

（三）名人故居和革命文化遗产复杂的产权关系给保护利用带来困难

名人故居具有典型的"私产"性质，产权关系复杂。各级各类遗产散布全省各地，且大部分处于农村和城市郊区，产权类型多样，多数为私人产权或村镇集体物业。部分民居产权不清或者产权分散，有些民居产权分属几户甚至十几户。部分村民为改善居住条件，拆旧建新，或在村内自建住房，破坏了传统村落的原有风貌和整体格局。由于部分遗产的保护与利用存在多头管理等问题，"用"与"闲"、"用"与"保"、"修"与"拆"等决策难以形成统一意见，客观上增加了管理难度，容易出现只利用不保护或只保护不利用的现象。这些不利因素给保护利用工作带来了很大困难。①

（四）名人和革命文化遗产的价值未能充分有效地开发利用

调查发现，一些修缮好的遗产被长期闲置，未能"用起来"，难以发挥应有的文化和社会效益，造成长期"守着金山讨饭吃"的尴尬局面。部分遗产的保护和利用还仅仅停留在静态保护的层面，尚未实现动态管理和有效利用。有些尚未对外开放，即使开放，也存在展示方式单一、展示内容陈旧、亮点缺乏、利用效果不明显等问题；部分遗产无专人管理，对历史资源的阐释与研究不够深入；此外，部分遗产存在过度开发、过度商业化的倾向，一面是宝贵的历史文化资源被闲置，一面是人造景观的泛滥，一些地方热衷于在文物周边修建大广场、大牌坊，对遗产的自然环境风貌造成不利影响。

第四节　古驿道文化遗产开发利用与保护

广东地处南海之滨，古为荒蛮之地，随着北方战乱不断，大量中原居民迁入。到了近现代，广东是中国海上贸易最为发达的地区，一批批有识之士从广东出发，远渡重洋谋生求学，成了中国"开眼看世界的地方"。一次次人口的迁徙，开辟和留下了一条条南北纵横的交通要道。这些古驿道，大多有上千年历史，

---

① 张晓斌. 广东文化遗产活化利用的模式与实践 [J]. 文博学刊，2020（2）：110-116，124.

或为两省通衢，或为兵家要道，或为通商之地，皆为中原联系岭南的重要纽带。一般认为，南粤古驿道是指 1913 年以前广东境内用于传递文书、运输物资、人员往来的通道，包括水路和陆路、官道和民间古道，是经济交流和文化传播的重要通道。有人估算，历史可考的南粤古驿道不少于 100 条，迄今发现的古驿道及附属遗存 202 处，统称南粤古驿道，它是历史上岭南地区对外经济往来、文化交流的通道。南粤古驿道历史悠久、文化深厚、资源丰富、意义重大，为不同时期岭南地区对外联系的通道，于古是军事、商旅之路，民族迁徙、文化融合之路，于今是广东历史发展的重要缩影和文化脉络的延续，是一种历史人文景观。存在了2100 多年的南粤古驿道不仅是古代岭南地区"海上丝绸之路"的重要载体，且对维护中国历史版图完整性具有重要作用，因此南粤古驿道不仅是广东省历史文化遗产的重要组成部分，也是中国历史文化遗产的璀璨明珠。

以古驿道为纽带，整合串联沿线历史文化资源，将古驿道的保护利用与旅游业相结合，进一步促进南粤古驿道历史文化的传承与保护，让陈列在南粤大地上的遗产活起来，在提升广东历史文化遗产在"一带一路"的影响力、展示岭南地域文化特色、促进县域经济健康发展、实现"精准扶贫"和改善农村人居环境等方面具有深远的历史意义和重要的现实意义，也是落实习近平总书记关于"让陈列在广阔大地上的遗产活起来"的重要指示的具体举措。①

一、开发利用和保护状况

2017 年 11 月广东省住房和城乡建设厅、广东省文化厅、广东省体育局、广东省旅游局联合发布了《广东省南粤古驿道线路保护与利用总体规划》，规划定义：南粤古驿道线路是指以广东省古驿道历史文化遗产（物质和非物质文化遗产）的保护和利用为核心，通过古道、步道、绿道、风景道、水道等多元的线性载体，串联沿线的古驿道遗存、历史文化城镇村、文物古迹以及自然景观资源等节点，挖掘和展示非物质文化遗产，为公众创造满足现代生活需求的线性文化空间。规划提出：至 2025 年年底，十年成网，塑造文化品牌。基本完成全省 6 条南粤古驿道线路建设，古驿道线路、发展节点、特色镇村互通互联，成

---

① 中国文物学会．要像爱惜自己的生命一样保护文化遗产：学习习近平总书记关于文化遗产保护一系列重要指示精神［J］．中国文物科学研究，2015（1）：27-28.

为"一带一路"的文化品牌和经济发展走廊。6 条南粤古驿道线路包含 14 条主线，56 条支线，贯穿全省 21 个地级市、103 个区县，串联 1200 个人文及自然发展节点，全长约 11230 千米，其中陆路古驿道线路长约 6900 千米、水路古驿道线路长约 4330 千米。至 2030 年形成多功能、网络化的南粤古驿道线路系统，实现遗产保护、健康休闲和村镇发展和谐共赢，最终成为世界知名的世界文化遗产。

为展现古驿道的新魅力，2016 年广东正式启动了"古驿道活化工程"，举办了 6 场古驿道定向越野赛。2017 年以来已重点打造了 8 处古驿道示范地段，包括韶关市南雄梅关古驿道、韶关市乳源西京古驿道、潮州市饶平西片古驿道、汕头市樟林古港驿道、广州市从化钱岗古驿道、珠海市岐澳古驿道、江门市台山海口埠古驿道和云浮市郁南南江古水道等 8 段共 106 千米驿道及周边发展区域，并举办了"南粤古驿道文化之旅"启动仪式，发布了南粤古驿道宣传册、精品旅游线路等旅游资讯。近 5 年来，以《广东省南粤古驿道线路保护与利用总体规划》为蓝本，以粤港澳三地、广东省政府及各地市为主体，南粤古驿道文化遗产得到了很好的开发利用。主要在以下几个方面进行了有效的开发利用，收到了良好的综合效益。

（一）古驿道产业开发

近几年来，广东加快推进古驿道与旅游产业、体育产业、文化产业、教育产业、现代农业、特色制造业等关联产业的融合，加强配套设施建设、交通接驳和运营管理，带动文化旅游、体育运动、科普教育、文化创意等相关产业发展。主要的措施有：

1. 建设古驿道特色文化廊道。在古驿道沿线积极开展了古驿道遗存，历史文化古城、古镇、古村的保护与利用，打造古驿道沿线的古道文化特色乡镇节点，同时结合各种民俗节庆及庙会等大型文化节事，开展古驿道历史文化体验、古道遗存观光、古驿道摄影、文艺创作、民俗展示等文化活动，带动雕刻艺术品、草编织品等地方特色工艺品的营销，助推文化创意产业发展。

2. 强化古驿道旅游产业带。通过古驿道线路把历史文化资源、旅游景点、沿线镇村和农业生产基地串联起来，发展人文体验、自然观光、生态休闲、运动探险等类型旅游产业。通过步道、绿道、风景道、水上游线的建设，串联不同类的旅游景点，构建古驿道沿线的徒步游、骑行游、自驾游和水上游等多种游览方式。引导沿线乡村发展休闲民宿、农家乐、休闲农场等配套服务，带动农民就业和创业，促进沿线镇村经济的发展。

3. 发展古驿道户外体育运动产业带。以古驿道线路及其沿线发展节点为依托，有效整合古驿道沿线休闲步道、登山道、绿道、古村、公园、景区等路径及体育场地，积极开发康体健身、生态休闲、户外运动等类型的体育活动，组织城乡居民开展以徒步、慢跑、定向运动、绿道骑行、野外穿越、划船等为主题的古驿道品牌赛事，着力构建集体育、休闲、旅游于一体的古驿道体育带，促进全民健身服务业的发展。从 2016 年广东正式启动"古驿道活化工程"，已举办 7 场古驿道定向越野赛。

4. 构建古驿道科普长廊。通过展示原生人文及自然场景，设置教育信息讲解牌，开展场馆展示、教育培训、周期性的科普教育活动，建设了集知识普及、环境教育、文化传承、科技宣传于一体的古驿道科普长廊，推动了科普旅游业的发展。

5. 引导形成古驿道特色制造业走廊。引导古驿道沿线地区发展特色产品制造产业，结合古驿道旅游开发，形成了生产、参观、购物、科普于一体的新型旅游产品。打造生产、服务一体化的特色制造业走廊，更好地发挥了古驿道对当地经济的全面带动作用。

（二）古驿道特色村镇及扶贫发展

结合南粤古驿道线路沿线的历史文化名镇、古镇及部分古驿道历史节点，已建和在建 251 个融合文化、旅游、产业、生活等功能的南粤古驿道文化特色乡镇。通过挖掘、保护与活化利用古驿道文化资源，带动文化、旅游、体育、教育等产业发展，激活沿线古驿道特色乡镇的产业活力，促进小镇的经济发展。以古驿道线路为载体，串联沿线 419 个古驿道文化特色村落，结合广东省绿道建设、新农村连片示范建设和农村人居环境综合整治等工程，形成以线串点的古驿道文化乡村带，为沿线乡村发展注入新的活力，带动沿线村落经济的发展。

结合广东省《关于印发〈新时期相对贫困村定点扶贫工作方案〉的通知》（粤扶组〔2016〕4 号）中确定的贫困村名录，通过筛选，古驿道线路两侧各 5千米范围覆盖的贫困村数量约为 1320 个，约占全省 2277 个贫困村总数的 60%。

根据古驿道线路沿线贫困村自身及周边资源特点、县域产业发展思路与扶贫计划、古驿道沿线功能需求，按照扶贫措施划分为旅游观光型、农林发展型、城郊服务型和生态改善型四类扶贫村。

（三）古驿道户外运动发展

近年来，在"健康中国 2030"战略指引下，广东省结合乡村振兴和体育事业的发展，充分利用古道、步道、绿道、风景道、水道等古驿道线路载体和历史文化城镇村、水文地貌等特色资源，开展户外运动项目（表 4-3），发展"南粤古驿道"体育产业带，取得了突出的成绩。结合古驿道线路主要选取徒步运动、骑行运动、定向运动、水上运动等适合大众的项目类型，建设古驿道户外运动典型段落长度约 1800 千米（表 4-4）。

表 4-3　南粤古驿道户外线路户外运动项目指引表

古驿道及其沿线资源			户外运动开展项目
古驿道线路（古道、步道、绿道、风景道、水道）	陆路古驿道线路	平原型	徒步、骑行、穿越
		山地型	登山、穿越、山地骑行
	水路古驿道线路	平缓型	潜水、游泳、划船、游艇、水下摄影、钓鱼、钓虾
		急流型	漂流、滑水、溯溪
古驿道沿线资源	历史文化城镇村		徒步、定向运动、骑行
	自然资源	山岳、森林	徒步、定向越野、穿越、骑行、登山、速降、岩降、攀岩、攀石、探洞、丛林穿越、野营露宿、野炊、钓鱼、烧烤烹调、山地越野、蹦极
		草地、田野	徒步、骑行、滑草、野营露宿、钓鱼、钓虾、烧烤烹调、热气球、跳伞、滑翔机
		湿地、沼泽	野营露宿、野炊、钓鱼、烧烤烹调
		河川、湖泊	潜水、游泳、漂流、跳水、滑水、划船、游艇、摩托艇、水上摩托、水下摄影、溯溪、钓鱼、钓虾
		海岛、滨海	潜水、游泳、冲浪、游艇、摩托艇、水上摩托、海上攀岩、荒岛求生、水下摄影、野营露宿、野炊、钓鱼、海钓、钓虾捕鱼捉蟹、烧烤烹调、跳伞、滑翔伞、滑翔机

资料来源：《广东省南粤古驿道线路保护与利用总体规划》，粤建规〔2017〕233 号

表 4-4　南粤古驿道线路户外运动典型段落线路一览表

项目	古驿道线路	古驿道线路（典型段落）	类型	距离（千米）
徒步运动（徒步、登山、穿越）	粤北秦汉古驿道线路	茶亭古驿道（连州古城—丰阳古道段）	平原	50
		西京古驿道东线（腊岭—梅花）	山地	30
		城口湘粤古驿道（丹霞山—城口古秦城段）	山地+平原	50
		西京古驿道西线（顺头岭—星子镇段）	山地	30
		阳山秤架乡古驿道（第一峰段）	山地	30
		西京古驿道东线（船底顶段）	山地	50
	北江—珠江口古驿道线路	北江古驿道（梅关古道—珠玑古巷段）	山地+平原	20
		香山古驿道（中山历史城区—澳门）	平原	70
	东江—韩江古驿道线路	大埔—饶平古驿道（大埔县城—百侯古镇—饶平西片村）	山地+平原	50
		石窟河古驿道（燕岭县城—松溪古道）	山地	40

资料来源：《广东省南粤古驿道线路保护与利用总体规划》，粤建规〔2017〕233 号

　　南粤古驿道定向大赛是广东省落实全民健身国家战略着力打造的品牌赛事，充分利用广东古驿道、古港、古村落及岭南特色文化等优势，将"全民健身"与"乡村振兴""生态保护""红色文化"充分融合（图 4-14、图 4-15）。2016年以来，南粤古驿道定向大赛走遍了全省 2000 多千米的古道旧巷，到访了 48 个古道乡镇、66 个古村落、5 个古港码头、2 个岛屿，吸引了 37 个国家及地区超

图 4-14　（作者拍摄）

图 4-15　（作者拍摄）

200万人次、5000多个村民家庭参与体验赛事活动，极大地推动了古驿道沿线周边古镇、古村落的经济社会发展。据不完全统计，大赛为贫困村、古村、古镇创造了直接经济产值30多亿元。

（四）古驿道旅游发展

国家实施全域旅游和乡村振兴以来，广东大力发展古驿道旅游，结合古驿道沿线地形地貌、自然资源、人文资源等条件，策划了多样化的古驿道主题游径，并配套建设了相应的旅游服务设施。

1. 主要旅游线路（游径）

（1）历史文化径：主要是沿线现存古道和历史文化古城、古镇、古村等历史遗存集中，具有历史意义或游憩价值，以历史文化体验与展示为核心主题的游径。结合保护与活化利用，开展古驿道历史展览、民俗体验、古城采风、古迹探寻、古建考察、主题摄影等活动。

（2）地理探险径：沿线分布有山区、峡谷、河流、森林等典型地貌特色的自然景观资源，以地理探险为核心主题的游径。开展了徒步旅行、森林探险、野外生存体验、山地穿越、定向越野等活动。

（3）自然观光径：依托古驿道途经的乡村田园、风景名胜、山水风光等景观优美的地区，以自然观光为主题的游径。开展了古村游览、自然观光、湿地体验、近海休闲等活动。

（4）近郊休闲径：位于城市近郊，依托古驿道沿途主要历史古迹、郊野公园、田园湖泊、水岸岛屿等资源，以郊游休闲为主题的游径。开展了徒步骑行、滨海观光、田间垂钓、林果采摘等活动。

2. 主要旅游产品

（1）古驿道文化体验产品。主要是对古驿道遗存、古驿道相关的历史城镇村以及其他历史文化资源的保护性开发，通过修复、复原、展示、演绎等方式，提供古驿道遗存主题公园、古驿道文化特色乡镇、古驿道文化展览馆、古驿道历史民俗表演等文化产品。

（2）古驿道游览观光产品。通过古驿道线路和连接线串联沿线发展节点，结合资源整合、改造提升、文化注入、场景再现等手段，提供古驿道文化探寻之旅、古驿道古风摄影之旅、古驿道游船之旅、古驿道骡马之旅、古驿站民宿体验之旅等旅游产品。

（3）古驿道户外运动产品。结合古驿道在历史上人类行走、运动以及亲近自然的特征，加大对古驿道线路及沿线资源的户外体育运动开发，通过完善运动场地、提供运动配套设施、加大体育活动组织力度等方式，提供包括"奔向广东第一峰铁人三项挑战赛""南粤古驿道定向大赛""穿越丹霞""古驿道骑行赛""古水道划船赛"等"南粤古驿道"户外运动品牌赛事和活动。

（4）古驿道生态休闲产品。结合古驿道深入郊野山川、森林、湖泊等环境特征，串联沿线生态资源，开发参与性强的森林公园、地质公园、湿地公园、自然保护区等产品，融入休闲观光、科学考察、科普教育、亲子娱乐等项目，增加古驿道旅游的趣味性。

二、存在问题

在南粤古驿道遗产这些年的开发利用中，出现的问题主要有以下几个方面。

（一）发展区域不平衡。受经济发展水平、交通区位和财政能力的影响，不同区域的古驿道开发，在规划、投入、产品（类型）、业态、组织、营销宣传、客源规模、效益等方面存在较大差异。总的来说，珠三角和沿海东西两翼的开发力度、规模、特色、吸引力和综合效益等方面要好于粤北、粤东和粤西。

（二）古驿道线路沿线的历史文化遗产挖掘，物质文化遗产要好于非物质文化遗产。一些非物质文化遗产毁损较大、濒于湮灭，挖掘、整理和恢复利用的难度较大，在一些苏区县、粤北少数民族地区及珠三角大城市郊区表现较为突出。

（三）部分古驿道的开发利用形式比较单一。除了南粤定向大赛轮流在不同地级市举办，对当地产生短时间的影响和促进，能造成一段时间的旅游和体育文化热潮之外，其他地区的古驿道仍然是"养在深闺人未识"。

（四）大部分古驿道所在地的自然生态环境遭受破坏，土地被用作其他方面，古驿道地面上的物（产）权界定、资源分配和生态补偿的工作比较复杂，修复和开发利用的成本较大，影响到相关部门和组织开发利用的积极性和收益。

第五节　宗祠和宗教文化遗产开发利用与保护

宗祠，即祠堂、宗庙、祖庙、祖祠，是供奉与祭祀祖先或先贤的场所，是我国儒家传统文化的象征。宗祠，记录着家族传统与曾经的辉煌，是家族的圣殿，作为中华民族悠久历史和儒教文化的象征与标志，具有无与伦比的影响力和历史价值。岭南氏族宗祠是宗族制度"权"的象征。它供奉着祖先的灵位，是举行宗族祭祀、议事、饮宴、庆典以及执行族法、族规的场所。岭南几乎所有的村落都有氏族宗祠，而且是村落中规模宏大的建筑，其建筑装饰豪华，是村落的标志性建筑，对村落规划具有重要的影响。

一、开发利用和保护状况

（一）粤港澳（岭南）宗祠的传承与开发利用

在历史的演变中，三大民系的祠堂展示出不一样的风格。对于客家人来说，作为以客而居的身份，他们曾一度屈居于山林之间，只能建起围龙屋与土楼来抵御外人的侵扰。因此，客家人的祠堂往往处在整个住宅的中心，与住宅相融在一起。并且曾一度面临生产资料的不足，客家祠堂的装饰大多朴实无华，庄严肃穆。

对比客家祠堂，广府祠堂和潮汕祠堂虽也处在村落的中心，却独立于民宅之外，大多数位于民宅靠近水塘的第一排。然而，广府祠堂的外观要更为活泼轻松，用色浓重，装饰丰富多彩，部分雕饰深受佛山陶瓷工艺的影响。现今位于广州中山七路的陈家祠，便是其中的典型。陈氏书院是广东规模最大、装饰华丽、保存完好的传统岭南祠堂式建筑，占地面积 15000 平方米，主体建筑面积为 6400 平方米，由大小十九座单体建筑组成。而潮汕祠堂的分布之广，则远非广府祠堂可比。潮汕地区地少近海，受到海洋文化的熏陶更重，远达四方，敢于闯荡的潮汕人也在不同的地区建立起自己的特有的宗族祠堂。

近年来，岭南祠堂的保护利用得到重视，主要在以下几个方面开发利用：

1. 一些保存较好的祠堂建筑被纳入文物、历史建筑或历史街区、古村落保护范围内，有一定的资金支持。近年来粤港澳各级政府和一些民间组织、家族都非常重视宗祠（祠堂）的修缮和利用，政府的住房和城乡建设部门、文化和旅游部门、农业和农村部门加大投入规划，建设了一批历史悠久、内涵丰富、条件较好的姓氏宗祠，传承、弘扬优秀传统文化。一些经济发达、有知名乡贤乡绅的农村地区，组织本姓本族，从财力、人力、智力等方面支持家乡挖掘、恢复、利用宗祠，结合新农村建设和乡村振兴，修缮了祠堂，陈列了内容丰富的宗族文化、建筑文化、民俗文化等。比较有代表性的如广州的陈家祠、韶关南雄珠玑镇上的多个祠堂。

2. 在祠堂利用方面规划先行的基础上，发挥祠堂的文化和教育功能。不少地方将传统祠堂改建为名人纪念馆，或者作为文化活动中心、图书室、老年人活动中心，以及作为多种功能的复合体等，结合新时代城乡社区群众性文化活动的开展，推出形式多样、内容丰富、生动活泼的祭祖集会、文化娱乐、旅游休闲、科普教育、研学体验等活动，既丰富了居民和游客的生活，也很好地传承、传播了文化遗产的价值。

3. 目前，秉持着"要注重文明传承，文化延续，让城市留下记忆，让人们记住乡愁"这一理念，广东文化祠堂专业委员会委托专业机构，进行祠堂建筑、景观和环境艺术方面的专业规划与设计，在文化祠堂的建设风格、展示内容、活动样式、模式机制等方面营造出特色，形成品牌。结合乡村振兴目标，以特色宗祠为基础打造一村一特色、一堂一品牌，对祠堂进行活化利用，推动祠堂文化创造性转化、创新性发展。挖掘整理宗祠历史文化，编辑出版书籍，投入资金建造有规模、有特色的文化祠堂。如广东省文明办 2020 年全省建成 1500 个文化祠堂，广东省文化和旅游厅出版了《广东文化遗产·祠堂卷》等。

粤港澳（岭南）宗祠是岭南氏族文化的容器，它深深烙印着宗族世代的信仰和伦理，被视为宗族的荣耀和礼仪的象征。岭南地区至今保存着大量明清年代的氏族宗祠，有的还在继续维修、重建或者新建。随着社会文明发展，人们对文化遗产也越来越重视，氏族宗祠文化也成为岭南重要的文化遗产之一。在多元文化的今天，我们要关注宗祠建筑及文化背后岭南老百姓的思维方式和人生信仰，赋予氏族宗祠新的生命，彰显其文化价值，给予保护，使其更具生命力，继续服务于粤港澳大湾区的经济社会发展和文化复兴。

（二）粤港澳宗教文化遗产的开发利用与保护

中国是个海洋大国，有着漫长的海岸线，很早就开始了海上交通和海上贸易，并逐渐在东西方之间形成了一条"海上丝绸之路"。"海上丝绸之路"的形成和发展使中国与周边国家的宗教交流更加频繁、通畅。早期佛教、伊斯兰教、基督教等宗教文化都曾通过"海上丝绸之路"传播到中国，中国的儒家、佛教、道教也沿"海上丝绸之路"传入朝鲜半岛、日本等地，妈祖等中国民间信仰还随着中国移民传至东南亚地区。因此，"海上丝绸之路"不仅是一条中外贸易线路，也是一个宗教文化传播交流的通道。

广东有道教、佛教、天主教和基督教、伊斯兰教。除中国本土的道教由北往南传入广东外，佛教、伊斯兰教、天主教、基督教皆由海路经广东传入中国。粤港澳的宗教旅游资源和文化遗产丰富，分布广泛。佛教有广州光孝寺、广州六榕寺、潮州开元寺、肇庆庆云寺；道教有广州三元宫、博罗冲虚观、花都广东圆玄道观；伊斯兰教有广州怀圣清真寺及光塔；天主教有广州石室圣心堂、汕头教区主教座堂、深圳天主堂；基督教有广州东山堂、广东协和神学院、深圳基督教堂。而香港虽弹丸小岛，却庙宇林立，香火鼎盛，宗教历史久，民间宗教信仰、宗教文化深厚，宗教资源丰富，宗教遗产众多，拥有文武庙、铜锣湾天后庙等十大宗教文化旅游地（点）及一批宗教朝拜建筑。澳门的宗教文化遗产也比较丰富，有几十间寺庙和教堂，以及珍藏在寺庙、教堂里的文物，形成了丰富多彩的宗教文化，使澳门成为一座内容极为丰富的世界宗教文化博物馆，最具代表性的庙宇建筑是妈祖庙，教堂建筑是大三巴牌坊。

粤港澳三地，港澳在不同制度下实施自己的宗教管理模式，宗教文化遗产开发利用多元化，深入社会生活的各个方面，影响比较广。广东省的宗教文化遗产，在国家宗教政策指导下，有序地开发利用，主要方式为旅游休闲、宗教朝拜、学术研究和文化交流。本节以广州南海神庙、澳门大三巴牌坊的开发利用为例进行介绍。

1. 广州南海神庙

南海神庙作为"海丝"文化的始发地，是我国现存唯一保留完整的海神庙。神庙自隋唐以来承载着国家祭祀的重任，其兴盛发展具备完整的主流文化脉络。南海神庙独特的文化特征、建筑与聚落空间特点，显现出海洋文化、海神文化、丝路贸易文化交融的复杂性和典型性。神庙建筑架构上的五进建筑格局具备古时高规格礼制建筑的典型特征，是游客认知历史建筑形式与制度的重要物质形态；装饰风格上，神庙屋檐的陶制装饰、附属建筑的各式神兽、墙面的灰塑、砖雕手法等，这些蕴含浓厚地方文化的视觉元素都是文化传播的直接载体。庙中还留存着大量历代皇帝、官员、文人的碑刻，如唐玄宗时的《南海神广利王庙碑南海神庙碑》、宋太祖时的《南海神广利王庙碑南海神庙碑》等，以及众多华表、石狮等附属建筑，构成一组颇具规模的古建筑群。这些有形物质产品均蕴含着深厚的"海丝"文化和极高的历史文化价值。

南海神庙庙会波罗诞作为珠三角地区独具岭南特色的民俗活动，经千年而不衰，并于 2011 年 6 月被收入第三批国家级非物质文化遗产名录。波罗诞民俗活动因岭南百姓海神信仰而衍生，其所包含的五子朝王仪式庆典、南海神祭祀仪式以及各式层出不穷的民俗表演更是传承与塑造了神庙文化的重要非物质形态。南海神庙的开发利用主要有以下四个方面：

（1）宗教朝拜。南海神庙是历代皇帝或亲自派遣大臣或委托广州地方官祭拜海神，祈求风调雨顺、减少自然灾害的地方，也是航海人员和广大民众祈求平安和富裕的地方。直到现在，朝拜之风仍十分盛行，每年节假日都有不少市民和游客前往朝拜。

（2）宗教观光。南海神庙选址曾在环境优美的地方，背向大陆，面向海洋，山（丘）水相依，经过建设，加上人文胜迹，成为人们的观光去处，"浴日亭"曾是羊城八大美景之一。现在虽然沧海桑田，环境已面目全非，但南海神庙的建筑、文物、古树以及恢复建设的"浴日亭"等对观光者的吸引力还是很大。

（3）波罗庙会。南海神庙也称波罗庙，每年农历二月十一到十三日是南海神诞（波罗诞），其中十三日是正诞。在神诞期间，这里举行波罗庙会，珠三角各地人士纷纷结伴来到神庙，一是祈求海神保佑平安，二是观赏羊城八景之一"波罗浴日"，三是购买波罗鸡。每年参加庙会的人达数十万，已经成为当地的习俗。

（4）旅游购物。波罗庙会购买波罗鸡已经成为习俗，每年售出几十万只，获得大量旅游收入，并且围绕这一主题旅游商品推进了旅游工艺品、纪念品的开发，丰富了旅游购物的内容，使旅游购物成为南海神庙旅游的主要内容之一。

2. 澳门宗教建筑的代表——大三巴牌坊

澳门的西式宗教建筑群是天主教、基督教在中国的发展和东西文化在澳门交融的重要见证。澳门的西式宗教建筑在建筑风格上包含了文艺复兴以后的大部分西式建筑风格，如巴洛克式的圣玫瑰堂，新古典主义风格式的仁慈堂。而最独特的是澳门的圣保禄教堂，这座宗教建筑在西式风格的基础上，又糅合了中国岭南地区乃至印度、日本的建筑特色，表现为结合中国乃至东方元素而产生的变体。

圣保禄教堂于 1637 年建成，在澳门的天主教堂中，它的建造时间最早，历史最悠久，也最为著名。建成之初，在华南一带非常著名，许多外国传教士都来这里研修教义，学习中国文化，同时把西方文化带到东方来。如意大利传教士利玛窦曾在这里研修中国文化，明代科学家徐光启也曾在此研习过教义。后来教堂被屡焚屡建，1835 年 1 月 26 日被火焚毁，只剩教堂前壁，因形似中国的牌坊而被当地人称为大三巴牌坊，成为澳门的标志之一。

大三巴牌坊是国内外游客去澳门的必游之地，除了观光外，周围还有休闲、餐饮、购物、娱乐的地方，每年接待大量的游客。游客对大三巴牌坊的历史、建筑、景观和服务都比较满意，评价高，在网络上分享的照片、视频非常多。现在的大三巴牌坊虽然已失去教堂的实际功能，但其与澳门民众的生活息息相关。这里不定期举行各种文化活动，牌坊前长长的梯级正好成为天然的座位，让牌坊刹那间变成巨大的布景，舞台浑然天成。牌坊旁边是天主教艺术博物馆，馆内收藏了澳门教堂和修院具有代表性的画作、雕塑等，当中最珍贵的是一批以宗教生活为题材的油画，这是远东的第一批画作，也是东方最古老的油画。

澳门特区政府很早就立法保护大三巴牌坊，其已于 2005 年 7 月列入世界文化遗产，成为中国第 31 处世界文化遗产。牌坊及周边的古建筑保存也相当完好，澳门特区政府严格控制游客容量，疏导附近的公共交通，配套发展周边的商业和文化设施，满足了中外游客的旅游消费。

二、存在问题

调查发现，当前广东宗祠遗产的开发利用，主要存在以下的问题。

（1）宗祠遗产挖掘整理仍然不够深入、全面。粤港澳地区，尤其是广东的山区乡村，有大量的宗祠资源尚待挖掘、整理，但因为人才、资金、技术等方面的制约，目前未能全面、深入地开展。只在一些经济水平相对较高、地方政府财力相对宽裕的地方，主要是珠三角地区，宗祠遗产发掘工作做得比较深入。在乡村空心化和老年化日益严重的地方，当地没有年轻人愿意从事本姓本族宗祠遗产的挖掘、整理和修复工作，现在的乡村地区仍然以发展经济、扩大产业、搞活市场为主要任务，对于文化遗产的修复，缺乏足够的动力、财力和人力。

　　(2) 宗祠遗产的开发利用处于初创阶段，尚待全面提升。除了个别地方的宗祠遗产资源价值发掘比较好，大部分地区的宗祠资源仍然处于低级阶段，主要还是以祠堂修建、标识系统和解说系统建设、遗物和姓氏家族历史文化解说、少量遗物陈设为主。对宗祠文化、家族历史、祠堂建筑设计等方面的规划相对滞后，对祠堂建筑的原真性保护较弱，对祠堂的活化利用方式仍较单一，对岭南祠堂历史文化的研究和表达有待深化等。大数据、智慧（能）化、虚拟现实、VR、AR、5G、AI 等新技术的应用开发和展示非常少，深厚、生动、感人的家族、宗族历史和宗祠文化、建筑文化、民俗文化等未能充分挖掘出来，对游客的吸引力不足。

　　(3) 受"新冠感染"疫情的影响，旅游行业受到较大的冲击，包括宗祠和宗教在内的几乎所有的旅游景区（点），都是门可罗雀。加上宗祠开发利用的形式单一，对游客吸引力不足，各个宗祠的旅游开发利用率低，投入和维护成本难以持续回收，影响到宗祠文化遗产的持续开发利用。调查中可以看到，大部分的宗祠都是冷冷清清，有的甚至无人问津，宗祠里里外外空荡荡的，既没有丰富的物件、产品等内涵展示，也没有几个游客观光（图 4-16、4-17），和城市的博物馆、纪念馆等技术开发较好的遗产相比，乡村宗祠遗产仍然"沉睡"在历史中，没有站起来、活过来、动起来、火起来。

　　(4) 宗教文化遗产的开发利用，存在的问题更多，在越来越世俗化的时代，宗教遗产地和宗教场所，变成"宗教搭台、商业唱戏"的模式，缺少了宗教应有的神圣、肃穆、清净的原本。很多宗教遗产地，反而比非宗教旅游地的游客（香客、看客、食客、顾客）还多，人山人海、烟雾缭绕、叫卖喧嚣。宗教文化对人的心灵、情操和行为的净化功能远未发挥出来，参加朝拜的游客也不是怀着虔诚的心态去体悟宗教的本质，而是带有很强的功利性或娱情性，很少有游客真正理解宗教教义、仪式和建筑设施的含义。这种宗教文化遗产利用的异化状态，不仅体现在主流的儒释道和外来宗教遗产地，也体现在岭南本地（土）宗教旅游地，如各地的妈祖庙、天后宫（庙）、神庙等。

图 4-16　韶关南雄珠玑镇何氏大宗祠
（作者拍摄）

图 4-17　中山市三乡镇桥西郑公祠
（作者拍摄）

第六节　非物质文化遗产开发利用与保护

粤港澳非物质文化遗产资源的数量、品质及开发利用状况，在全国都是首屈一指的，20 世纪 90 年代旅游业大发展以来，广东的非遗开发及保护就开始受到重视，近十年是非遗传承与保护的黄金时期。

一、开发利用和保护状况

粤港澳地区，广东的非遗保护与利用取得了较好的成绩，主要有以下几方面的经验值得总结与推广。

（一）依法保护，规划引领

为了从根本上保护广东的非物质文化遗产，早在 2011 年 10 月广东省就颁布实施了《广东省非物质文化遗产保护条例》，从此广东省的非物质文化遗产就迈入有法可依、执法必严、违法必究的法治化、制度化、规范化道路。法制化管理带来的好处主要有：第一，将非遗保护纳入法治化、规范化轨道，使保护工作有法可依；第二，将实践中的一些成熟经验上升为法规，成为各级文化主管部门、传承人共同遵循的行为规范；第三，条例的制定，将为保护工作中的资金保护、传承、合理利用提供有力的保障；第四，条例出台后，通过条例的普及，可以增强全社会的保护意识，让更多的人关心、支持非物质文化遗产保护工作。一大批非遗产品如广东凉茶、香云纱（也称莨绸）、石湾陶瓷、广绣、粤剧等，通过生产性保护的方式，有力地推动了非遗的保护与开发利用，促进了广东经济社会的发展和文化传承。

2021年5月文化和旅游部颁布了《"十四五"非物质文化遗产保护规划》，在这个规划及《广东省非物质文化遗产保护条例》的约束和指引下，广东各地的非遗挖掘、整理、保护与利用，都依赖规划先行、规划引领，每一项非遗的保护利用，都有一整套方案，有长远规划和发展目标。2014年广东省文化厅发布了《广东省省级非物质文化遗产项目代表性传承人认定与管理暂行办法》《广东省非物质文化遗产优秀传承人评选办法》；2016年广东省修订了《广东省非物质文化遗产保护工作专家委员会章程》，制定了《非物质文化遗产保护工作专家委员会顾问职责》；2017年广东省文化厅、广东省经济和信息化委员会与广东省财政厅共同出台了《广东省传统工艺振兴计划》。

为深入、全面挖掘广东省的非物质文化遗产资源，2013年广东省委宣传部和南方出版传媒集团共同策划，广东教育出版社出版了《广东非物质文化遗产丛书》，这项工程对于广东省的非遗保护与传承起到了重要的作用。此外省内一些高校和研究机构成立了"非物质文化遗产研究中心"，加强对粤港澳非遗的研究、开发、保护与传承，如中山大学的"中国非物质文化遗产研究中心"。

（二）产业振兴，市场助力

让非物质文化遗产回到自身的生产中，这是确保非物质文化遗产生命力的有效途径。十多年前，广东省就注重非物质文化遗产的产业开发与振兴工作，通过发展产业，为非遗的保护与利用提供平台、资金、技术和人才，让非遗进入千家万户，被广大人民群众接受、了解、研究与传播，并得到了一定的经济回报，反哺非遗的传承与保护。"首届广东非物质文化遗产产业高峰会"于

2010 年 6 月在广州举行，通过产业开发，让非遗进入文化旅游消费市场，市场上有足够的资金可用于非遗的发掘、整理、开发与保护。不少企业对非遗的开发，将古老的非遗项目种子，从封闭的盆栽移植到广袤的现代产业田野大地，带来无限生机。在非遗保护传承的过程中，广东省既坚持非遗原生态保护，又尊重市场规律，进行了许多产业化的有益尝试，凉茶、石湾陶瓷、香云纱、端砚、广式家具、粤绣、潮州木雕等许多非遗项目，在今天焕发出强大生命力。广东凉茶目前的销量是可口可乐的两倍，销售到世界上 100 多个国家和地区。又譬如"莨绸"香云纱，以广东特有的古老珍贵面料，以设计师的设计才华，使莨绸时装登上世界舞台，受到越来越多人的喜爱。不少企业实现了非遗传承与产业振兴的良性互动，让非遗在多元文化碰撞交融的今天具有更大的吸引力、生命力，这是非遗产业振兴的广东经验。

2020 年广东省启动开展"全省非遗主题旅游线路"策划工作，经过精心规划设计，首批三条广东省非遗主题旅游线路面向社会发布。按照"宜融则融、能融尽融，以文促旅、以旅彰文"的总体工作思路，充分践行非遗资源活化，积极探索非遗与旅游融合发展。首批三条非遗主题旅游线路涵盖广州、潮州、汕头、揭阳、汕尾、阳江、茂名、湛江 8 个地级市，以非物质文化遗产为纽带，分别策划了"广州老城新活力文化遗产深度游""沿海经济带粤东文化遗产体验游""沿海经济带粤西'海上丝绸之路'文化游"主题线路，其中"广州老城新活力文化遗产深度游"线路入选"全国非遗主题旅游线路"，成为全国非遗主题旅游线路的范本。全省首批三条线路涵盖了多个旅游景区，展现了以粤剧、广绣、广彩、潮绣、潮雕等为代表的岭南特色的非遗项目。"十四五"时期广东省非遗保护与利用的总体思路是：着力提升非遗保护传承水平，推动认定新一批省级非遗代表性项目，开展代表性项目存续状况评测和保护绩效评估，加大对急需保护项目的扶持力度，继续加快全省的国家级、省级文化生态保护区建设，对非遗及其得以孕育、滋养的人文环境实行整体性保护。重点打造"文化和自然遗产日"非遗宣传展示活动、非遗进校园等品牌活动，策划打造一批具有广东特色的非遗主题旅游线路，为游客提供"可观、可学、可游、可玩"的非遗体验新玩法，进一步提升广东非遗的可见度、美誉度、影响力。

总结起来，粤港澳非遗的保护与利用，主要经验有三：一是非遗与演艺业相融合，借助各种现代化手段，使民间文学、传统音乐、传统戏剧等与现代动漫、影视制作、文艺演出等产业结合；二是非遗与旅游产业相融合，结合旅游路线，带动非遗相关的产品开发，如舞龙、舞狮、山歌、渔歌等；三是非遗与现代工业相融合，如木雕、牙雕、陶塑、刺绣等民间工艺，与家具制造业、服装设计业以及地产建筑业相融合，走与现代工业生产并举并存、互补互益的产业发展道路。①

（三）技术提升，保用结合

"文化+科技"成为近年来我国文化产业发展的新趋势，新技术运用于文化遗产的保护与利用已成规模，广东省的科技创新、文化与科技融合走在全国前列。以深圳"文博会"为代表的文化科技融合型国际博览会为非遗的技术化保护利用提供了广阔的舞台空间，近年来各个非遗所在地（企业），力所能及地将现代技术（互联网、物联网、大数据、虚拟现实、5G、AI）应用于非遗的展示、传播，深受游客和广大民众的喜爱。

以广州市的非遗保护与利用为例。近三年来，广州在推动非遗创造性转化和创新性发展方面走出了"保护有力、传承有序、管理有规、融合有度"的具有鲜明广州特色的非遗保护之路。其中，广州持续推进非遗进景区、进博物馆、进校园、进商场、进社区的"五进"工程，全面提高非遗能见度，拓展非遗保护平台，取得显著成果。

广州在全省率先开展非遗工作站建设，已设立16个非遗工作站、100个非遗传承基地。广州还着力打造非遗网红点。广州首个非遗街区——永庆坊非遗街区于2020年8月正式开街，运行一年来举办公益培训230多场、开发文创产品140多件（套）、接待市民游客超过20万人次，聚集效应和社会效益非常明显。

近年来，广州非遗界广泛与设计、动漫、电影等领域开展跨界合作，对非遗进行创作转化，推动非遗"破圈"。香云纱被誉为纺织面料中的"软黄金"，然而，受颜色单一、色泽暗沉、价格昂贵等因素影响，香云纱在服饰中的应用有限。华南农业大学香云纱文化研究中心金憓团队以"非遗+时尚""非遗+科技"等理念激活传统，2016年以来，该团队先后设计开发出"阳光""大地""河流""破茧""遇见"等系列香云纱作品，并在全国多个城市巡展，让更多

---

① 李培."论剑"广东非遗产业振兴［N］.南方日报，2010-06-13（8）.

人了解香云纱。

为践行"见人见物见生活"理念，激发老城新活力，2020年8月，广州市在荔湾区设立了广州非遗街区（永庆坊），汇聚广州12家优秀非遗企业，打造集非遗大师工作室、体验互动、展示、培训和销售于一身的主题街区。如今，该街区成为市民游客感受广州百年老街市井气息、体验岭南文化艺术魅力的重要窗口。据统计，从非遗街区开业至今，永庆坊核心区日均客流19029人次。

近年来，广州市在不断开展数字化记录的基础上，结合新媒体和科技发展趋势，丰富非遗数字化展示和传播的形式。2021年，广州市非遗保护中心建设"抖音广州非遗馆"，通过话题、聚合页、流量池、短视频、直播带货等新媒体传播手段，提升非遗传承人的新媒体传播能力，拓展线上销售渠道。目前，共有79位非遗传承人入驻，话题页的曝光量超过500万，话题内聚合了300多条非遗短视频，互动量达2.6万。去年12月以来，广州市非遗保护中心先后组织4家非遗传承单位在抖音进行直播，观看人数均过万，最高单场销售额达2.17万元。

科技让非遗更具活力，非遗让科技更有内涵。广州推动网络、游戏、科技、通信类企业与非遗行业跨界合作，在网游、短视频等领域注入非遗元素，让科技与非遗相互赋能，并在年轻群体中成为风潮。"激活传统——广州非遗活化成果展"融入数字多媒体、AR虚拟互动等手段，让观众情境式体验非遗的时尚魅力。观众还可扫码参与互动体验，获取"广彩纳须弥"AR明信片、领取精美广绣手机壁纸、玩非遗游戏。

在广州，博物馆、高校、研究院所纷纷利用数字技术推进非遗的创造性转化和创新性发展，让传统之美焕发光彩。2021年，广州市非遗保护中心联合多方力量，开展了"激活的时尚：广绣传统图案研究与转化"项目课题，整理绘制出236个广绣数字化图案，复绣了其中20个经典图案，形成8种共52款转化设计落地产品，为非遗活化提供了更多理论支撑。①

二、存在问题及发展方向

（一）非遗保护区域差异大，发展不平衡

粤港澳大湾区非物质文化遗产资源丰富，从非遗文化分布的地域来看，珠三

---

① 谭志红. 广东广州：非遗融入现代生活［N］. 中国文化报，2022-04-21（8）.

角九市和港澳特别行政区在非遗文化资源占有方面，相对均衡，没有极端不平衡的现象。但是，经济文化发展水平的不平衡导致湾区内9个市和2个特别行政区在非遗传承与保护的力度（经济投入、政策倾斜等）上、对非遗文化资源宣传的广度上以及非遗资源背后文化挖掘的深度上都存在较大的差异，在非遗协同保护方面难以步调统一。针对这一发展现状，粤港澳大湾区非遗协同发展须打破各自的文化本位意识和行政区域限制，统一思想，进行资源的优化配置，突破目前的发展瓶颈。换而言之，就是要统筹规划，充分考虑互补性，最大限度地减少协同保护的阻力。粤港澳三地非物质文化遗产的协同发展关系既在历史中形成融合基础——三地在历史上曾属于同一行政区域，拥有共同的文化习俗、相通的艺术呈现形式和文化心理，又在实际实践中形成现实需求——三地联合申报的非遗项目数量少，非遗资源共享系统不完善，保护模式相对独立，这使得建立粤港澳大湾区非遗协同保护机制迫在眉睫。

（二）破解制度障碍，构建合作平台

在我国非遗保护话语体系中，政府和官方机构起着主导和引领作用。政府应充分发挥对非遗协同保护工作的主导和服务职能，如实施优惠型的税收政策、加大非遗保护资金的投入、加快粤港澳三地人才智库的建设、搭建非遗联合展示平台等。这都须政府发挥统筹发展、宏观调控职能。在政策层面，粤港澳三地政府应摒弃地方保护主义和文化圈地主义观念，根据自身非遗保护发展实际，研究制定出相对应的协同保护合作政策。目前，粤港澳文化合作会议是三地文化合作的主要机制。粤港澳文化合作机制自建立19年以来，倾力打造"粤港澳粤剧群星会""港澳青少年粤剧艺术交流夏令营"等一系列交流活动品牌，取得了令人满意的成绩。与此同时，粤港澳三地也多次开展文化交流活动，例如，在2017年第十三届文博会期间，广东省民协、深圳市文联、宝安区委区政府主办"首届粤港澳大湾区民间艺术展"，通过展示粤港澳大湾区11个城市的特色民间艺术作品，达到增强文化认同、传承民间文化的目的。其后，广东省文化和旅游厅、香港特区政府民政事务局、澳门特区政府高等教育局联合主办，韶关市文化广电旅游体育局承办了"2020粤港澳青年文化之旅"，使粤港澳三地学生加深对大湾区文化资源的了解和认识。在法律支持方面，加强粤港澳大湾区非遗保护专门性法律建设是当务之急。珠三角九市和香港特别行政区、澳门特别行政区处于三个不同行政区域，非物质文化遗产受三套不同法律制度管辖。如若在粤港澳大湾区建立有关非物质文化遗产保护和传承的专门性法律将有望实现三地在非物质文化遗产传承人认定方法、非遗资助规则、资金管理等环节的完全衔接，有利于三地非遗协同保护工作的顺利开展。

（三）加强区域合作与跨界融合

粤港澳大湾区在地理区域、非遗资源方面有着不可割断的历史关联以及现实发展中的交融联系，这为粤港澳三地进一步经济合作、资源互通、文化交流与协作等奠定了坚实的基础，提供了持续合作的可能。非遗业态化整合粤港澳大湾区非物质文化遗产协同保护需要在实践中形成联合意识和协同机制。要充分发挥湾区非遗文化资源优势，打破行政区域划分界线和文化发展不平衡限制，进行非遗业态化整合，实现湾区非遗协同保护的目标。具体来说，就是在联合传播、市场合作、资源共享信息整合、人才学术交流等方面全面开展互利合作，以达到资源共享，形成有效的非遗协同保护机制。加强粤港澳大湾区非物质文化遗产项目的联合传播，主要通过政府与民间合力，搭建联合展示和展演平台，推动大湾区各城市文化机构、文化团体、民间社团之间的交流合作，大湾区非遗项目强强联合、强弱联合，实现非遗资源优化配置，形成一种整体化、系统化传播路径。实现粤港澳大湾区文化资源共享、信息整合目标，首先需要充分利用数字化、信息化手段建立一个非遗资源共享的专业性网络平台。粤港澳三地应在非遗项目的传播方面通力合作，互相提供平台资源。在信息采集和整合力度方面，要互通有无，形成统一机制。促进粤港澳大湾区非遗人才智库的建设和相关学术活动的交流与沟通。与世界上的一流湾区相比，粤港澳大湾区的顶尖高校数量明显偏少，创业创新性人才的培育和储备尤为不足，因此，着眼于粤港澳大湾区的长足发展，着手建立人才信息资源库势在必行。此外，还必须积极推进人才资源信息互动和学术交流活动，加强粤港澳三地高校和科研机构在非遗文化发展方面的合作。

（四）依法、协同、创新非遗保护模式

《中华人民共和国非物质文化遗产法》第四章第 34 条明确提出："新闻媒体应当开展非物质文化遗产代表性项目的宣传，普及非物质文化遗产知识。"粤港澳三地在非遗协同保护过程中，应对接新媒体，利用网络媒介，筑起非遗资源信息发布、传播、传承与共享的网络平台，让新媒体承担信息传播的桥梁作用，让非遗传统文化在新的时空领域内重新焕发魅力。要越过三地经济文化发展不平衡、非遗系统化管理制度缺失、协同保护理念欠缺等方面的障碍。坚持协同保护发展理念，加强粤港澳三地非物质文化遗产的联系。在科学发展规划、政策法律、业态化整合、对接新媒体方面探寻粤港澳大湾区非遗协同保护的新路径，为粤港澳湾区未来发展，促进国家文化认同，构建社会主义和谐社会形成助推力。对粤港澳大湾区非遗协同保护机制的研究，须不断总结经验教训，借鉴优秀经验。在协同保护工作深入推进中寻找启发，既要有同根同源的岭南文化自觉，也要提升粤港澳三地非遗"走出国门"的文化自信，为粤港澳大湾区非遗协同保护工作创造更多有利条件。①

---

① 蒋明智，樊小玲. 粤港澳大湾区非物质文化遗产的协同保护［J］. 文化遗产，2021
  （3）：1-9.

第五章

粤港澳旅游文化遗产开发利用的
市场评价研究

为了客观准确地了解粤港澳旅游文化遗产开发利用的效应，课题组进行了市场感知与评价的调查研究，运用问卷调查的方式进行数据的收集，分别研究了调查对象群体的基本情况、调查对象对粤港澳旅游文化遗产目的地的认知和感知、遗产地不同身份的调查对象在粤港澳旅游文化遗产开发与利用方面的评价。在本次实证分析中运用到 SPSS26.0 软件中的频数分析和多重响应分析，采用 Word 制作图表形式进行结果展示，具体结果如下所示。

第一节　基本情况特征分布调查

本次问卷数据收集采用问卷星与 Credamo（见数）平台调查相结合，于 2022 年 6—8 月完成，调查范围涉及全国各地包括港澳台地区，总共收集问卷 1250 份，有效问卷 1076 份，有效问卷回收率为 86.1%。在本次调查的 1076 名对象中，男女生人数占比相近，男性有 582 人，占 54.09%，女性有 494 人，占 45.91%；在年龄方面，调研对象主要集中在 26～35 岁，占 45.63%，其次是 19～25 岁，占 31.78%，表明本次调研对象趋向中青年群体；职业以私营企业为主，占 38.20%，学生和国有企业均占 21.28%；文化水平以本科为主，占 67.57%；在常住地调查中，广东省外占 61.34%，广东省湾区占 28.25%，广东省非湾区占 10.41%，表明本次调研对象在常住地分布方面广东省内外分布较为均匀，更能体现本次调研结果的普适性。（见表 5-1）

表 5-1 基本情况特征分布描述 (N=1076)

基本信息	选项	人数（人）	比例（%）
性别	男	582	54.09
	女	494	45.91
年龄	18 岁及以下	3	0.28
	19~25 岁	342	31.78
	26~35 岁	491	45.63
	36~45 岁	143	13.29
	45~60 岁	95	8.83
	61 岁及以上	2	0.19
职业	学生	229	21.28
	教师或科研人员	106	9.85
	公务员	47	4.37
	国有企业	229	21.28
	私营企业	411	38.20
	工人/农民	14	1.30
	离退休人员	14	1.30
	其他	26	2.42
文化水平	初中以下	12	1.12
	高中（中专）	32	2.97
	大专	140	13.01
	本科	727	67.57
	硕博及以上	165	15.33
常住地	广东省湾区	304	28.25
	广东省非湾区	113	10.41
	广东省外	660	61.34

在本次常住地基本情况调查中，处于广东省内湾区的九个市区，以广州市和深圳市为主，占比分别为 65.07% 和 25.76%，广州市占比超过一半（见表 5-2、图 5-1）。由调查结果可看出，调查对象分布于大湾区九个市区中，可了解处于大湾区不同地区的调查对象对粤港澳旅游文化遗产开发利用情况的感知，这对本次研究结果起着重要作用。

表5-2 广东省——湾区分布情况描述（N=304）

基本信息	选项	人数（人）	比例（%）
广东省湾区	A. 广州市	149	49.01
	B. 深圳市	59	19.41
	C. 东莞市	38	12.50
	D. 中山市	16	5.26
	E. 佛山市	21	6.91
	F. 惠州市	4	1.32
	G. 肇庆市	3	0.99
	H. 江门市	6	1.97
	I. 珠海市	8	2.63

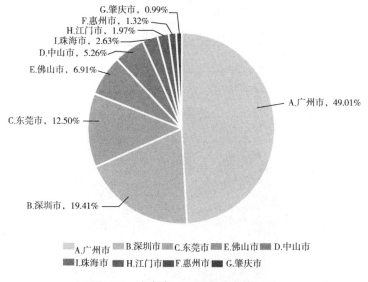

图5-1 广东省——湾区分布情况图

在常住地基本情况调查中，处于广东省内非湾区的十二个市区，以汕头市和湛江市为主，占比分别为30.36%和13.39%（见表5-3、图5-2）。由调查结果可看出，调查对象较为均匀地分布于广东省内非湾区的十二个市区中，在广东省内非湾区地带，旅游文化遗产主要集中于潮汕地区和客家地区，本次调研对象的分布有利于了解处于广东省内非湾区的不同地区调查对象对粤港澳旅游文化遗产开发利用情况的感知。

表 5-3 广东省非湾区分布情况描述 (N=112)

基本信息	选项	人数（人）	比例（%）
广东省——非湾区	A. 汕头市	34	30.36
	B. 韶关市	4	3.57
	C. 湛江市	15	13.39
	D. 茂名市	11	9.82
	E. 梅州市	4	3.57
	F. 汕尾市	12	10.71
	G. 河源市	6	4.47
	H. 阳江市	5	4.46
	I. 清远市	9	8.04
	J. 潮州市	4	3.57
	K. 揭阳市	7	6.25
	L. 云浮市	2	1.79

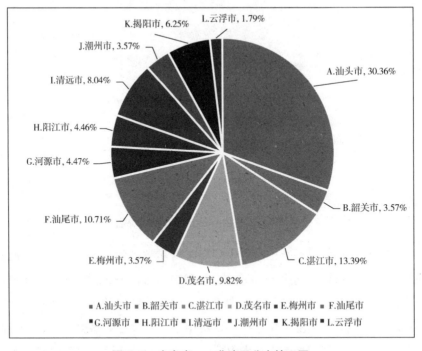

图 5-2 广东省——非湾区分布情况图

第二节 基本认知情况分析

在本次粤港澳文化遗产旅游目的地游玩情况调查中，表示"有"曾经前往粤港澳文化遗产旅游目的地游玩的调查对象占比 85.41%，表示"无"曾经前往粤港澳文化遗产旅游目的地游玩的调查对象占 12.17%，此外表示"不确定"的调查对象仅占 2.42%（见图 5-3）。由以上分析结果可看出，绝大部分的调查对象是曾经前往过粤港澳文化遗产旅游目的地游玩的，这符合本次调研关于目标对象人数的要求。

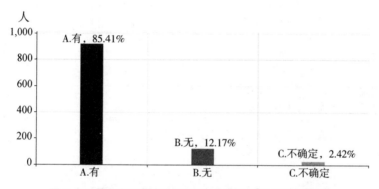

图 5-3 是否曾经前往粤港澳文化遗产旅游目的地游玩

在对前往该旅游文化遗产目的地原因的调查结果中，选择"出于了解和兴趣，有规划地前往"的人数占比最高，为 82.40%，其次是"偶然到达相关遗产地（并了解到遗产地相关信息）"，占 48.30%，选择"遗产地附近居民、途经相关遗产地或曾前往休闲"和"是相关遗产地的工作人员或就业者"分别占28.30% 和 12.40%（见表 5-4），结果表明，大部分人前往旅游文化遗产目的地的原因是出于了解和兴趣，有规划地前往。近年来，为稳步推动大湾区文旅产业高质量发展，粤港澳三地以"湾区通"工程为抓手，以管理体制机制改革为突破口，通过完善机制、优化体系、创新方式，促进公共文化服务体系更加健全、融资渠道更加多元化，吸引众多本土和外来游客前往旅游，可见粤港澳旅游文化遗产目的地吸引力非常大。

在针对旅游文化遗产的了解程度调查中，表示"了解"旅游文化遗产占

47.68%，表示"一般"占37.73%，表示"非常了解"和"不了解"旅游文化遗产分别占8.09%和5.86%，而表示"非常不了解"旅游文化遗产仅占0.65%（见图5-4），说明在旅游文化遗产的了解程度方面，"非常了解"旅游文化遗产的人数处于较少状态，"了解"和"一般"的人数占据绝大部分，因此社会、学校等层面应加强对旅游文化遗产的宣传和教育，通过对旅游文化遗产项目的宣传展示，动员全社会共同参与、关注和保护文化遗产。

表5-4　前往该旅游文化遗产目的地原因分析

变量	选项	响应		个案百分比（%）
		个案数（个）	百分比（%）	
前往该旅游文化遗产目的地原因	是相关遗产地的工作人员或就业者	117	7.16	12.40
	出于了解和兴趣，有规划地前往	779	47.70	82.40
	偶然到达相关遗产地（并了解到遗产地相关信息）	456	27.93	48.30
	遗产地附近居民，途经相关遗产地或曾前往休闲	267	16.35	28.30
	其他	14	0.86	1.50
	总计	1633	100.00	172.90

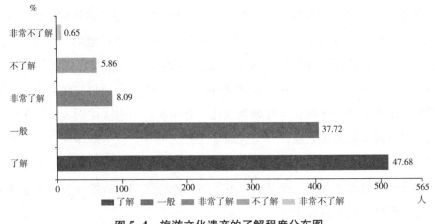

图5-4　旅游文化遗产的了解程度分布图

第三节 不同调查对象对旅游文化遗产开发利用的
感知和评价调查分析

在调查对象不同身份确认方面，主要包括"遗产地的外来游客"（79.46%）、"遗产地的普通居民"（12.27%），表明本次调查对象是以游客以及居民为调查主体。其次，"粤港澳地区的文化、旅游、经济、地理等领域的专业技术人员"（3.72%）、"遗产所在地政府机关管理人员"（1.77%）和"遗产地的旅游行业经营管理服务人员"（1.58%）是较少一部分调查对象（见表5-5、图5-5），表明本次调查对象覆盖面较广，能够根据不同身份的调查对象针对旅游文化遗产的开发及利用感知进行差异分析。

表5-5 身份确认调查分析

基本信息	选项	人数（人）	比例（%）
您在回答下面 12～18 题时，请您先确定您回答这些问题的身份	遗产地的外来游客	855	79.46
	遗产地的普通居民	132	12.27
	遗产所在地政府机关管理人员	19	1.76
	遗产地的旅游行业经营管理服务人员	17	1.58
	粤港澳地区的文化、旅游、经济、地理等领域的专业技术人员	39	3.72
	其他	13	1.21

一、遗产地的外来游客的感知和评价

对于遗产地的外来游客，在对旅游文化遗产的保护了解程度调查结果中，选择"非常好"的人数占比最高，为47.70%，其次是"一般"，占44.60%，"不是很好"和"非常不好"分别占7.50%和0.20%（见表5-6），结果表明，对于旅游文化遗产的保护程度，接近一半的外来游客所认识到的是"非常好"，认为"一般"的游客则表示延续历史、传承文化，应切实保护旅游文化遗产的

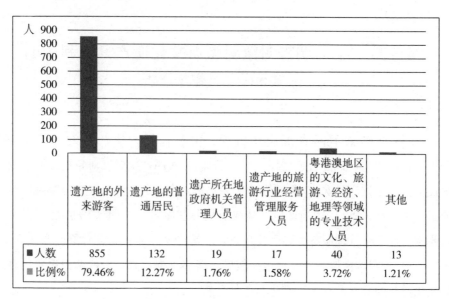

图 5-5 身份确认调查分析图

真实性和完整性，应在遗产目的地风貌区保护、文物修缮等方面注意，防止过度开发、"修旧如新"等倾向。

在对旅游文化遗产的开发利用了解程度调查结果中，选择"一般"的人数占比最高，为 47.00%，其次是"非常好"，占 41.20%，"不是很好"和"非常不好"分别占 11.20% 和 0.60%（见表 5-6），结果表明，对于旅游文化遗产的开发利用程度，接近一半的外来游客所认识到的是"一般"，表明旅游文化遗产在开发利用中存在某些问题，如盲目兴建旅游基础设施、盲目追求游客数量增加、盲目迎合游客娱乐需要等问题，这需要我们对旅游文化遗产开发利用过程加大关注力度，避免在开发利用过程中对文物建筑和历史地段造成不同程度的损害。

表 5-6 遗产地外来游客对旅游文化遗产了解程度调查分析

基本信息	选项	人数（人）	比例（%）
您认为您所知道的旅游文化遗产的保护程度怎么样	非常好	408	47.70
	一般	381	44.60
	不是很好	64	7.50
	非常不好	2	0.20

续表

基本信息	选项	人数（人）	比例（%）
您认为您所了解的旅游文化遗产的开发利用程度怎样	非常好	352	41.20
	一般	402	47.00
	不是很好	96	11.20
	非常不好	5	0.60

为了进一步分析遗产地的外来游客对旅游文化遗产感知的情况，主要通过调查遗产地的外来游客对当前旅游文化遗产保护方面面临的问题、解决旅游文化遗产保护与开发问题的重要途径、对于旅游文化遗产更希望丰富哪些特性以及提升旅游文化遗产吸引力最有效的手段等情况进行分析（见表5-7）。

从当前旅游文化遗产保护方面面临的问题来看，遗产地的外来游客表示"缺乏有效的保护机制"（73.60%）、"人们的意识不够"（70.80%）、"外来文化和现代文化的冲突"（57.00%）等方面是目前旅游文化遗产保护面临的主要问题。另外，"缺乏资金"（38.00%）作为另一问题也是需要引起旅游文化遗产目的地政府及社会组织注意的。

从解决旅游文化遗产保护与开发问题的重要途径方面看，遗产地的外来游客表示"加强遗产地合理规划"（85.60%）、"加强文化保护教育"（73.80%）、"加大科技保护力度"（62.20%）、"培养专业人才"（62.00%）、"增加资金投入"（58.40%）等方面是解决旅游文化遗产保护与开发问题的主要途径。另外，"限制游客数量"（25.80%）作为次要问题也是需要引起旅游文化遗产目的地政府及社会组织注意的。

从对于旅游文化遗产更希望丰富哪些特性方面看，遗产地的外来游客认为"参与性"（75.00%）、"故事性"（68.10%）、"民族性"（65.10%）、"趣味性"（59.40%）、"学习性"（52.50%）等方面是丰富旅游文化遗产特性的主要途径，占比均超过50%。另外，"艺术性"（48.20%）也是不可忽略的重要途径。表明对于遗产地的外来游客，参与性对于旅游文化遗产的保护、开发乃至利用的过程更为重要，更有利于他们认识到旅游文化遗产的特性。

从提升旅游文化遗产吸引力最有效的手段方面看，遗产地的外来游客认为"在原有地开发，尽可能保持原貌"（74.70%）、"创新开发，融入现代元素，适

141

应时代需求"（66.80%）应作为最主要的两个手段，期望当地政府、社会组织以及旅游企业等在开发旅游文化遗产过程中要保持遗产的原真性，在此基础上善于创新并融入新时代元素，提高旅游文化遗产的趣味性。另外，"友好的价格"（44.90%）、"形成品牌"（43.30%）、"广告宣传"（41.80%）、"新奇的展示形式"（39.80%）、"提高实用性"（29.50%）、"独特的包装设计"（27.70%）等方面是提升旅游文化遗产吸引力最有效的手段，表明遗产地的外来游客对于旅游文化遗产价格、品牌、广告宣传等存在一定的重视程度，因此面对遗产地的外来游客，不仅要通过保留旅游文化遗产的原真性和提高趣味性来吸引他们，而且需要通过降低旅游文化遗产目的地的旅游门槛、提升品牌影响力、加强广告宣传等手段吸引他们。遗产地的外来游客认为创新开发是旅游文化遗产未来的核心竞争力，对于已具有创新开发能力、融入现代元素的旅游文化遗产景区，创新开发是未来遗产地核心竞争力之一。

表 5-7　遗产地的外来游客对旅游文化遗产感知程度调查分析

变量	选项	响应		个案百分比（%）
		个案数（个）	百分比（%）	
您觉得当前旅游文化遗产保护方面面临的问题是什么	人们的意识不够	605	29.50	70.80
	缺乏有效的保护机制	629	30.60	73.60
	缺乏资金	325	15.80	38.00
	外来文化和现代文化的冲突	487	23.70	57.00
	其他	8	0.40	0.90
	总计	2054	100.00	240.30
您认为解决旅游文化遗产保护与开发问题的重要途径是什么	增加资金投入	499	15.80	58.40
	限制游客数量	221	7.00	25.80
	培养专业人才	530	16.80	62.00
	加强遗产地合理规划	732	23.20	85.60
	加大科技保护力度	532	16.90	62.20
	加强文化保护教育	631	20.00	73.80
	其他	8	0.30	0.90
	总计	5153	100.00	368.70

续表

变量	选项	响应		个案百分比 (%)
		个案数 (个)	百分比 (%)	
对于旅游文化遗产,您更希望丰富哪些特性	参与性	641	20.36	75.00
	故事性	582	18.48	68.10
	学习性	449	14.26	52.50
	民族性	557	17.69	65.10
	趣味性	508	16.13	59.40
	艺术性	412	13.08	48.20
	总计	3149	100.00	368.30
您认为提升旅游文化遗产吸引力最有效的手段是什么	在原有地开发,尽可能保持原貌	639	20.30	74.70
	形成品牌	370	11.70	43.30
	创新开发,融入现代元素,适应时代需求	571	18.10	66.80
	新奇的展示形式	340	10.80	39.80
	独特的包装设计	237	7.50	27.70
	友好的价格	384	12.20	44.90
	广告宣传	357	11.30	41.80
	提高实用性	252	8.00	29.50
	其他	2	0.10	0.20
	总计	3152	100.00	368.70

二、遗产地的普通居民的感知和评价

对于遗产地的普通居民,在对旅游文化遗产的保护了解程度调查结果中,选择"非常好"的人数占比最高,为53.00%,其次是"一般",占39.40%,"不是很好"和"非常不好"分别占6.10%和1.50%(见图5-6)。结果表明,对于旅游文化遗产的保护程度,超过一半的普通居民所认识到的是"非常好",表明当地居民对当地旅游文化遗产的保护程度表示认可。

在对旅游文化遗产的开发利用了解程度调查结果中,选择"非常好"的人数占比最高,为50.80%,其次是"一般",占45.50%,"不是很好"占3.80%

（见图5-7），结果表明，对于旅游文化遗产的开发利用程度，超过一半的普通居民所认识到的是"非常好"，普通居民认为合理开发、适度利用是旅游文化遗产开发利用的关键，并且强调历史文化遗产的保护性、社会公益性和传世性，其已成为越来越多人的共识。

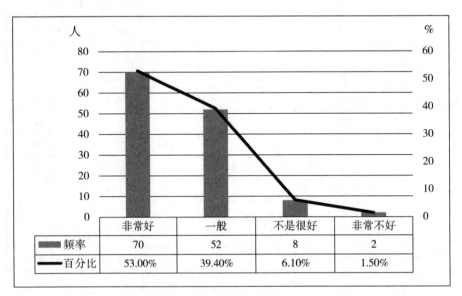

图5-6 旅游文化遗产的保护程度分析图

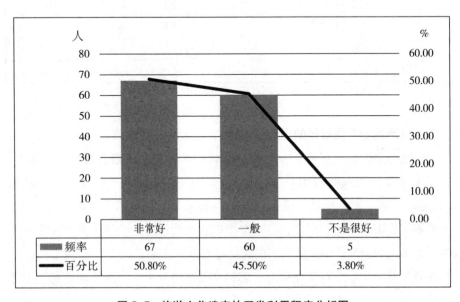

图5-7 旅游文化遗产的开发利用程度分析图

　　为了进一步分析遗产地的普通居民对旅游文化遗产感知的情况，主要通过调查遗产地的普通居民对当前旅游文化遗产保护方面面临的问题、解决旅游文化遗产保护与开发问题的重要途径、对于旅游文化遗产更希望丰富哪些特性以及提升旅游文化遗产吸引力最有效的手段等的看法进行分析。

　　从当前旅游文化遗产保护方面面临的问题方面看，遗产地的普通居民表示"人们的意识不够"（74.20%）、"缺乏有效的保护机制"（72.00%）、"外来文化和现代文化的冲突"（59.80%）等方面是目前旅游文化遗产保护面临的主要问题。另外，"缺乏资金"（41.70%）作为另一问题也是需要引起旅游文化遗产目的地政府及社会组织注意的（见图5-8）。

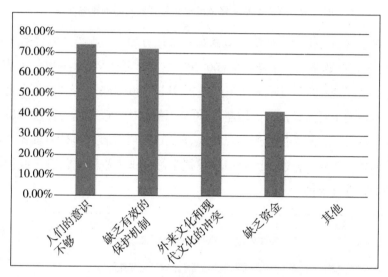

图 5-8　当前旅游文化遗产保护方面面临的问题

　　从解决旅游文化遗产保护与开发问题的重要途径方面看，遗产地的普通居民表示"加强遗产地合理规划"（77.30%）、"培养专业人才"（70.50%）、"加强文化保护教育"（62.90%）、"加大科技保护力度"（62.10%）、"增加资金投入"（56.10%）等方面是解决旅游文化遗产保护与开发问题的主要途径。另外，"限制游客数量"（40.20%）作为次要问题也是需要引起旅游文化遗产目的地政府及社会组织注意的（见图5-9）。相较于遗产地的外来游客，普通居民更加注重把专业人才培养作为旅游文化遗产保护与开发问题的解决路径。

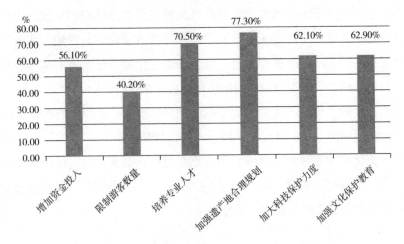

图 5-9 解决旅游文化遗产保护与开发问题的重要途径

从对于旅游文化遗产更希望丰富哪些特性方面看，遗产地的普通居民认为"民族性"（74.20%）、"参与性"（66.70%）、"学习性"（61.40%）、"故事性"（59.80%）、"趣味性"（56.80%）、"艺术性"（56.80%）等方面是丰富旅游文化遗产特性的主要途径，占比均超过 50%。表明对于遗产地的普通居民，民族性和参与性对于旅游文化遗产的保护、开发乃至利用的过程更为重要，相较于遗产地的外来游客，普通居民更加注重把学习性作为旅游文化遗产保护与开发问题中的特性（见图 5-10）。

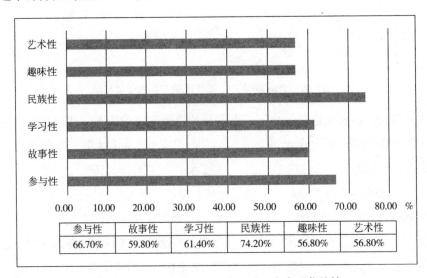

参与性	故事性	学习性	民族性	趣味性	艺术性
66.70%	59.80%	61.40%	74.20%	56.80%	56.80%

图 5-10 对于旅游文化遗产更希望丰富哪些特性

从提升旅游文化遗产吸引力最有效的手段方面看，遗产地的普通居民认为"在原有地开发，尽可能保持原貌"（75.80%）、"创新开发，融入现代元素，适应时代需求"（68.90%）应作为最主要的两个手段，期望当地政府、社会组织以及旅游企业等在开发旅游文化遗产过程中要保持遗产的原真性，在此基础上善于创新并融入新时代元素，提高旅游文化遗产的趣味性。另外，"新奇的展示形式"（53.00%）、"形成品牌"（50.80%）、"友好的价格"（38.60%）、"独特的包装设计"（37.90%）、"广告宣传"（34.10%）、"提高实用性"（31.80%）等方面是提升旅游文化遗产吸引力最有效的手段（见表5-8）。表明遗产地的普通居民对于旅游文化遗产拥有新奇的展示形式、品牌、价格等更为重视，因此面对遗产地的普通居民，不仅要通过保留旅游文化遗产的原真性和提高趣味性来吸引他们，而且需要通过创造不同的、新颖的展示形式，提升品牌影响力，降低旅游文化遗产目的地的旅游门槛等手段来吸引此类人群。

表5-8　遗产地的普通居民对旅游文化遗产感知程度调查分析

| 变量 | 选项 | 响应 | | 个案百分比（%） |
		个案数（个）	百分比（%）	
您认为提升旅游文化遗产吸引力最有效的手段是什么	在原有地开发，尽可能保持原貌	100	19.40	75.80
	形成品牌	67	13.00	50.80
	创新开发，融入现代元素，适应时代需求	91	17.60	68.90
	新奇的展示形式	70	13.60	53.00
	独特的包装设计	50	9.70	37.90
	友好的价格	51	9.90	38.60
	广告宣传	45	8.70	34.10
	提高实用性	42	8.10	31.80
	总计	516	100.00	390.90

三、遗产所在地政府机关管理人员的感知和评价

对于遗产所在地政府机关管理人员，在对旅游文化遗产的保护了解程度调查结果中，选择"非常好"的人数占比最高，为52.60%，其次是"一般"，占

42.10%，"不是很好"占 5.30%（见表 5-9）。结果表明，对于旅游文化遗产的保护程度，超过一半的政府机关管理人员所认识到的是"非常好"，认为"一般"的政府机关管理人员则表示对旅游文化遗产的保护应加强不同地区间的交流合作，重视引进先进保护技术和手段，鼓励遗产地专业技术人员进行科技创新，探索适应目前实际情况的新技术、新方法。

在对旅游文化遗产的开发利用了解程度调查结果中，选择"非常好"的人数占比最高，为 47.40%，其次是"一般"，占 42.10%，"不是很好"占 10.50%（见表 5-9）。结果表明，对于旅游文化遗产的开发利用程度，接近一半的遗产所在地政府机关管理人员所认识到的是"非常好"，表明旅游文化遗产在开发利用中存在某些问题，遗产所在地政府机关管理人员对自身的管理工作表示肯定，有的政府机关管理人员表示"当地政府应根据新修订的《中华人民共和国文物保护法》作为地区文化遗产保护的重要法律依据，必须坚决贯彻落实好。遗产地的专项立法亦应加快步伐，使遗产保护真正做到有法可依"。

表 5-9　遗产所在地政府机关管理人员对旅游文化遗产了解程度调查分析

基本信息	选项	人数（人）	比例（%）
您认为您所知道的旅游文化遗产的保护程度怎么样	非常好	10	52.60
	一般	8	42.10
	不是很好	1	5.30
您认为您所了解的旅游文化遗产的开发利用程度怎样	非常好	9	47.40
	一般	8	42.10
	不是很好	2	10.50

为了进一步分析遗产所在地政府机关管理人员对旅游文化遗产感知的情况，主要通过调查遗产所在地政府机关管理人员对当前旅游文化遗产保护方面面临的问题、解决旅游文化遗产保护与开发问题的重要途径、对于旅游文化遗产更希望丰富哪些特性以及提升旅游文化遗产吸引力最有效的手段等的看法进行分析（见表 5-10）。

从当前旅游文化遗产保护面临的问题方面看，遗产所在地政府机关管理人员表示"缺乏有效的保护机制"（78.90%）、"人们的意识不够"（63.20%）、"缺乏资金"（47.40%）等方面是目前旅游文化遗产保护面临的主要问题。另外，"外来文化和现代文化的冲突"（31.60%）作为另一问题也是需要引起旅游文化遗产目的地政府及社会组织注意的。表明遗产所在地政府机关管理人员相较于遗产地的外来游客和普通居民更加重视资金方面的问题。

从解决旅游文化遗产保护与开发问题的重要途径方面看，遗产所在地政府机关管理人员表示"加强遗产地合理规划"（89.50%）、"培养专业人才"（68.40%）、"增加资金投入"（52.60%）、"限制游客数量"（52.60%）、"加大科技保护力度"（52.60%）等方面是解决旅游文化遗产保护与开发问题的主要途径。另外，"加强文化保护教育"（26.30%）作为次要问题也是需要引起旅游文化遗产目的地政府及社会组织注意的。表明遗产所在地政府机关管理人员相较于遗产地的外来游客和普通居民在解决旅游文化遗产保护与开发问题的重要途径方面更加重视专业人才培养和资金投入方面的问题。

从对于旅游文化遗产更希望丰富哪些特性方面看，遗产所在地政府机关管理人员认为"学习性"（78.90%）、"故事性"（68.40%）、"民族性"（68.40%）、"参与性"（63.20%）等方面是丰富旅游文化遗产特性的主要途径，占比均超过50%。另外，"趣味性"（31.60%）和"艺术性"（31.60%）也是不可忽略的重要途径，表明对于遗产所在地政府机关管理人员，学习性和故事性在旅游文化遗产的保护、开发乃至利用的过程中很重要，更有利于他们认识到旅游文化遗产的特性。

从提升旅游文化遗产吸引力最有效的手段方面看，遗产所在地政府机关管理人员认为"创新开发，融入现代元素，适应时代需求"（78.90%）、"新奇的展示形式"（63.20%）应作为最主要的两个手段，期望当地政府、社会组织以及旅游企业等在开发旅游文化遗产过程中要保持遗产的原真性，在此基础上善于创新并融入新时代元素，以新奇的形式展示旅游文化遗产。另外，"形成品牌"（57.90%）、"独特的包装设计"（52.60%）、"友好的价格"（47.40%）、"在原有地开发，尽可能保持原貌"（42.10%）、"广告宣传"（42.10%）、"提高实用性"（10.50%）等方面是提升旅游文化遗产吸引力最有效的手段，表明遗产所在地政府机关管理人员对于旅游文化遗产品牌、包装、价格等存在一定的重视程度，因此面对遗产所在地政府机关管理人员，不仅要通过保留旅游文化遗产的原真性和新奇的展示形式来吸引他们，而且需要通过提升品牌影响力、独特的包装设计、降低旅游文化遗产目的地的旅游门槛等手段来吸引他们。遗产所在地政府机关管理人员认为游客进入旅游文化遗产景区，拥有创新性讲解、主体性讲解、专题性讲解、旅游套餐式服务，或将成为景区未来发展的核心竞争力之一。新奇的展示形式，也能促进游客多次消费的可能。

表5-10　遗产所在地政府机关管理人员对旅游文化遗产感知程度调查分析

变量	选项	响应		个案百分比（%）
		个案数（个）	百分比（%）	
你觉得当前旅游文化遗产保护方面面临的问题是什么	人们的意识不够	12	28.60	63.20
	缺乏有效的保护机制	15	35.70	78.90
	缺乏资金	9	21.40	47.40
	外来文化和现代文化的冲突	6	14.30	31.60
	总计	42	100.00	221.10
您认为解决旅游文化遗产保护与开发问题的重要途径是什么	增加资金投入	10	15.38	52.60
	限制游客数量	10	15.38	52.60
	培养专业人才	13	20.00	68.40
	加强遗产地合理规划	17	26.16	89.50
	加大科技保护力度	10	15.38	52.60
	加强文化保护教育	5	7.70	26.30
	总计	65	100.00	342.00
对于旅游文化遗产，您更希望丰富哪些特性	参与性	12	18.50	63.20
	故事性	13	20.00	68.40
	学习性	15	23.10	78.90
	民族性	13	20.00	68.40
	趣味性	6	9.20	31.60
	艺术性	6	9.20	31.60
	总计	65	100.00	342.10
您认为提升旅游文化遗产吸引力最有效的手段是什么	在原有地开发，尽可能保持原貌	8	10.67	42.10
	形成品牌	11	14.67	57.90
	创新开发，融入现代元素，适应时代需求	15	20.00	78.90
	新奇的展示形式	12	16.00	63.20
	独特的包装设计	10	13.33	52.60
	友好的价格	9	12.00	47.40
	广告宣传	8	10.67	42.10
	提高实用性	2	2.66	10.50
	总计	75	100.00	394.70

四、遗产地的旅游行业经营管理服务人员的感知和评价

对于遗产地的旅游行业经营管理服务人员，在对旅游文化遗产的保护了解程度调查结果中，选择"非常好"的人数占比最高，为 64.70%，其次是"一般"，占 29.40%，"不是很好"占 5.90%（见图 5-11）。结果表明，对于旅游文化遗产的保护程度，超过一半的遗产地的旅游行业经营管理服务人员所认识到的是"非常好"，表明遗产地的旅游行业经营管理服务人员对当地旅游文化遗产的保护程度表示认可。

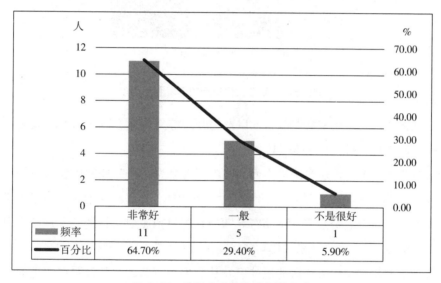

	非常好	一般	不是很好
频率	11	5	1
百分比	64.70%	29.40%	5.90%

图 5-11　旅游文化遗产的保护程度

在对旅游文化遗产的开发利用了解程度调查结果中，选择"非常好"的人数占比最高，为 52.90%，其次是"一般"，占 47.10%。另外，选择"不是很好"和"非常不好"的为 0（见图 5-12）。结果表明，对于旅游文化遗产的开发利用程度，超过一半的遗产地的旅游行业经营管理服务人员所认识到的是"非常好"，有遗产地的旅游行业经营管理服务人员表示"面对旅游文化遗产，应增强宣传力度，融合本地优秀传统，因地制宜，研究更好的保护机制"。

为了进一步分析遗产地的旅游行业经营管理服务人员对旅游文化遗产感知的情况，主要通过调查遗产地的旅游行业经营管理服务人员对当前旅游文化遗产保护方面面临的问题、解决旅游文化遗产保护与开发问题的重要途径、对于

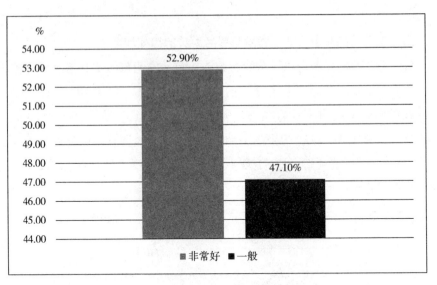

图 5-12　旅游文化遗产的开发利用程度

旅游文化遗产更希望丰富哪些特性以及提升旅游文化遗产吸引力最有效的手段等的看法进行分析（见表 5-11）。

从当前旅游文化遗产保护方面面临的问题来看，遗产地的旅游行业经营管理服务人员表示"人们的意识不够"（76.50%）、"缺乏有效的保护机制"（64.70%）、"缺乏资金"（52.90%）等方面是目前旅游文化遗产保护方面面临的主要问题。另外，"外来文化和现代文化的冲突"（47.10%）作为另一问题也是需要引起旅游文化遗产目的地政府及社会组织注意的。其表明遗产地的旅游行业经营管理服务人员相较于其他人员更加重视人们对旅游文化遗产的保护意识。

从解决旅游文化遗产保护与开发问题的重要途径方面看，遗产地的旅游行业经营管理服务人员表示"加强遗产地合理规划"（82.40%）、"增加资金投入"（58.80%）、"培养专业人才"（58.80%）、"限制游客数量"（52.90%）、"加大科技保护力度"（47.10%）等方面是解决旅游文化遗产保护与开发问题的主要途径。另外，"加强文化保护教育"（23.50%）作为次要问题也是需要引起旅游文化遗产目的地政府及社会组织注意的。其表明遗产地的旅游行业经营管理服务人员相较于遗产地的外来游客和普通居民在解决旅游文化遗产保护与开发问题的重要途径方面更加重视遗产地合理规划方面的问题。

从对于旅游文化遗产更希望丰富哪些特性方面看，遗产地的旅游行业经营管理服务人员认为"故事性"（76.50%）、"民族性"（76.50%）、"参与性"（70.60%）、"学习性"（64.70%）等方面应作为丰富旅游文化遗产特性的主要途径，占比均超过50%。另外，"趣味性"（41.20%）和"艺术性"（11.80%）也是不可忽略的重要途径，表明对于遗产地的旅游行业经营管理服务人员，民族性和故事性对于旅游文化遗产的保护、开发乃至利用的过程更为重要，更有利于他们认识到旅游文化遗产的特性。

从提升旅游文化遗产吸引力最有效的手段方面看，遗产地的旅游行业经营管理服务人员认为"在原有地开发，尽可能保持原貌"（64.70%）、"创新开发，融入现代元素，适应时代需求"（64.70%）应作为最主要的两个手段，期望当地政府、社会组织以及旅游企业等在开发旅游文化遗产过程中要保持遗产的原真性，在此基础上善于创新并融入新时代元素，以满足人们对旅游文化遗产的时代需求。另外，"形成品牌"（58.80%）、"独特的包装设计"（52.90%）、"新奇的展示形式"（47.10%）、"友好的价格"（41.20%）、"提高实用性"（41.2%）、"广告宣传"（29.40%）等方面是提升旅游文化遗产吸引力最有效的手段，表明遗产地的旅游行业经营管理服务人员对于旅游文化遗产品牌、包装、展示形式等存在一定的重视程度，因此面对遗产地的旅游行业经营管理服务人员，不仅要通过保留旅游文化遗产的原真性和趣味性来吸引他们，而且需要通过提升品牌影响力、独特的包装设计、新奇的展示形式等手段来吸引他们。

表5-11 遗产地的旅游行业经营管理服务人员对旅游文化遗产了解程度调查分析

变量	选项	响应		个案百分比（%）
		个案数（个）	百分比（%）	
你觉得当前旅游文化遗产保护方面面临的问题是什么	人们的意识不够	13	31.70	76.50
	缺乏有效的保护机制	11	26.80	64.70
	缺乏资金	9	22.00	52.90
	外来文化和现代文化的冲突	8	19.50	47.10
	总计	41	100.00	241.20

续表

变量	选项	响应		个案百分比（%）
		个案数（个）	百分比（%）	
您认为解决旅游文化遗产保护与开发问题的重要途径是什么	增加资金投入	10	18.18	58.80
	限制游客数量	9	16.37	52.90
	培养专业人才	10	18.18	58.80
	加强遗产地合理规划	14	25.45	82.40
	加大科技保护力度	8	14.55	47.10
	加强文化保护教育	4	7.27	23.50
	总计	55	100.00	323.50
对于旅游文化遗产，您更希望丰富哪些特性	参与性	12	20.70	70.60
	故事性	13	22.40	76.50
	学习性	11	19.00	64.70
	民族性	13	22.40	76.50
	趣味性	7	12.10	41.20
	艺术性	2	3.40	11.80
	总计	58	100.00	341.30
您认为提升旅游文化遗产吸引力最有效的手段是什么	在原有地开发，尽可能保持原貌	11	16.18	64.70
	形成品牌	10	14.71	58.80
	创新开发，融入现代元素，适应时代需求	11	16.18	64.70
	新奇的展示形式	8	11.76	47.10
	独特的包装设计	9	13.23	52.90
	友好的价格	7	10.29	41.20
	广告宣传	5	7.36	29.40
	提高实用性	7	10.29	41.20
	总计	68	100.00	400.00

五、粤港澳地区的文化旅游、经济、地理等领域的专业技术人员的感知和评价

对于粤港澳地区的文化、旅游、经济、地理等相关领域的专业技术人员，在对旅游文化遗产的保护了解程度调查结果中，选择"非常好"的人数占比最高，为51.30%，其次是"一般"，占41.00%，"不是很好"占7.70%（见图5-13）。结果表明，对于旅游文化遗产的保护程度，超过一半的专业技术人员所认识到的是"非常好"，表明专业技术人员对当地旅游文化遗产的保护程度表示认可。

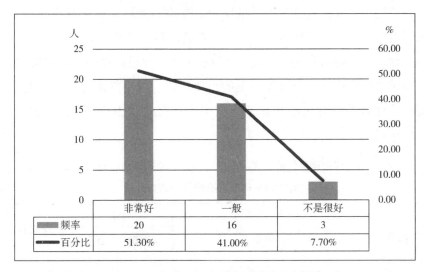

图5-13　旅游文化遗产的保护程度分析图

在对旅游文化遗产的开发利用了解程度调查结果中，选择"非常好"的人数占比最高，为46.2%，其次是"一般"，占43.60%，"不是很好"占10.30%

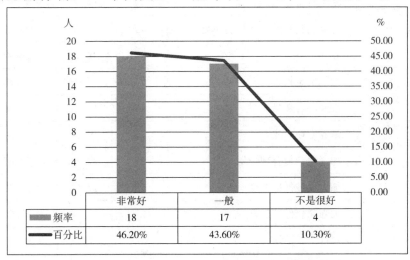

图5-14　旅游文化遗产的开发利用程度分析图

(见图5-14)。结果表明,对于旅游文化遗产的开发利用程度,接近一半的专业技术人员所认识到的是"非常好",有专业技术人员表示"建议通过加强旅游资源整合、培育新兴业态、创新签证等制度、强化市场监管与合作等方式,进一步推进粤港澳大湾区的旅游交流合作与协同发展"。

为了进一步分析粤港澳地区的文化、旅游、经济、地理等领域的专业技术人员对旅游文化遗产感知的情况,主要通过调查粤港澳地区的文化、旅游、经济、地理等领域的专业技术人员对当前旅游文化遗产保护方面面临的问题、解决旅游文化遗产保护与开发问题的重要途径、对于旅游文化遗产更希望丰富哪些特性以及提升旅游文化遗产吸引力最有效的手段等的看法进行分析(见表5-12)。

表5-12　粤港澳地区的文化、旅游、经济、地理等领域的专业技术人员
对旅游文化遗产感知程度调查分析

变量	选项	响应		个案百分比（%）
		个案数（个）	百分比（%）	
你觉得当前旅游文化遗产保护方面面临的问题是什么	人们的意识不够	22	22.00	56.40
	缺乏有效的保护机制	34	34.00	87.20
	缺乏资金	17	17.00	43.60
	外来文化和现代文化的冲突	27	27.00	69.20
	总计	100	100.00	256.40
您认为解决旅游文化遗产保护与开发问题的重要途径是什么	增加资金投入	21	14.69	53.80
	限制游客数量	17	11.89	43.60
	培养专业人才	28	19.59	71.80
	加强遗产地合理规划	29	20.28	74.40
	加大科技保护力度	25	17.47	64.10
	加强文化保护教育	23	16.08	59.00
	总计	143	100.00	366.70

续表

变量	选项	响应		个案百分比 （%）
		个案数 （个）	百分比 （%）	
对于旅游文化遗产，您更希望丰富哪些特性	参与性	28	21.70	71.80
	故事性	24	18.60	61.50
	学习性	25	19.40	64.10
	民族性	29	22.50	74.40
	趣味性	23	17.80	59.00
	总计	129	100.00	330.80
您认为提升旅游文化遗产吸引力最有效的手段是什么	在原有地开发，尽可能保持原貌	28	18.30	71.80
	形成品牌	20	13.10	51.30
	创新开发，融入现代元素，适应时代需求	32	20.90	82.10
	新奇的展示形式	20	13.10	51.30
	独特的包装设计	17	11.10	43.60
	友好的价格	12	7.80	30.80
	广告宣传	15	9.80	38.50
	提高实用性	9	5.90	23.10
	总计	153	100.00	392.50

　　从当前旅游文化遗产保护方面面临的问题来看，粤港澳地区的文化、旅游、经济、地理等领域的专业技术人员表示"缺乏有效的保护机制"（87.20%）、"外来文化和现代文化的冲突"（69.20%）、"人们的意识不够"（56.40%）等方面是目前旅游文化遗产保护方面面临的主要问题。另外，"缺乏资金"（43.60%）作为另一问题也是需要引起旅游文化遗产目的地政府及社会组织注意的。其表明粤港澳地区的文化、旅游、经济、地理等领域的专业技术人员相较于其他人员更加重视外来文化和现代文化的冲突方面的问题。

　　从解决旅游文化遗产保护与开发问题的重要途径方面看，粤港澳地区的文化、旅游、经济、地理等领域的专业技术人员表示"加强遗产地合理规划"（74.40%）、"培养专业人才"（71.80%）、"加大科技保护力度"（64.10%）、"加强文化保护教育"（59.00%）、"增加资金投入"（53.80%）等方面是解决旅游文化遗产保护与开发问题的主要途径。另外，"限制游客数量"（43.60%）作为次要问题也是需要引起旅游文化遗产目的地政府及社会组织注意的。其表明专业技术人员相较于遗产地的旅游行业经营管理服务人员和普通居民在解决旅游文化遗产保护与开发问题的重要途径方面更加重视遗产地合理规划和专业人才培养的问题。

从对于旅游文化遗产更希望丰富哪些特性方面看，粤港澳地区的文化、旅游、经济、地理等领域的专业技术人员认为"民族性"（74.40%）、"参与性"（71.80%）、"学习性"（64.10%）、"故事性"（61.50%）、"趣味性"（59.00%）等方面应作为丰富旅游文化遗产特性的主要途径，占比均超过50%。其表明对于粤港澳地区的文化、旅游、经济、地理等领域的专业技术人员，民族性和参与性对于旅游文化遗产的保护、开发乃至利用的过程更为重要，更有利于他们认识到旅游文化遗产的特性；其次，相较于其他人员，专业技术人员更加注重将趣味性作为旅游文化遗产的一大重要特性，而忽略了艺术性的存在。

从提升旅游文化遗产吸引力最有效的手段方面看，粤港澳地区的文化、旅游、经济、地理等领域的专业技术人员认为"创新开发，融入现代元素，适应时代需求"（82.10%）、"在原有地开发，尽可能保持原貌"（71.80%）应作为最主要的两个手段，期望当地政府、社会组织以及旅游企业等在开发旅游文化遗产过程中要保持遗产的原真性，在此基础上善于创新并融入新时代元素，提高旅游文化遗产的趣味性。另外，"形成品牌"（51.30%）、"新奇的展示形式"（51.30%）、"独特的包装设计"（43.60%）、"广告宣传"（38.50%）、"友好的价格"（30.80%）、"提高实用性"（23.10%）等方面是提升旅游文化遗产吸引力最有效的手段，表明粤港澳地区的文化、旅游、经济、地理等领域的专业技术人员对于旅游文化遗产品牌、展示形式、包装等存在一定的重视程度，因此面对专业技术人员，不仅要通过保留旅游文化遗产的原真性和趣味性来吸引他们，而且需要通过提升品牌影响力、新奇的展示形式、独特的包装设计等手段来吸引他们。

第四节　总结及对策建议

第一，在本次粤港澳旅游文化遗产开发与利用建议调查中，遗产地的外来游客表示：

（1）加强对旅游文化遗产的保护。例如，"加大文化遗产保护力度，建立健全文化遗产保护相关制度""希望古老的旅游文化遗产能保护好，一辈一辈传下去""开发利用旅游文化遗产的同时也要保护好"等。

（2）加大对旅游文化遗产的宣传力度。例如，"多创造一些新颖的文创产品，加强自媒体宣传推广""可以加大宣传力度，加强旅游开发，让更多人知道""政府应加大资金投入，同时加大宣传力度，提高民众的保护意识。同时可以通过吸引企业参与，利用新科技更好地保护利用文化遗产，让这些文化瑰宝得以发扬光大"等。

（3）培养专业人才，加大人才引进力度。例如，"培养旅游的专业性人才，提高旅游的趣味性""文化遗产的开发需要有专业的人才把它做精做透而不是拿着文化遗产就开始谋求经济利益""打造文化圈，将粤港澳文化遗产聚集在一起，同时聚集有关人才和资源集中开发，这样的宣传力度会更大"等。

（4）加大科技保护力度。例如，"希望能保留文化遗产全貌，利用创新高科技手段进行保护""利用现代高科技，让人身临其境""希望可以与现代科技结合起来，迎合时代的发展"等。

第二，对于遗产地的普通居民来说，其意见包括：

（1）加大宣传，形成文化品牌。例如，"加强宣传和加入现代元素，增加趣味性""加强文化传媒宣传，让更多的朋友来粤参观""通过网络直播平台进行宣传推广"等。

（2）加强旅游资源的开发保护力度。例如，"建议保护好现有的资源，控制人流量，错峰观赏，加大资金投入""在开发当地资源的同时，对一些重要的文化遗产应该保持原样进行保护"等。

（3）加强各地区联动发展，打造整体性品牌。例如，"改革创新，聚集与多样化发展，加强区域旅游合作，打造本土旅游品牌""可以和一些本土知名品牌合作，实现双赢""加大与各品牌的合作，加大文化保护"等。

对遗产所在地政府机关管理人员、遗产地的旅游行业经营管理服务人员以及粤港澳地区的文化、旅游、经济、地理等领域的专业技术人员来说，其意见主要在于加强宣传，例如，"做好宣传工作，提高实用性""借助互联网平台，加大粤港澳旅游文化遗产的宣传力度，然后可以借助互联网平台招聘一些专业人才，去开发利用文化遗产""增强宣传力度，融合本地优秀传统，因地制宜，研究更好的保护机制"等。其次是合理开发利用，形成独立的 IP，结合其他的商圈，充分融合各地的旅游文化遗产开发优势等。

第六章

"海上丝绸之路"粤港澳旅游文化遗产
价值传承与传播

根据对粤港澳地区旅游文化遗产开发利用与保护的现状调查分析以及对文化遗产的市场感知与评价的调查研究,我们了解到目前粤港澳旅游文化遗产保护与利用存在的问题及保护、传承传播文化遗产的重要性及方向。粤港澳地区的历史、现在和未来与"海上丝绸之路"有着不可分割的血肉联系,其文化遗产的发掘、开发利用和保护、传承与传播,是中华传统文化复兴的重要组成部分,是国家文化发展重大战略的重要内容。为此本章基于前几章的分析研究,结合国家关于文化遗产保护与开发利用的时代背景,在挖掘粤港澳旅游文化遗产的当代价值与精神谱系的基础上,从旅游产业和文化产业融合发展、文化探源与文化传世工程建设、文化形象建构与旅游品牌塑造、"21世纪海上丝绸之路"背景下粤港澳文化的海外传播几方面提出粤港澳旅游文化遗产价值传承与传播的思路和对策。

第一节 国家关于文化遗产保护与开发
利用的时代背景

进入21世纪以来,特别是党的十六大以来,党中央和国务院就提出了弘扬中华优秀传统文化、建设文化强国的伟大战略,从中央到地方,相继颁布、实施了一系列文化挖掘、文化保护、文化传承、文化复兴的政策措施,取得了巨大的成就。本节选取对我国文化遗产保护有着重大指导作用的两个国家层面的政策意见,作为粤港澳旅游文化遗产价值传承的时代背景,由此明确粤港澳旅游文化遗产传承与传播的指导方针和主要方向。

一、《关于实施中华优秀传统文化传承发展工程的意见》

中共中央办公厅、国务院办公厅于 2017 年 1 月发布了《关于实施中华优秀传统文化传承发展工程的意见》，本节引用该意见中"重点任务"部分的内容如下。

（1）深入阐发文化精髓。加强中华文化研究阐释工作，深入研究阐释中华文化的历史渊源、发展脉络、基本走向，深刻阐明中华优秀传统文化是发展当代中国马克思主义的丰厚滋养，深刻阐明传承发展中华优秀传统文化是建设中国特色社会主义事业的实践之需，深刻阐明丰富多彩的多民族文化是中华文化的基本构成，深刻阐明中华文明是在与其他文明不断交流互鉴中丰富发展的，着力构建有中国底蕴、中国特色的思想体系、学术体系和话语体系。加强党史国史及相关档案编修，做好地方史志编纂工作，巩固中华文明探源成果，正确反映中华民族文明史，推出一批研究成果。实施中华文化资源普查工程，构建准确权威、开放共享的中华文化资源公共数据平台。建立国家文物登录制度。建设国家文献战略储备库、革命文物资源目录和大数据库。实施国家古籍保护工程，完善国家珍贵古籍名录和全国古籍重点保护单位评定制度，加强中华文化典籍整理编纂出版工作。完善非物质文化遗产、馆藏革命文物普查建档制度。

（2）贯穿国民教育始终。围绕立德树人根本任务，遵循学生认知规律和教育教学规律，按照一体化、分学段、有序推进的原则，把中华优秀传统文化全方位融入思想道德教育、文化知识教育、艺术体育教育、社会实践教育各环节，贯穿于启蒙教育、基础教育、职业教育、高等教育、继续教育各领域。以幼儿、小学、中学教材为重点，构建中华文化课程和教材体系。编写中华文化幼儿读物，开展"少年传承中华传统美德"系列教育活动，创作系列绘本、童谣、儿歌、动画等。修订中小学道德与法治、语文、历史等课程教材。推动高校开设中华优秀传统文化必修课，在哲学社会科学及相关学科专业和课程中增加中华优秀传统文化的内容。加强中华优秀传统文化相关学科建设，重视保护和发展具有重要文化价值和传承意义的"绝学"、冷门学科。推进职业院校民族文化传承与创新示范专业点建设。丰富拓展校园文化，推进戏曲、书法、高雅艺术、传统体育等进校园，实施中华经典诵读工程，开设中华文化公开课，抓好传统文化教育成果展示活动。研究制定国民语言教育大纲，开展好国民语言教育。

加强面向全体教师的中华文化教育培训，全面提升师资队伍水平。

（3）保护传承文化遗产。坚持保护为主、抢救第一、合理利用、加强管理的方针，做好文物保护工作，抢救保护濒危文物，实施馆藏文物修复计划，加强新型城镇化和新农村建设中的文物保护。加强历史文化名城名镇名村、历史文化街区、名人故居保护和城市特色风貌管理，实施中国传统村落保护工程，做好传统民居、历史建筑、革命文化纪念地、农业遗产、工业遗产保护工作。规划建设一批国家文化公园，成为中华文化重要标识。推进地名文化遗产保护。实施非物质文化遗产传承发展工程，进一步完善非物质文化遗产保护制度。实施传统工艺振兴计划。大力推广和规范使用国家通用语言文字，保护传承方言文化。开展少数民族特色文化保护工作，加强少数民族语言文字和经典文献的保护和传播，做好少数民族经典文献和汉族经典文献互译出版工作。实施中华民族音乐传承出版工程、中国民间文学大系出版工程。推动民族传统体育项目的整理研究和保护传承。

（4）滋养文艺创作。善于从中华文化资源宝库中提炼题材、获取灵感、汲取养分，把中华优秀传统文化的有益思想、艺术价值与时代特点和要求相结合，运用丰富多样的艺术形式进行当代表达，推出一大批底蕴深厚、涵育人心的优秀文艺作品。科学编制重大革命和历史题材、现实题材、爱国主义题材、青少年题材等专项创作规划，提高创作生产组织化程度，彰显中华文化的精神内涵和审美风范。加强对中华诗词、音乐舞蹈、书法绘画、曲艺杂技和历史文化纪录片、动画片、出版物等的扶持。实施戏曲振兴工程，做好戏曲"像音像"工程，挖掘整理优秀传统剧目，推进数字化保存和传播。实施网络文艺创作传播计划，推动网络文学、网络音乐、网络剧、微电影等传承发展中华优秀传统文化。实施中国经典民间故事动漫创作工程、中华文化电视传播工程，组织创作生产一批传承中华文化基因、具有大众亲和力的动画片、纪录片和节目栏目。大力加强文艺评论，改革完善文艺评奖，建立有中国特色的文艺研究评论体系，倡导中华美学精神，推动美学、美德、美文相结合。

（5）融入生产生活。注重实践与养成、需求与供给、形式与内容相结合，把中华优秀传统文化内涵更好更多地融入生产生活各方面。深入挖掘城市历史文化价值，提炼精选一批凸显文化特色的经典性元素和标志性符号，纳入城镇化建设、城市规划设计，合理应用于城市雕塑、广场园林等公共空间，避免千篇一律、千城一面。挖掘整理传统建筑文化，鼓励建筑设计继承创新，推进城市修补、生态修复工作，延续城市文脉。加强"美丽乡村"文化建设，发掘和保护一批处处有历史、步步有文化的小镇和村庄。用中华优秀传统文化的精髓涵养企业精神，培育现代企业文化。实施"中华老字号"保护发展工程，支持一批文化特色浓、品牌信誉高、有市场竞争力的"中华老字号"做精做强。深入开展"我们的节日"主题活动，实施中国传统节日振兴工程，丰富春节、元宵、清明、端午、七夕、中秋、重阳等传统节日文化内涵，形成新的节日习俗。加强对传统历法、节气、生肖和饮食、医药等的研究阐释、活态利用，使其有益的文化价值深度嵌入百姓生活。实施中华节庆礼仪服装服饰计划，设计制作展现中华民族独特文化魅力的系列服装服饰。大力发展文化旅游，充分利用历史文化资源优势，规划设计推出一批专题研学旅游线路，引导游客在文化旅游中感知中华文化。推动休闲生活与传统文化融合发展，培育符合现代人需求的传统休闲文化。发展传统体育，抢救濒危传统体育项目，把传统体育项目纳入全民健身工程。

（6）加大宣传教育力度。综合运用报纸、书刊、电台、电视台、互联网站等各类载体，融通多媒体资源，统筹宣传文化、文物等各方力量，创新表达方式，大力彰显中华文化魅力。实施中华文化新媒体传播工程。充分发挥图书馆、文化馆、博物馆、群艺馆、美术馆等公共文化机构在传承发展中华优秀传统文化中的作用。编纂出版系列文化经典。加强革命文物工作，实施革命文物保护利用工程，做好革命遗址、遗迹、烈士纪念设施的保护和利用。推动红色旅游持续健康发展。深入开展"爱我中华"主题教育，充分利用重大历史事件和中华历史名人纪念活动、国家公祭仪式、烈士纪念日，充分利用各类爱国主义教育基地、历史遗迹等，展示爱国主义深刻内涵，培育爱国主义精神。加强国民礼仪教育。加大对国家重要礼仪的普及教育与宣传力度，在国家重大节庆活动中体现仪式感、庄重感、荣誉感，彰显中华传统礼仪文化的时代价值，树立文明古国、礼仪之邦的良好形象。研究提出承接传统习俗、符合现代文明要求的社会礼仪、服装服饰、文明用语规范，建立健全各类公共场所和网络公共空间的礼仪、礼节、礼貌规范，推动形成良好的言行举止和礼让宽容的社会风尚。把优秀传统文化思想理念体现在社会规范中，与制定市民公约、乡规民约、学生守则、行业规章、团体章程相结合。弘扬孝敬文化、慈善文化、诚信文化等，开展节俭养德全民行动和学雷锋志愿服务。广泛开展文明家庭创建活动，挖掘和整理家训、家书文化，用优良的家风家教培育青少年。挖掘和保护乡土文化资源，建设新乡贤文化，培育和扶持乡村文化骨干，提升乡土文化内涵，形成良性乡村文化生态，让子孙后代记得住乡愁。加强港澳台中华文化普及和交流，积极举办以中华文化为主题的青少年夏令营、冬令营以及诵读和书写中华经典等交流活动，鼓励港澳台艺术家参与国家在海外举办的感知中国、中国文化年（节）、欢乐春节等品牌活动，增强国家认同、民族认同、文化认同。

（7）推动中外文化交流互鉴。加强对外文化交流合作，创新人文交流方式，丰富文化交流内容，不断提高文化交流水平。充分运用海外中国文化中心、孔子学院，文化节展、文物展览、博览会、书展、电影节、体育活动、旅游推介和各类品牌活动，助推中华优秀传统文化的国际传播。支持中华医药、中华烹饪、中华武术、中华典籍、中国文物、中国园林、中国节日等中华传统文化代表性项目走出去。积极宣传推介戏曲、民乐、书法、国画等我国优秀传统文化艺术，让国外民众在审美过程中获得愉悦、感受魅力。加强"一带一路"共建国家文化交流合作。鼓励发展对外文化贸易，让更多体现中华文化特色、具有较强竞争力的文化产品走向国际市场。探索中华文化国际传播与交流新模式，综合运用大众传播、群体传播、人际传播等方式，构建全方位、多层次、宽领域的中华文化传播格局。推进国际汉学交流和中外智库合作，加强中国出版物国际推广与传播，扶持汉学家和海外出版机构翻译出版中国图书，通过华侨华人、文化体育名人、各方面出境人员，依托我国驻外机构、中资企业、与我友好合作机构和世界各地的中餐馆等，讲好中国故事、传播好中国声音、阐释好中国特色、展示好中国形象。

二、《关于进一步加强非物质文化遗产保护工作的意见》

2021年8月中共中央办公厅、国务院办公厅印发了《关于进一步加强非物质文化遗产保护工作的意见》，指出：保护好、传承好、利用好非物质文化遗产，对于延续历史文脉、坚定文化自信、推动文明交流互鉴、建设社会主义文化强国具有重要意义。主要内容如下。

（一）健全非物质文化遗产保护传承体系

（1）完善调查记录体系。开展全国非物质文化遗产资源调查，完善档案制度，加强档案数字化建设，妥善保存相关实物、资料。实施非物质文化遗产记录工程，运用现代科技手段，提高专业记录水平，广泛发动社会记录，对国家级非物质文化遗产代表性项目和代表性传承人进行全面系统记录。加强对全国非物质文化遗产资源的整合共享，进一步促进非物质文化遗产数据依法向社会开放，进一步加强档案和记录成果的社会利用。

（2）完善代表性项目制度。构建更加科学、合理的代表性项目分类体系。健全国家、省、市、县代表性项目名录体系。加强代表性项目存续状况评估，建立动态调整机制。夯实代表性项目保护单位责任，加强绩效评估和动态管理。加强与代表性项目相关的文化空间保护。积极做好联合国教科文组织非物质文化遗产名录项目的申报和履约工作。

（3）完善代表性传承人制度。健全国家、省、市、县代表性传承人认定与管理制度，以传承为中心审慎开展推荐认定工作。对集体传承、大众实践的项目，探索认定代表性传承团体（群体）。加强对代表性传承人的评估和动态管理，完善退出机制。实施中国非物质文化遗产传承人研修培训计划，进一步提升传承人技能艺能。加强传承梯队建设，促进传统传承方式和现代教育体系相结合，拓宽人才培养渠道，不断壮大传承队伍。

（4）完善区域性整体保护制度。将非物质文化遗产及其得以孕育、发展的文化和自然生态环境进行整体保护，突出地域和民族特色，继续推进文化生态保护区建设，落实有关地方政府主体责任。促进文化生态保护区建设与国家文化公园建设有效衔接，提高区域性整体保护水平。挖掘中国民间文化艺术之乡、中国传统村落、中国美丽休闲乡村、全国乡村旅游重点村、历史文化名城名镇名村、全国"一村一品"示范村镇中的非物质文化遗产资源，提升乡土文化内涵，建设非物质文化遗产特色村镇、街区。加强新型城镇化建设中的非物质文化遗产保护，全面推进"非遗在社区"工作。

（5）完善传承体验设施体系。在现有基础上，统筹建设利用好国家非物质文化遗产馆，鼓励有条件的地方建设非物质文化遗产馆、推动国家级非物质文化遗产代表性项目配套改建新建传承体验中心，形成包括非物质文化遗产馆、传承体验中心（所、点）等在内，集传承、体验、教育、培训、旅游等功能于一体的传承体验设施体系。鼓励社会力量兴办传承体验设施。研究完善非物质文化遗产馆管理制度，建立非物质文化遗产馆备案和评估定级制度。

（6）完善理论研究体系。统筹整合资源，加强国家非物质文化遗产专业研究力量，建设一批国家级非物质文化遗产研究基地。围绕国家重大战略、重大文化工程中涉及非物质文化遗产的重大问题等，建立多学科研究平台。加强非物质文化遗产重点实验室建设。提高非物质文化遗产学术期刊质量，加强非物质文化遗产相关出版工作。定期举办中国非物质文化遗产保护年会、学术会议。

（二）提高非物质文化遗产保护传承水平

（1）加强分类保护。阐释挖掘民间文学的时代价值、社会功用，创新表现方式。提高传统音乐、传统舞蹈、传统戏剧、曲艺、杂技的实践频次和展演水平，深入实施戏曲振兴工程、曲艺传承发展计划，加大对优秀剧本、曲本创作的扶持力度，增强表演艺术类非物质文化遗产的生命力。推动传统体育、游艺纳入全民健身活动。继续实施中国传统工艺振兴计划，加强各民族优秀传统手工艺保护和传承，推动传统美术、传统技艺、中药炮制及其他传统工艺在现代生活中的广泛应用。将符合条件的传统工艺企业列入"中华老字号"名录，支持符合条件的传统医药类非物质文化遗产代表性传承人依法取得医师资格。丰富传统节日、民俗活动的内容和形式，深入实施中国传统节日振兴工程。

（2）融入国家重大战略。加强京津冀协同发展、长江经济带发展、粤港澳大湾区建设、长三角一体化发展、黄河流域生态保护和高质量发展，推进海南全面深化改革开放等国家重大战略中的非物质文化遗产保护传承，建立区域保护协同机制，加强专题研究，举办品牌活动。加大对黄河流域丰富多样非物质文化遗产资源的传承利用。在雄安新区、北京城市副中心以及国家文化公园建设中，加强非物质文化遗产保护传承，生动呈现中华文化的独特创造、价值理念和鲜明特色，实现可持续发展。在实施乡村振兴战略和新型城镇化建设中，发挥非物质文化遗产服务基层社会治理的作用，将非物质文化遗产保护与美丽乡村建设、农耕文化保护、城市建设相结合，保护文化传统，守住文化根脉。

（3）促进合理利用。在有效保护前提下，推动非物质文化遗产与旅游融合发展、高质量发展。深入挖掘乡村旅游消费潜力，支持利用非物质文化遗产资源发展乡村旅游等业态，以文塑旅、以旅彰文，推出一批具有鲜明非物质文化遗产特色的主题旅游线路、研学旅游产品和演艺作品。支持非物质文化遗产有机融入景区、度假区，建设非物质文化遗产特色景区。鼓励合理利用非物质文化遗产资源进行文艺创作和文创设计，提高品质和文化内涵。利用互联网平台，拓宽相关产品推广和销售渠道。鼓励非物质文化遗产相关企业拓展国际市场，支持其产品和服务出口。

（4）加强革命老区、民族地区、边疆地区、脱贫地区非物质文化遗产保护传承。建立东中西部地区非物质文化遗产保护协作机制，鼓励东部地区加强对中西部地区的协作帮扶。加强革命老区非物质文化遗产保护，鼓励传承人创作以红色文化为主题的作品。坚持以铸牢中华民族共同体意识为主线，促进各民族非物质文化遗产保护传承，树立和突出各民族共享的中华文化符号和中华民族形象。开展边疆地区非物质文化遗产资源调查，推动与周边国家开展联合保护行动。加大对脱贫地区非物质文化遗产保护的专业支持，进一步推动非物质文化遗产助力乡村振兴，鼓励建设非物质文化遗产就业工坊，促进当地脱贫人口就业增收。

（三）加大非物质文化遗产传播普及力度

（1）促进广泛传播。适应媒体深度融合趋势，丰富传播手段，拓展传播渠道，鼓励新闻媒体设立非物质文化遗产专题、专栏等，支持加强相关题材纪录片创作，办好有关优秀节目，鼓励各类新媒体平台做好相关传播工作。利用文化馆（站）、图书馆、博物馆、美术馆等公共文化设施开展非物质文化遗产相关培训、展览、讲座、学术交流等活动。在传统节日、文化和自然遗产日期间组织丰富多彩的宣传展示活动。加强专业化、区域性非物质文化遗产展示展演，办好中国非物质文化遗产博览会、中国成都国际非物质文化遗产节等活动。

（2）融入国民教育体系。将非物质文化遗产内容贯穿国民教育始终，构建非物质文化遗产课程体系和教材体系，出版非物质文化遗产通识教育读本。在中小学开设非物质文化遗产特色课程，鼓励建设国家级非物质文化遗产代表性项目特色中小学传承基地。加强高校非物质文化遗产学科体系和专业建设，支持有条件的高校自主增设硕士点和博士点。在职业学校开设非物质文化遗产保护相关专业和课程。加大非物质文化遗产师资队伍培养力度，支持代表性传承人参与学校授课和教学科研。引导社会力量参与非物质文化遗产教育培训，广泛开展社会实践和研学活动。建设一批国家非物质文化遗产传承教育实践基地。鼓励非物质文化遗产进校园。

（3）加强对外和对港澳台地区的交流合作。配合重要活动、节庆、会议等，举办对外和对港澳台非地区的物质文化遗产交流传播活动。加强与联合国教科文组织等国际组织在非物质文化遗产领域的合作，拓展政府间多边、双边合作渠道，加强与"一带一路"共建国家和地区非物质文化遗产交流，提升我国在国际非物质文化遗产领域的话语权，维护国家主权和文化安全。加强国际文化专家队伍建设和中外智库交流合作，提升国际学术影响力。鼓励各驻外使（领）馆、海外中国文化中心、驻外旅游办事处、中资企业以及海外侨胞和出国留学人员等积极开展我国非物质文化遗产的宣传推广。推出以对外传播我国非物质文化遗产为主要内容的影视剧、纪录片、宣传片、舞台剧、短视频等优秀作品。通过中外人文交流活动等形式，交流非物质文化遗产保护先进经验，向国际社会宣介我国非物质文化遗产和中华优秀传统文化。积极推动内地和港澳、大陆和台湾地区的交流合作，充分发挥非物质文化遗产在增进文化认同、维系国家统一中的独特作用。

第二节　粤港澳旅游文化遗产的当代价值与精神谱系

粤港澳地区，自古至今，从北到南，由内地到沿海，由滨海到海洋，分布着无数的文化遗产，凝结了南粤先民生生不息、奋斗不止，改造大自然、追求幸福生活的坚定信念和坚强意志，成为后世学习、研究的宝贵财富，成为中华文明皇冠上的一颗璀璨明珠。粤港澳旅游文化遗产，无论是在学术上、物质生活上，还是在社会文化层面或是人类精神世界里，都具有极高的价值，构成岭南文化和粤港澳亿万人民的精神谱系。

一、粤港澳旅游文化遗产的历史价值

作为古代"海上丝绸之路"的起点，粤港澳的旅游文化遗产和"海上丝绸之路"有着天然的血肉联系，每一件文物、每一段历史、每一个人物及史事都或多或少包含着"海丝"的基因。可以说，粤港澳旅游文化遗产的历史价值，都天然地和"海"紧密相连，离开了"海丝"，粤港澳旅游文化遗产的价值将受到极大的局限。历史价值主要体现在以下几方面。

（一）历史文化价值

以广东为主要遗产地的粤港澳地区，自古以来就和海外保持着密切的交流，粤港澳文化遗产，绝大部分都和"海"有渊源，具有深厚的历史文化价值。以港航遗存、外销品生产基地、文化交流遗存、海神信仰建筑、海防设施等为主要类型的遗产，共同构成了广东"海上丝绸之路"进行中外文化交流的重要基础；各类物质和非物质遗产共同构成了广东"海上丝绸之路"的特征、历史进程及其意义的完整呈现，其中最典型的当数波罗诞（南海神诞）、妈祖诞（妈祖节）等海神祭祀。历史地理是广东"海上丝绸之路"历史价值的组成部分，这在"海上丝绸之路"的内河通道上表现得较为突出，如外销瓷窑址主要分布在沿海地区和临近江河之处，便于通过水路运销，这些地区往往也是对外贸易较为活跃的地区。此外，不同类别、类型的史迹往往成组群分布，遗产价值相互关联、互为补充，这在广州等节点城市和作为航海地标的南澳岛、上川岛表现得更为显著。

（二）社会功能价值

商品贸易是"海上丝绸之路"开通之初的直接目的，其后贸易功能持续扩大，并且衍生出交通、信仰、政治、军事等功能，遗产类别、类型和数量随之增加，遗产内涵不断丰富，由此产生动态性的多维度社会功能价值。具有较强社会功能的文化遗产主要有六类：一是"控制和保护贸易线路并因此获利繁荣的城镇"，反映在广东"海上丝绸之路"史迹方面，如明清时期的汕头樟林古港及新兴街、作为广州外港的黄埔古港及黄埔古村等；二是"保护线路的军事要塞和其他建筑物"，如遍布广东沿海的海防设施；三是"沿途为接待旅行者建造的聚居点和客栈"，如广州唐宋番坊、明代怀远驿等；四是"反映线路文化、宗教等传播的场所"，该类史迹数量多、保存较完整；五是"文化景观，如农业区、为维持聚居点而建造的集水系统等"，作为航线地标的南澳岛、上川岛可以视为特殊的景观类型遗产；六是"地理道路、标志性自然形成物、其他相关的交通系统的古迹遗址"，如古驿道、兼具航标功能的楼塔、标注在航海图上的"乌猪洲"等。

广东"海上丝绸之路"史迹社会功能价值的不断丰富，首先表现在贸易功能方面，以唐宋时期外销瓷窑址增多最为突出；交通功能扩展的最重要表现是明清时期区域性中转港口增多,潮州樟林港、吴川芷寮港、湛江雷州港等外贸港口体系奠定了广东在"海上丝绸之路"的重要地位;信仰功能集中表现在六朝以后的佛教、伊斯兰教、天主教等外来宗教史迹和本土海神信仰建筑方面;宋代以后尤其是明清时期出现以海防设施为代表的军事功能;政治功能主要表现在政府对海外贸易的管理制度上,以广州南越国宫署遗址、番坊、粤海关等为代表。其次表现在明清海禁政策下的朝贡外交和贸易上,最具代表性的是与郑和船队相关的史迹。

(三)中外交流价值

粤港澳"海上丝绸之路"的中外交流价值主要表现在以外来宗教和民间信仰传播为主的宗教交流,以航海、制瓷、纺织、建筑、种植为主的科技交流,以建筑艺术、外销瓷艺术、审美艺术为主的艺术交流等。"海上丝绸之路"不同文明体系的中外交流价值以宗教信仰传播最为突出。粤港澳是中国最早接受外来宗教文化的地区,广东沿海汇聚了世界主要宗教,产生多元文化的融合创新;妈祖信仰则随着"海上丝绸之路"传播到东南亚等地。在科技交流方面,"南海Ⅰ号"的水密隔舱被视为中国对世界造船技术发展的杰出贡献;印度的佛塔等建筑形式与中国木构殿堂相结合,产生了中国楼阁式佛塔、佛殿建筑风格,并发展成东亚佛教建筑体系,光孝寺、南华寺、华林寺等即其中代表;科技交流还表现在明代以来番薯等农作物的引进等。为迎合海外市场需要,清代晚期的外销瓷吸收外来元素,甚至采用外来样式和图案定制生产,"广彩"是艺术交流的典型。①

二、粤港澳旅游文化遗产的当代精神价值

粤港澳历史悠久、数量众多、类型丰富、分布广泛的旅游文化遗产,不仅具有深厚的历史价值,还影响了岭南、"海上丝绸之路"千百年来的经济文化交流,影响了中国历史的进程,奠定了近代岭南文化的本底,铸就了当代粤港澳大湾区的"开放之精神、勇敢之气魄、拓新之灵魂",在区域发展、国家富强、民族振兴的未来大业中必将再现巨大的价值和无穷的力量。

---

① 张晓斌,郑君雷.广东海上丝绸之路史迹的类型及其文化遗产价值[J].文化遗产,2019(3):141-148.

（一）自力更生、自强不息的奋进精神

遍布岭南大地的各类旅游文化遗产，无不折射出粤港澳先民"爱拼敢赢、敢为天下先"的竞争、进取、冒险、创造精神，这种精神的内核仍然激励着后人。一是爱拼敢赢。"敢"字当头，不畏天不畏地，敢于与恶劣的环境拼搏，敢于与艰难的时代抗争，敢于与贫穷的生活宣战。二是"敢为天下先"，即敢闯、敢试、敢冒险。当年先民们跨海出洋，开辟了数十条通向五洲四海的海上通道，闯出了自己的一片天空。千百年来岭南人为家为国为利为生活，摇曳于惊涛骇浪之中，留下了可贵的自强不息、奋斗不止的精神。正是这种精神，锤炼了广东人，培养造就了他们坚忍不拔、敢于拼搏的顽强意志，开拓了一条条通向外洋的航海通道，并在生与死的搏斗中，伴随着"海上丝绸之路"进行了历经千年而不息的对外物质和文化交流活动。

在全球化的今天，"21世纪海上丝绸之路"充满了机遇与风险、合作与竞争、友好与敌对。国际经济政治格局千变万化，作为中国改革开放前哨的粤港澳地区，应该效仿先民，继续发扬砥砺前行、艰苦奋进的创业和创新精神，在国家对外交流与合作中勇担重担、勇当潮头，不畏艰险，"杀出一条血路"来。在西方一些国家挑起的逆全球化浊流中，粤港澳地区更应该自力更生、自强不息，"敢为天下先"，在科技创新、经济发展、社会治理、文化复兴的新征程中再做领头羊和排头兵，为中国特色社会主义建设的新发展贡献"粤港澳模式"。

（二）开放包容、求真务实的创新精神

"海上丝绸之路"文化交流史表明，一个国家、一个民族、一个地区，只有积极与域外文化进行交流，吸收世界文化的优秀成果，才能保持文化的先进性与时代性，才能使自己在政治、经济和文化上获得更快的发展。这是海外交通历史告诉我们的重要结论。粤港澳文化遗产，无论是建筑、城镇、园林，还是工商、贸易、交通，或是礼仪、民俗、宗教，均体现出开放包容、求真务实的内核。先民们为了生存、生活、平安、幸福这个人生的最高目标，将所有能为己用的事物统统纳入自己的合作对象，中西结合、传统现代融合，从不排斥外来文化，对新事物持开放包容的态度，广交天下朋友，"四海之内皆兄弟"。

进入21世纪以后，经济和文化全球化的步伐进一步加快，这是以计算机通信为核心的信息技术和以互联网为平台的网络世界的出现引起的变革。由此，人类进入了信息时代，出现了知识经济，新技术、新媒体、新消费、新文化层出不穷。在这种形势下，粤港澳要保持国内经济、文化和科技的先进性和时代性，就要继续发扬开放包容、求真务实的创新精神，要有更为广阔维度的开放和全方位的包容。在内容上要不断纳新，吸收代表世界潮流和时代进步要求的文化价值观念，包括理想信念、价值取向、伦理道德、团队精神、人文关怀；在形式上要大胆向发达国家学习，不断创新，充分发挥和运用现代科学技术，包括信息技术、计算机、网络技术、新媒体技术、虚拟现实、人工智能、区块链等。在中国现代化建设的伟大复兴路上继续充当先锋，在"21世纪海上丝绸之路"上做好桥梁和窗口的角色。

（三）忧国忧民、改造社会的担当意识和责任感

自古以来，南粤先民生活在背靠陆地、面向大海、自然条件恶劣的热带地区，改造自然、改变生活、改革社会的危机意识、忧患意识、改革意识、创新意识最为强烈。古代"海上丝绸之路"就是这种强烈的社会责任感和担当意识的体现，千百年来岭南人民的忧国忧民、改造社会的担当意识和责任感成为推动中国历史发展、推动中国融入世界的重大力量。广东是中国近代革命的摇篮和改革开放的前沿，从太平天国到鸦片战争，从辛亥革命到北伐战争，从三元里抗英到广州起义，从改革开放到富可敌国，从康有为、梁启超到孙中山、叶剑英，发生了影响中国历史进程的轰轰烈烈的大事件，涌现出无数可歌可泣的革命先驱和英雄人物。所有这一切，都留在了粤港澳的历史文物和文化遗产中，永远刻在中国人民的记忆里，将世世代代存留在中华民族的史册上。

在当今这个动荡的世界里，在三千年未有之大变局中，中华民族更加需要广东先辈和英雄们的这种忧国忧民、改造社会的担当意识和责任感，"先天下之忧而忧"，在民族危难之际，挺身而出、舍己救国；在国家困难之时，舍小家顾大家，为国分忧；在充满风险的前进路上，勇于担当、敢于探索、甘于牺牲。所以，深入挖掘粤港澳旅游文化遗产中的这种基因，并传承下去，将为中华民族伟大复兴保存最刚毅的内核和最强大的动力。

（四）寻根归祖、报效家国的传统情怀

粤港澳地区的旅游文化遗产，每一件文物、每一栋建筑、每一个人物都深深烙上了岭南先民寻根归祖、报效家国的传统情怀，体现了中华民族的优良人

文传统和优秀文化精神。古往今来，岭南的先辈们为了生存、为了发展、为了追求幸福生活，漂洋过海、客住他乡，无论外面的世界多么有诱惑力，无论海外生活多么艰难，无论国内局势多么动荡，他们都怀着强烈的家国情怀，无论路途多么遥远，无论行程多么坎坷，祖辈们为国家抵御外敌、为民族争取独立、为乡亲父老过上好日子，千里迢迢、不遗余力地将积累的财富带回家乡，奉献给祖国。如岭南各地浓厚的宗祠及宗族文化、众多的名人和革命家故居及事迹、凝聚深厚家乡情感的开平碉楼（群）、世界华侨代代相传的中国传统节日等。这些旅游文化遗产成为激励后人前赴后继、牺牲自我、改造社会、造福于民的精神支柱，化为岭南人民团结一致、同甘共苦、创造幸福生活经久不衰的力量源泉。

在中华民族伟大复兴的新时代，在"21世纪海上丝绸之路"背景下，岭南先民的这种家国和民族情怀，无疑是粤港澳亿万民众的宝贵精神财富，需要很好地传承利用，服务于大湾区的崛起。当前，尤其需要海内外的岭南籍仁人志士先锋、"各路英雄豪杰"，无论深处何处，哪怕是万里之外的异国他乡，学习岭南先民寻根归祖、报效家国的传统情怀和优秀品质，在同一宗族民族血缘、共同的家国乡土情怀感召下，为粤港澳世界级大湾区的崛起，为中国的繁荣富强，为中华民族伟大复兴，添砖加瓦、贡献才智。面对世界多极化和政治动荡，面对新一轮的海外移民潮，如何深入挖掘岭南先民寻根归祖、报效家国的传统情怀，激发海内外中华儿女爱国爱家、报效家乡和祖国的热情，尤其是培养和熏陶海内外华人华侨及港澳台年轻一代的国家认同感和民族自豪感，树立爱国爱港、振兴家乡、统一国家、复兴民族的主人翁意识和责任感，显得尤为紧迫和重要。

三、粤港澳旅游文化遗产的精神谱系

岭南文化可以说全面、生动、深刻体现了中华民族的优秀传统和精神价值，粤港澳先民集中了华夏民族几乎所有的优良品德和人文素养。粤港澳旅游文化遗产整体性呈现出中华民族的精神谱系，从古到今贯穿岭南历史、由南到北嵌入岭南大地，生生不息、千秋传承。这种精神谱系成为粤港澳大湾区最为珍贵的精神财富，并可以转化为强大的物质生产力和文化生命力，供给和滋养着亿万人民。这种精神谱系是这个民族由内生向外源、从创业拓荒到生产生活、从

个人到国家和民族、由人类社会到自然世界的一整套精神体系（图6-1），主要包括：

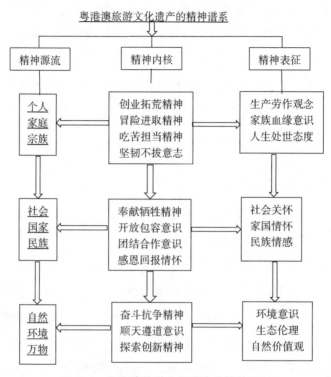

图6-1 粤港澳旅游文化遗产的精神谱系

这种精神谱系千百年来起始于远古，形成于历史，影响到当代，传承于未来，激励着南粤人民世世代代在岭南这片土地上不断地改造自然、建设家园、创造幸福生活。这种精神谱系具有巨大的价值和强大的动力，支持着粤港澳大湾区以独特、鲜明的文化特性和民族性格走上世界舞台，值得后人永远珍惜、保存和传承。今天的粤港澳人民要好好地挖掘岭南大地的旅游文化遗产价值，充分发挥其作用，使之更好地服务于区域发展、国家建设和民族复兴。

第三节 粤港澳旅游产业和文化产业融合发展

为了更好地传播、传承旅游文化遗产，让广大民众了解、认识文化遗产，需要大力发展旅游和文化产业，旅游和文化产业融合是被实践证明的行之有效的途径。近20年来粤港澳大珠三角地区的旅游产业得到长足的发展，广东省的文化产业也取得了很好的成绩，香港和澳门的旅游、文化产业同样跻身于亚洲乃至世界先进地区行列。在国家实施粤港澳大湾区战略的近年来，粤港澳三地的旅游和文化产业融合发展正经历着"广（度）深（度）高（度）速（度）"提升的路径。长远来看，三地需要在产业融合、区域融合上做更大的努力，粤港澳旅游产业和文化产业融合，要根据三地具体的、历史的情况和未来的趋势，选择合理的机制和适宜的模式。

一、总体方向和思路

（一）"一家亲"凝聚文旅产业，打造大湾区文旅品牌

同饮珠江水、同为中华儿女、共创岭南文化的粤港澳地区，特殊的历史阶段造成了香港、澳门特定的经济、社会和文化背景，特定的经济、社会和文化制度丰富了中国文化的内容，提供了中外交流的条件，促进了中国的现代化和中华民族的振兴和强大。"粤港澳一家亲，大文旅是黄金"已成共识。改革开放以来，粤港澳三地的经贸、文化、旅游合作不断向纵深推进，内地精英文化流向港澳、港澳商业文化传至内地的双向交流得以充分开展，这种文化交流为粤港澳之间旅游和文化融合提供了可能性和必要性。通过三地的旅游和文化企业的互补与合作，可以很好地传播、交流三地各具特色的文化，包括物质景观、思维方式、经济模式、政治结构、价值观念、生活方式、宗教艺术、民风民俗、教育科技、语言文学等。

今后粤港澳地区旅游和文化产业的发展，更多要以"一家亲"来溯源、凝聚比"一国两制"更具有历史文化的归属感及民族的亲和力。要通过岭南历史文化、同根同祖同宗、同一片蓝天和同饮珠江水来吸引凝聚三地文旅产业，共筑大湾区文旅品牌。尽量求同存异，淡化近代历史造成的"两制"带来的差异，追求同一个湾区、同一种文化、同一个品牌。粤港澳要建设世界第四大湾区，必须是在产业同构、文旅融合、品牌同筑的基础上形成合力，形成整体效应和规模效益，形成竞争力和影响力。世界三大湾区——纽约湾区、旧金山湾区和东京湾区，在产业体系构造、文化和形象塑造、品牌与影响力打造方面，形成

了经验，这三大湾区都是影响全球的经济产业航母、旅游文化高地、地域文化标杆。因此，粤港澳的旅游文化遗产价值传承与传播，要通过锻造文旅品牌来带动人（游客、人才）流、物流、资本流、技术流、信息流，从而有利于旅游文化遗产的挖掘、活化、利用和保护。没有文化的认同和"根源"的凝聚、没有产业的融合和开发、没有品牌的确立和激发，旅游文化遗产就难以被统筹发掘、协同开发、有效利用和合理保护。

（二）文化铸就旅游产业灵魂，旅游彰显文化遗产活力

旅游产业的发展，核心要素是旅游资源及旅游产品，粤港澳旅游产业，从资源禀赋看，主要包括都市旅游、乡村旅游、文化旅游、海洋旅游，每一部分都包含着岭南特色文化，在国内各大区的旅游中独树一帜、独领风骚。都市旅游产业，依托中国经济最发达的港澳珠三角都市圈深厚的历史文化、发达的工商业文化、独具风格的建筑文化、绚丽多彩的民俗文化、活力无限的娱乐文化以及光怪陆离的港澳文化得以领跑全国，占据了粤港澳80%以上的产业规模和收益。乡村旅游，因岭南三区（苏区、老区、少数民族集聚区）乡村、平原水乡鱼塘和滨海渔民乡村的景观、生产和民俗生活而充满无限魅力，吸引着国内外游客。粤港澳的古百越文化、历史名人和革命（红色）文化、民俗和宗教文化，无不彰显出中国南方沿海水陆交接地区冒险探索、开放包容的文化气质，粤港澳文化旅游的产品体系、产业规模和素质之优秀可见一斑。总之，粤港澳旅游产业具有深厚的文化底蕴，文化构成了旅游产业的基因。因此，粤港澳旅游产业务必以文化铸就灵魂、以文化引领方向、以文化凝练特色、以文化塑造品牌、以文化形成竞争力。

深厚的文化历史、丰厚的文化遗产，也只有在发展旅游中才能被人们接受、了解、认可、传播，文化资源才会从地下站出来、文物古迹才能从博物馆里动起来、文化遗产才能从古籍里活过来。粤港澳地区拥有亿万人口的旅游市场规模、发达的旅游产业体系、巨大的旅游消费潜力，文化资源、文化遗产，成为广大游客喜爱的旅游吸引物，无论是文化考古、文化科普、文化研学、文化体验，都是今后游客青睐的旅游方式。通过旅游产业来彰显文化遗产活力，是文化遗产保护与利用的不二选择，是文化产业和旅游融合的最佳途径。因此，粤港澳地区要将文化和旅游高度、深度融合，使两者相得益彰、共享共荣，以此

作为文化产业和旅游产业发展的战略方向和价值取向。

（三）科技赋能文旅产业发展，创新驱动文旅深度融合

当今，科技赋能区域要素是社会发展的大趋势，科技创新驱动是产业升级的必经之路。文旅融合发展，只有在科技创新的支持下才能实现，科技赋能粤港澳文旅产业发展、创新大湾区驱动文旅深度融合，是粤港澳旅游文化遗产保护与利用的重大战略选项。

（1）建设文旅智慧空间。一方面，积极推动粤港澳文旅场馆（旅游景区、文博场馆、文娱场所）的智慧化建设和改造，在场馆内新建数字化导游导览系统、全覆盖 Wi-Fi、实时数据更新系统、智能化外墙、设备控制系统等智能化设施；另一方面，利用 AI 人工智能、VR、5G 等数字技术进行文旅场馆的智能导航、多维数字场景运用、智能机器人、智慧化文旅服务等。

（2）数字化、智能化组织开展文旅重大活动。首先，将文旅活动的所有"人、财、事"进行信息化集成、数字化联结、系统化存储，全域全景全程覆盖所有要素。其次，要加速数字技术在文旅活动组织中的应用，依托于高速率、广覆盖的 5G 网络，通过公网集群对讲技术来实现大范围内"0"延误的跨域通信，为文旅活动提供稳定清晰的对话服务与高清影像信息，满足各类人员快速、高效的精准沟通。再次，推进高新技术在文旅活动保障中的应用，全面应用 5G、BIM、LOT、3DGIS 等技术提升智慧文旅场馆的智能化水平，强化文旅场馆的监测、预警、指挥一体化管理能力。最后，推进大数据、物联网、云计算等技术的深度应用，打造集精准预报、自我感知于一身的数智气象服务平台、安全保障服务平台，为重点文旅场馆和重大活动区域提供快速、精准、高效的服务。

（3）科技引领文旅场馆及活动的现代化媒体。推进 5G 技术、超高清、虚拟现实、人工智能等在媒体文旅活动传播中的应用，延伸观众的视觉与听觉，做到"随时随地观赏"，提高沉浸式游赏体验。一方面，通过丰富文旅场馆及活动的信号源和信号制作模式，实现全方位覆盖、转播和报道；另一方面，通过 5G 技术加强数字传输和连接能力，促进文旅活动传播速度和容量的提升，开拓全新应用场景。如无人机俯空拍摄结合 5G 技术提供多维观赏视角和信号实时回传、建立城际铁路 5G 直播演播室、5G 和 AI 结合提供文旅活动智能交互平

台等。

二、旅游和文化产业融合的机制和模式

(一) 旅游和文化产业融合机制

1. 建立多层次、多形式的旅游和文化融合发展机构

目前粤港澳大湾区合作的机制是在20多年来形成的粤港澳大珠三角基础上由"9+2"各省区和港澳最高行政首长联席会议制度、各区域政府秘书长协调制度以及政府部门协调制度组成三个层次的产业融合机制。今后要在这个机制框架内,由粤港澳三地的旅游和文化行政主管部门磋商,对应地建立粤港澳三地政府旅游和文化厅(局)长联席会议制度—厅(局)长办公室主任协调制度—旅游和文化行业各部门衔接落实制度三个层次的政府旅游协调机构。

在此基础上,建立旅游和文化行业协调组织,充分发挥粤港澳区域内各类企业及各类非政府组织的协调作用。可以考虑有选择性地成立粤港澳相关的旅游和文化行业协会,包括旅游和文化企业协会(又可分为旅游饭店协会、旅游景区协会、旅行社协会、旅游交通运输协会、文化企业协会、文化遗产协会、文化演艺协会、文物和文博协会等)、旅游和文化人才与教育协会、旅游和文化研究协(学)会、文旅发展基金会、旅游和文化发展研究院(所)等。

2. 制定并完善粤港澳旅游和文化融合的协议、规则、制度、标准等

各旅游和文化合作组织及协调机构根据行业发展需要及自身特点,在国家的法律和法规体系以及《粤港澳大湾区发展规划纲要》内,按照自愿平等、公平开放、互利互惠的原则,制定并完善粤港澳旅游和文化融合的协议、规则、制度、标准等,以规范并指导粤港澳旅游和文化融合的各项行动。

3. 加强粤港澳旅游和文化融合的项目和工程建设

加强粤港澳旅游和文化融合的项目和工程建设,如建立旅游和文化企业交流合作平台,各方积极促进旅游和文化企业之间的友好合作;大力打造粤港澳文化旅游精品线路;整顿旅游和文化市场,优化旅游和文化市场环境,致力于推进无障碍旅游区、全域旅游、国家文化公园、国家文化产业示范区、世界文化遗产地建设和提升工作;促进三地在旅游和文化管理培训方面的融合,加强信息和技术交流。在粤港澳旅游和文化信息平台建设的基础上,共享三地旅游

和文化信息资源，利用互联网、物联网、大数据、区块链、虚拟现实、人工智能等高科技手段提升旅游和文化产品技术含量。

（二）旅游和文化产业融合模式

产业融合模式，是与产业相关的企业、人才、组织、信息、政策、服务、法律等各方面全方位融合所形成的一整套方式方法体系。粤港澳旅游和文化产业融合，可以在30多年来三地旅游产业合作形成的模式基础上，探索创新模式（图6-2）。

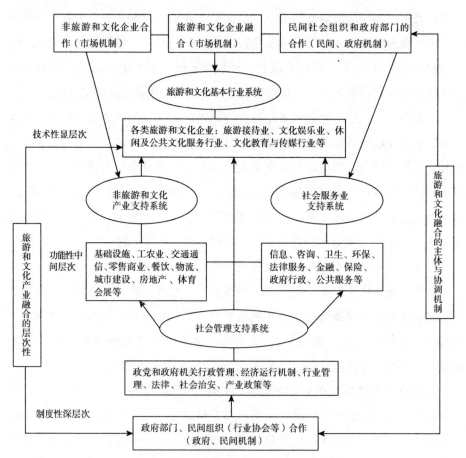

图 6-2　粤港澳旅游和文化产业融合模式

第四节 粤港澳文化探源与文化传世工程建设

中华文明历经 5000 多年,是人类文明长河中唯一传承至今而没有间断的一支。100 年前中华儿女就开始了中华文明的探源工作,20 世纪 70 年代后期,考古界明确提出了探索中国文明的起源问题。进入 21 世纪,随着多阶段"中华文明探源工程"的实施,文明起源研究持续深化。近年来学术界越发意识到中华文明起源与早期发展问题的复杂性,中华文明起源与早期发展不仅是一个长达近 2000 年的历史过程,还是一个分布在黄河、长江全域以及钱塘江、淮河、西辽河、珠江流域等广袤大地上的诸多地方文明构成的巨大丛体,体量为同时期世界古代文明之最,这个丛体内部的各地方社会也分别有自己的文明化演进方式和特点。粤港澳文化遗产产生在岭南大地的千年历史中,岭南文化是中华文化"多元一体"中的一体,实施粤港澳文化探源工程,探索岭南文化的演进过程、原因机制、方式道路,不仅为粤港澳文化遗产的保护寻找到根源,也是对中华文明探源工程的重要补充,意义重大。

一、粤港澳文化探源工程

粤港澳文化探源工程,需要在粤港澳三地及中央的统一领导下,坚持跨区域、大团队、多学科、多角度、多层次、全方位的工作方针,密切考古学和历史学、人文科学和自然科学的联合攻关,拓宽研究时空范围和覆盖领域,进一步回答好岭南文化起源、形成、发展的基本图景、内在机制以及文化遗产演进路径等重大问题,让更多的人了解岭南文化、认识粤港澳文化遗产。同步做好粤港澳文化探源工程研究成果的宣传、推广、转化工作,加强对各类文化遗产的研究阐释和展示传播,提升粤港澳文化的影响力和感召力,实现粤港澳文化遗产价值的创造性转化、创新性发展,打造传承弘扬粤港澳大湾区文化的金名片。促进粤港澳文化探源工程成果转化传播,或可选择粤港澳地区的中心城市广州、香港、澳门、深圳、珠海、佛山、韶关、梅州、潮州、汕头、中山、江门、茂名、湛江等,建设感受体验岭南文化的沉浸式主题乐园或体验园,让国内外游客特别是广大青少年在游玩中体验中华文明的悠久历史、丰富内涵、灿烂成就和对人类文明做出的卓越贡献。可以进行的文化探源工程有：

（一）岭南最早先民来源与迁徙路径

文化遗产皆为"人作"，粤港澳旅游文化遗产的起源与流传，都是世世代代南粤人民在生产生活和社会交往中留下来的。起先有人，才有文化，更有遗产。探索岭南最早先民的来源，就能够找到岭南文化的根源和文化遗产的"根基"；了解先民从源地迁徙到岭南的路径，就能够寻到岭南文化的基因谱。在岭南民族的来源及变化的研究中，已经有很多这方面的成果，比如，韶关市曲江区马坝人遗址的考古发现、南越王墓考古发现等。但即使如此，也存在诸多没有完全研究清楚和没有定论的历史疑问，需要当代及后世一直探索下去。综合运用考古学、古地理学、古生物学、古人类学、古文献学等学科知识和现代科技手段，不断深化先民的来源及迁徙研究，可为后世提供经得起考证和检验的成果。

（二）岭南聚落与城邦起源及早期形态

聚落与城邦被学术界认为是文明起源的一大标志，聚落和城邦是人类在地球上生存并脱离原始自然形态的高级形态，人类文明和文化的诸多内容都是通过聚落和城邦体现出来的。人类的聚落和城邦（建筑、政治、宗教）在不同地区有不同的起源机制、形态特征、结构功能，岭南聚落（乡村、城镇）和城邦，具有典型的农耕形态、海陆兼备（形态和功能）、人地和谐的特征，在中华文明史上有着很强的代表性，是中华文化的重要组成部分，有着重要地位。因此开展岭南聚落与城邦起源的探索研究，在探索岭南先民起源的基础上，继续研究岭南聚落与城邦起源的历史、形态、演变等问题，具有极其重要的历史价值、现实意义。粤港澳旅游文化遗产，绝大部分都和聚落与城邦有关，实施岭南聚落与城邦的探源工程，对于保护和传承粤港澳民居和建筑文化遗产，具有重要的作用。要总体规划、统筹推进、协同运作，需要充分发挥粤港澳有关高校、研究机构的作用，考古学、建筑学、古地理学、环境化学、地球化学等学科的学者和机构联合协同开展工作。

（三）岭南农耕文化起源与变迁

中华文明是典型的农业文明，农耕文明历史悠久，岭南地区尽管海陆兼备，最早开辟了"海上丝绸之路"，但几千年来，农耕文明仍然占据主导地位。岭南农耕文化创造了独具特色的热带生态农耕形态和水乡与海洋文化生活方式，在中国农耕文化体系中占据着重要的一极；它哺育了岭南民族，孕育了工商业文明，塑造了岭南先民"勤劳创业、不敢贫穷落后、发家致富"的民族性格特点，彰显了粤港澳人民"重本逐末、不忘根本"的精神情怀。探索岭南农耕文化起源与变迁，能够理解粤港澳地区很多的民族民俗文化、乡村农耕文化遗产的本质、内在动力机制和演变轨迹，对当代农业农村文化的价值重构、乡村振兴及城市发展具有奠基式的作用。在高度商业化、城市化的粤港澳地区，这方面的探源工作，更需要三地自上而下通力合作，要有先知先觉和危机感、使命感，借鉴国内外相关的经验，形成大湾区特色和岭南风格的农耕文化探源工程成果。

（四）广东语言（粤语）起源及演变

和物质生产生活中的农耕、聚落一样重要，语言是诞生文化的"干细胞"，没有语言，人类就没有文明、没有文化。语言和文字中包含了文化所有的"基因"，通过语言基因表达，文化就显示出内容、意义、形态和功能。岭南文化中的语言基因组，繁殖出多姿多彩的文化生命体，其中的广东语言（粤语），包含粤港澳地区，是极具魅力和内涵的语言支系，和其他的语言有着很大的差异。探索广东语言（粤语）的起源及演变，就找到了粤港澳文化遗产的基因，就能够了解粤港澳文化遗产的价值所在，尤其是非物质文化遗产，如粤剧、广东音乐以及各种语言民俗。这方面的探源工程，目前还进行得不全面、不深入、不系统，还没有受到足够的重视，需要加强粤语的探源工程建设。方言、文学、音乐、戏剧、曲艺、特殊形式的口传艺术等都是探源工程所要挖掘的内容，抢救濒危的粤港澳非物质文化遗产，挖掘、整理、恢复、出版（再现）、传承这些珍贵的遗产，是粤港澳三地的重要使命。

（五）广东航海及"海上丝绸之路"起源与演化

粤港澳旅游文化遗产和航海及"海上丝绸之路"有着千丝万缕的联系，大部分文化遗产诞生在"海上丝绸之路"的形成、变迁中。探索广东航海及"海上丝绸之路"的起源与演化，对挖掘粤港澳旅游文化遗产的价值意义重大，"海上丝绸之路"赋予粤港澳旅游文化遗产世界性价值，对21世纪粤港澳旅游文化遗产的海外传播将起到不可替代的作用。这项探源工程，要继往开来，在已有的"海上丝绸之路"重大考古工程（如南海Ⅰ号）基础上，根据现有文献，全面、准确地发掘"海上丝绸之路"文化遗产（遗址、遗物、遗迹）。要不断提高"海上丝绸之路"文化遗产探源的科技手段、扩大文化遗产发掘的时空范围、深化文化遗产考证的内涵,为岭南的对外交流、为中华民族的世界交往历史提供重要的史学和考古证据。

二、粤港澳文化传世工程

为了更好地传承粤港澳旅游文化遗产价值,使岭南优秀文化世世代代传扬下去,在文化探源工程的基础上,还需要实施粤港澳文化传世工程。所谓传世工程,是指对文化体系中最具代表性的核心内容,通过系统的挖掘、整理、传承和保护工作,使之能够稳定持久地传承下去,历经千百年甚至万年也不湮灭的重大工程。从文化遗产内容的挖掘整理到遗产传承的方式、媒介,从物到人,是一个包含多方面的系统工程。按工程的形态可分为物质形态的和非物质形态的工程,如建筑设施(博物馆、纪念场馆、民居、园林)、文化艺术载体(书籍、影视作品、工艺美术品、音乐、舞台演艺、民间技艺);按工程的建设和传承级别可分为世界级文化遗产工程、国家级文化保护工程、省级文化传承工程。国内外文化遗产传承的成功经验,值得粤港澳地区借鉴,在近20年粤港澳旅游文化遗产保护与利用的基础上,可以建设以下的文化传世工程(见表6-1)。

表6-1 粤港澳文化传世工程一览

序号	文化传世工程名称	主要内容	实施方式	责任单位
1	重要古人类遗址复原与保护工程	岭南地区古人类生活遗址的发掘、复原、保护,包括古人类的居住、劳作、工具制造及使用、族群形态及交往方式、婚姻家庭、健康寿命、祭祀等	就地建设遗址公园、博物馆,开展考古、文化研学、研学旅游、学术研究等活动	粤港澳三地考古、文化文物、住建等部门,高校和相关专业机构
2	典型岭南传统民居和建筑保存工程	保留、修复岭南乡村和城镇现存的所有典型民居建筑,包括典型街区、村落、单体建筑等	修复、保存、设立标志性的历史保护街区、古村落、古建筑,开辟为科考、研学、旅游观光的景点	粤港澳三地住建、农业农村、文化艺术等部门,高校及相关专业机构

续表

序号	文化传世工程名称	主要内容	实施方式	责任单位
3	岭南地理环境与农耕文化自然博物馆工程	岭南热带、"山江田海"地理环境格局下的农耕形态演变的历史挖掘,当代典型农业生产方式及农耕文化展示的农业地域综合体建设	开辟当代农耕文化自(天)然博物馆(农业公园),建立农耕文化历史博物馆,开展科普研学、旅游观光、劳动教育等活动	广东农业农村、住建、文化等部门,高校及相关专业机构
4	重要港口贸易和海防遗址恢复与重建工程	粤港澳沿海古港的文化挖掘利用,重要海防遗址的恢复、重建与价值再利用,现代港口的远景价值挖掘与整理	修复重建古港和海防遗址,开辟为文化旅游与研学基地;开发现代港口的文化价值,为后世做遗产	粤港澳三地国土资源、海事、商务、交通(海洋)运输、文化文物等部门
5	南粤古驿道遗址遗迹修复与保护工程	挖掘南粤古驿道沿线遗址遗迹,重修(护)古道、古村、古巷、古驿站,和古村落特色民居的修复保护融合起来	将古驿道建成粤港澳永久的文化遗产工程,发展考古、文化研学、体育探险、民俗旅游、乡村度假等产业	文化旅游、交通、住建、农业农村等部门
6	岭南杰出人物故居保护及生平事迹传承工程	整理岭南历朝历代杰出人物的事迹史料,包括其故居、生平及事迹,自古至今,形成系列化的传承材料,包括器物及附属物、文献史料、现代数字化存储载体等	进一步完善现有名人故居、纪念馆及生平、事迹的发掘和整理,在故居修缮、遗物保护、事迹整理及出版和保存(传统和现代媒体)等方面更加全面、深入;发展文化旅游、研学教育、探亲纪念等活动	宣传、文化旅游、民政、统战、教育、住建、文物文博等部门

序号	文化传世工程名称	主要内容	实施方式	责任单位
7	广东重要非物质文化遗产整理与重现工程	选取能代表广东文化典型特征和历史脉络的非物质文化遗产（国家级），加以深入挖掘、系统整理、系列化呈现（器物及附属物、文献史料、现代数字化存储载体）	重要非物质文化博物馆建造、文化遗产所在地及文化载体的建设（器物及附属物、文献史料、现代数字化存储载体）	文化旅游、文物文博、民族宗教等部门
8	粤港澳重要文化遗产传承人搜寻与继承工程	全面搜寻粤港澳地区重要文化遗产的传承人，包括历史上的、近期已故的、健在的、正在成长的，发掘他们的价值和作用，支持他们传承其所承载的文化，保持文化遗产传承人后继有人、其文化能够世代相传	整理文化遗产传承人的"谱系"（文献史料），实施文化遗产传承人的书籍出版及其文化传承传播工程（影视、文学、新媒体），兴建文化传承人纪念馆	宣传、统战、新闻广电、出版、文化旅游、民政、民族宗教等部门
9	粤港澳重要文化遗产编辑出版与现代化传播工程	将粤港澳重要的文化遗产，以出版物的方式整理、出版、传承，出版物包括纸质的和电子的，包括传统的和现代的，尤其是数字化出版和传播方式，通过现代科技将文化遗产数字化、云传输、永久保存（传世）	兴建数字化文化遗产平台；建设文化大数据工程，实施文化遗产数字化保存、传播、传承	文化旅游、住建、农业农村、民族宗教、民政、工业和信息化、科技、新闻出版、广播电影电视等部门

第五节 粤港澳文化形象建构与旅游品牌塑造

文化遗产的价值传承，要通过一代一代人不断挖掘、整理、了解、研究、宣传，需要广泛宣传使其被人接受，在全社会普及文化遗产知识、认识文化遗产价值。在流动性越来越强的信息化时代，旅游观光、研学教育是宣传、普及文化遗产知识,有效开发利用文化遗产的理想方式,实践证明文化和旅游融合是文化遗产得以较好保护利用的最佳途径。在文化和旅游融合过程中,文化形象和旅游品牌的构建是旅游文化遗产价值得以彰显、得到保护和传承的重要环节。本节运用相关学科的理论和方法,对粤港澳文化形象建构与旅游品牌塑造提出一些思路和对策,以期为粤港澳旅游文化遗产价值的传承与传播工作提供些许借鉴。

一、粤港澳文化形象建构

粤港澳地区是我国一个地理空间、文化地理分区鲜明、独特的自然和人文(文化)地理单元,以中华文明、华夏大地为母体的岭南地区和岭南文化是中华文化地理分区中非常有个性的一个分支。岭南文化以"历史悠久、奋进拼搏、开放包容、求真务实、敢为人先"的形象著称于世,粤港澳地区又是岭南地区和岭南文化中极具代表性的单元,以中华文化为母体、以岭南文化为符号的粤港澳文化,又融入了近代中西方交融的元素,粤港澳文化呈现给世界的是"根繁叶茂、中西交融、创新敢为、开放务实、活力无穷"的特征和形象(图6-3)。这种形象是几千年来广东先民自古至今承前启后、世代传承而形成的,通过粤港澳地区的山川河流、风物遗产、城乡大地、人文民俗彰显于世。

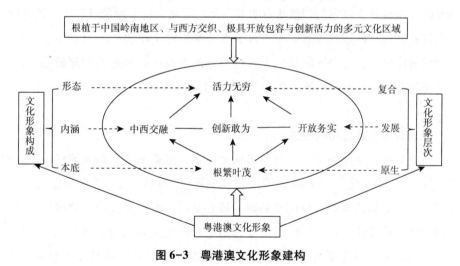

图6-3 粤港澳文化形象建构

粤港澳文化形象内涵:粤港澳文化是根植于中国传统文化中的重要分

支——岭南文化，融合了南粤本土先民文化、中原移民的客家文化、海外异域文化等多种文化，历经千百年"海丝"交融、近代与西方激烈碰撞而形成的一个极具开放包容与创新活力的多元文化。

粤港澳文化形象构成：本底是本土（南粤）、中原（客家）和海外共同支撑的多元文化，可谓"根繁叶茂"。正由于其文化本底是多元的，才形成中西方交融互补、不拘一格创新、敢为天下先的气质，才拥有开放包容、博采众长的性格，才炼就了求真务实、锐意进取的作风，这些成为粤港澳文化形象的内涵。其表现出来的形态特征就是欣欣向荣、生机无限、活力无穷。

粤港澳文化形象层次："根繁叶茂"的三个文化源流（原生形象），千百年来不断丰富和完善的发展形象——中西交融、创新敢为、开放务实，并最终形成生机无限、活力长存的复合形象三个层次。正如学者们的研究所揭示的：海内外人士对粤港澳文化的感知形象归结到一点就是生机无限、活力无穷。不管是千年商业大都会广州，还是改革开放窗口、现代化科创城深圳，不论是东方明珠香港，还是博彩之城澳门，不论是浪漫之都珠海，还是武术之乡佛山，或是世界客都梅州、世界工厂东莞、军港之城湛江，展现在世界面前的无不是生机与活力、激情与梦想。

总而言之，粤港澳文化形象可以概括为：根植于中国岭南地区、与西方长期交织、极具开放包容与创新活力的多元文化区域。这个形象具有丰富的内涵，历久弥新，具有良好的传播效应，对于粤港澳旅游文化遗产的价值传承具有极大的促进作用。在这个形象基础上，塑造粤港澳地区鲜明独特的旅游品牌，无疑将更加有利于粤港澳旅游文化遗产的价值传承与传播。

二、粤港澳旅游品牌塑造

粤港澳旅游品牌塑造，多有学者研究涉足，成果不少。如邹统钎等研究结果表明，"岭南文化""国际都市""包容创新""购物天堂""中西合璧""世界滋味"是粤港澳大湾区目的地品牌的核心基因，大湾区旅游品牌构建应基于品牌基因，从载体、符号、线路出发，塑造和强化大湾区的生活方式，维持品牌竞争力。梁江川等提出了粤港澳大湾区旅游品牌要素三级体系，包括主类、亚类和典型代表（图 6-4）。崔梦涵对粤港澳大湾区旅游文化品牌形象的塑造提出了三点建议：多方参与，共建共创粤港澳大湾区文化品牌；发展智慧旅游，丰富文化品牌形象；资源整合，重视品牌管理和传播。①②

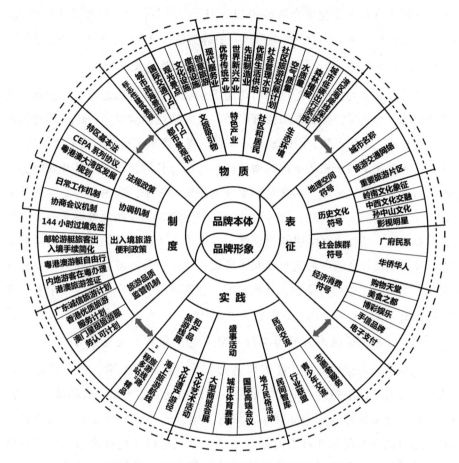

图 6-4 粤港澳大湾区旅游品牌共建要素体系③

综上所述，不同的学者从不同的视角探讨粤港澳大湾区旅游品牌塑造问题，相关结论值得借鉴。从旅游文化遗产价值挖掘、保护和利用角度，塑造粤港澳旅游品牌，需要体现作为旅游吸引物的文化遗产的价值，包括景观美学价值、历史文化价值和科学教育价值，尤其是历史文化价值。品牌的构成要素、品牌

---

① 崔梦涵. 粤港澳大湾区全域旅游发展与文化品牌形象塑造 [J]. 旅游纵览，2021（5）：140-142.

② 邹统钎，邱子仪，张梦雅. 粤港澳大湾区旅游品牌基因选择研究 [J]. 城市观察，2021（5）：32-43.

③ 梁江川，刘少和. 粤港澳大湾区旅游品牌共建要素与路径研究 [J]. 华南理工大学学报（社会科学版），2019，21（5）：12-19.

的基因识别、品牌的符号表达等，都要彰显文化遗产的内在历史、美学、教育价值，这样才有利于文化遗产的保护和利用、传承与传播。借鉴相关的研究，结合作者的研究，本书认为，粤港澳旅游品牌塑造，要在以下几方面开展工作。

（一）以文化形象导入旅游品牌提升粤港澳旅游文化知名度

塑造旅游品牌的目的，是增强对旅游者的吸引力，增加旅游市场份额，这是经济目标。粤港澳旅游资源和旅游产品的最大特色和竞争力，还是其文化内涵、文化价值、文化形象。因此旅游品牌的塑造，要牢牢把握文化形象的内涵、特质，将粤港澳是"根植于中国岭南地区、与西方长期交织、极具开放包容与创新活力的多元文化区域"的文化形象导入旅游品牌中，成为旅游品牌的核心内容。旅游品牌的文字表达、符号设计、视觉传达等都要体现粤港澳的文化形象，只有这样，品牌才有鲜明的识别度和知名度，才有很强的市场认可度和亲和力，才能获得较高的游客满意度和美誉度。因此，粤港澳旅游品牌中要包含其文化形象中的"中西方交融、开放包容、创新活力"三个要素，三个要素要导入品牌的文字、符号、图案、色彩等表达中。

（二）以文化价值渗入旅游品牌凸显粤港澳旅游文化生命力

文化形象导入旅游品牌，还需要通过文字、符号、图案、色彩等综合性的符号系统及其在消费者心中稳定的商标忠诚的确立，才能形成品牌生命力。这需要将文化价值渗入旅游品牌中，只有文化价值（观）才是打动消费者并深层次影响消费者观念和行为的根本要素。也只有将文化价值渗入旅游品牌中，旅游品牌及旅游文化才有生命力，才能持久吸引旅游者。具体而言，粤港澳旅游品牌所包含的内容，除了显示出粤港澳旅游吸引物（景区、景点、产品、服务）的景观美学价值、科学教育价值，让旅游者体会到旅游吸引物的美、秀、奇、壮等景观美学价值，了解到旅游资源的形成、结构、特征、规律等科学原理，受到科普教育外，更应该突出旅游吸引物产生、演变的历史及其所包含的人类文化，即历史文化价值。旅游品牌的文字、符号、图案、色彩等应侧重表达品牌要素的历史文化内涵，彰显文化价值，凸显旅游文化的生命力。

（三）以现代科技注入旅游品牌打造粤港澳旅游文化竞争力

在当代"互联网+"的信息化背景下，新技术、新媒体在文旅产品开发、遗产保护、旅游产品营销、旅游品牌宣传中越来越多地得到应用，产生了巨大的效益。旅游品牌的塑造与传播，越来越多地运用现代科技手段将品牌融入产品、市场、媒介等方面，如文旅 IP、VR、AI、AR、5G、3D 打印等技术。粤港澳地区的深圳、广州、香港、澳门等科技创新能力很强，电子信息、互联网、文化创意、传媒、游戏动漫、人工智能、虚拟现实等产业和技术发达，现代科技注入旅游品牌塑造与传播的条件优越。可以在旅游品牌设计、品牌生成、品牌包装、品牌推广等方面，运用新技术、新媒体、新空间、新渠道，全方位提升品牌科技含量，打造旅游文化产品吸引力和产业竞争力。

第六节 "21 世纪海上丝绸之路" 背景下粤港澳文化的海外传播

粤港澳旅游文化遗产的价值传承，包括时间上的世代传承和空间上的地域传承—传播，文化遗产价值的地域传播，有国内和国际两个维度。从中华文化走向世界及 "21 世纪海上丝绸之路" 背景两方面谋划，粤港澳文化遗产的传播，更为重要的是面向 "21 世纪海上丝绸之路" 的海外传播。粤港澳旅游文化遗产价值的海外传播，鲜有学者涉及，但粤港澳文化的海外传播多年来一直受到学术界的关注。随着近年来粤港澳大湾区战略的提出，大湾区的国际形象及传播逐渐取代了粤港澳地区的文化传播，成为学术界的热点。众所周知，虽然大湾区是粤港澳乃至中国经济发展的航母之一，但从文化遗产角度看，大湾区无法取代粤港澳地区，粤港澳地区的旅游文化遗产，很大一部分在非大湾区之内。由此，从本书的使命出发，从传承旅游文化遗产价值的角度，探讨 "21 世纪海上丝绸之路" 背景下粤港澳文化的海外传播就显得既必要也可行。

在粤港澳大湾区对外形象传播研究方面，已有的成果值得借鉴。如杜明曦、侯迎忠通过 182 家外媒报道的数据，发现了外媒镜像下粤港澳大湾区对外传播的一些特点：经济形象突出，缺乏历史文化元素与人文关怀；偏重中心区域形象建构，区域内部形象影响力失衡；精英阶层话语叙事，公众因素缺位形象建构；正面形象稳定，但刻板印象与质疑犹存。① 刘超等从经济引擎、政府治理、协同发展三个维度对粤港澳大湾区的公众感知形象特征进行内涵解析与要素分析，发现公众心目中的湾区形象反映出更典型的经济属性与地理属性特征，表现在三方面：一是区位优势明显，二是域内城市之间协同发展，三是经济引擎强。据此作者提出了粤港澳大湾区形象塑造与传播的对策建议：一是加强粤港澳大湾区文化形象建设，挖掘和利用好湾区形象塑造与传播的文化纽带与凝聚力，其中重点是通过深挖和活用文化资源，形成湾区独特的区域形象标签；二是重塑公众的粤港澳大湾区身份认同与区域标签。②

根据学者对粤港澳大湾区形象及对外传播的研究，结合本书作者的研究，提出如下对策建议，旨在通过粤港澳文化的海外传播，提升粤港澳旅游文化遗产价值的国际传播，为中华文化走向世界、为人类命运共同体的打造做出应有的贡献。

第一，借鉴国外文化传播成功经验，明确海外文化传播思路。粤港澳要充分发挥其国内最大侨乡、海外华侨众多的优势，在调查世界华人和粤籍华人分布的基础上，进一步明确对外传播的思路。就传播范围层次看，根据人群和地区可以划分为几个战略文化圈：海外粤籍华人文化圈、东南亚华人文化圈、世界华人文化圈以及非汉语文化圈等。重点是"海上丝绸之路"文化带，在不同区域应该采取不同的传播方略。

第二，加强与海外华文媒体的合作。随着中国经济的崛起和国际政治地位的提高，海外华人对中华文化的需求日益迫切，这在海外的粤港澳籍华侨中表现尤为突出。抓住海外社群对中华文化热切需求的时机，尤其是广东华侨对岭南民族和文化的认同感，加强与海外华文媒体的合作。华人华侨对公共信息的了解80%以上来源于当地华文媒体，所以华文媒体的导向及从业水平至关重要。因此，粤港澳三地政府要加强与海外华文媒体的合作，重点是加强与"海上丝绸之路"共建国家和地区的合作。通过信息共享、人员交流、活动策划等不同形式的活动，实现优势互补，不断加强粤港澳文化在海外的传播。

---

① 杜明曦，侯迎忠. 外媒镜像下粤港澳大湾区对外传播路径选择探析：基于182家外媒报道的实证研究 [J]. 对外传播，2020 (4)：75-78.

② 刘超，李金萍，熊开容. 公众视角的湾区形象感知特征与传播策略：以粤港澳大湾区为例 [J]. 城市观察，2021 (4)：7-17.

第三,粤港澳加强合作,增强粤港澳文化的海外传播力和影响力。岭南文化的代表是粤港澳地区,同时在桂、琼等地也有不同程度的分布。因此,三地可以加强合作,挖掘和丰富岭南文化的内涵;联合其他客家省份如赣、闽等,展示更加完整、多元的客家文化。积极鼓励本土传媒集团开办外语广播和电视频道,创设粤港澳本土文化外文版,通过接受方的语言或接受方更易理解的语言和方式来阐释中华文化和岭南文化的内涵意蕴;实施粤港澳出版业的对外推广计划,积极鼓励出版机构、品牌"走出去",在"海上丝绸之路"共建国家和地区设立传播机构。

第四,运用现代传播手段,提升网络媒体的对外传播力。粤港澳在网络和传媒建设方面走在全国前列,政治上有网络问政,经济上有网上广交会的实践,因此完全有能力和条件开辟与发展文化网络,采取多种方式推动文化的海外传播。例如,鼓励粤港澳三地重点网站以互建链接、内容供应、技术合作等方式与国外知名网络媒体合作;抓好影视音像、影视动漫、出版物、文艺演出等国际营销网络建设;实施重点新闻网站海外站点本土战略,完成若干综合性外文频道建设,做大做强南方英文网、广东侨网;等等。创新网络文化传播形式,既要体现出传统文化的深厚底蕴,又要反映出当代文化的前沿动态,尤其是要鼓励和扶持原创网络文化产品的生产和推广。①

---

① 胡庆亮. 岭南文化海外传播的优势与路径 [J]. 五邑大学学报(社会科学版),2011,13(4):29-32.

第七章

总结与展望

党的十八大以来，习近平总书记围绕建设"21世纪海上丝绸之路"发表了一系列重要讲话，为发展旅游文化事业提供了科学指引与行动指南，对于推进粤港澳旅游文化遗产的发展起着重要指导作用。发轫于秦汉的"海上丝绸之路"，一直是沟通中西文化的重要桥梁。在"海上丝绸之路"发展背景下，我们要大力发掘"海上丝绸之路"文化遗产，在努力弘扬古代"海上丝绸之路"精神、充分彰显大国海洋经略智慧的现代化进程中，不断厚植古代"海上丝绸之路"旅游文化遗产底蕴，使之成为推动粤港澳旅游文化事业发展的强大力量。自从国家提出"海上丝绸之路"申遗工作以来，粤港澳三地更加注重保护文化遗产资源，主动作为，使"海上丝绸之路"文化保护工作有了很大的进展。

一、研究目的与内容

本书基于粤港澳（岭南）"源远流长、中西交融、多元一体、中华独一"的文化特质，挖掘整理千百年来粤港澳在"海上丝绸之路"上留下的文化遗产资源，从大旅游视角考察各类文化遗产（包括山水和城乡景观、民居与建筑、商业与交通、民俗生活方式、组织和社群、民间文学艺术、祭祀和宗教等旅游文化，广府文化、潮汕文化、客家文化、港澳文化、华侨文化几个次级地域文化）形成及演变的历史路径、数量和类型、遗存方式和特征，研究各类文化遗产的历史和当代价值，提出"海上丝绸之路"粤港澳旅游文化遗产价值传承与传播方式，为"21世纪海上丝绸之路"的经贸、文化、旅游交流提供文化遗产和文化资本支持，为粤港澳世界级大湾区建设提供有益借鉴，为广东（粤港澳）参与中国申报"海上丝绸之路"世界文化遗产，为广东的文化产业发展和文化强省建设，为广东（岭南）文化引领中华文化走向世界、实现中华民族伟大复兴做出积极的贡献。

本书的主要研究内容有以下几方面。第一,"海上丝绸之路"与广东对外交流史。主要包括"海上丝绸之路"的历史、"海上丝绸之路"背景下的广东对外文化交流、"海上丝绸之路"上广东的历史文化遗存。第二,粤港澳旅游文化遗产挖掘与整理。对自"海上丝绸之路"形成以来,广东(粤)及港澳(近代以来)对外旅游文化交流历史中形成和遗存的各类文化遗产资源,分门别类整理了各类旅游文化遗产(按类型分为山水和城乡景观、民居与建筑、商业与交通、民俗生活方式、组织和社群、民间文学艺术、祭祀和宗教等文化遗产,按地域分为广府、潮汕、客家、港澳和华侨五个次地域文化遗产)的数量和类型、地区分布、遗存方式和特征。第三,粤港澳旅游文化遗产开发与保护。通过市场调查了解到游客市场对粤港澳旅游文化遗产的感知及评价,发现了粤港澳旅游文化遗产利用与保护中存在的问题;研究粤港澳现存及可以抢救和恢复的旅游文化遗产资源的保护措施及合理开发模式,如岭南传统村落和城市建筑遗产、名人故居和革命文化遗产、古迹和古驿道文化遗产、滨海地区古港遗址、宗祠与宗教文化遗产、非物质文化遗产等文化遗产的开发利用和保护现状。第四,"海上丝绸之路"粤港澳旅游文化遗产价值传承与传播。包括国家关于文化遗产保护与开发利用的时代背景、粤港澳旅游文化遗产的当代价值与精神谱系、粤港澳旅游产业和文化产业融合发展、粤港澳文化探源与文化传世工程建设、粤港澳文化形象建构与旅游品牌塑造、"21世纪海上丝绸之路"背景下粤港澳文化的海外传播等。

二、研究的主要创新点及不足之处

本书全面梳理、挖掘了粤港澳旅游文化遗产的分布及利用保护状况,文献与田野调查相结合,获得了珍贵的调查资料,获得了旅游文化遗产保护利用的市场感知与评价,提出了粤港澳旅游文化遗产保护与利用的一系列理论思考和对策建议,包括粤港澳旅游文化遗产的当代价值与精神谱系、旅游文化形象构成、旅游品牌构建、文化探源和传世工程建设、旅游文化遗产传承思路及海外传播途径等。这些成果将进一步丰富"海上丝绸之路"与粤港澳文化遗产和旅游研究成果体系,具有一定的学术价值。

全书系统地总结了粤港澳旅游文化遗产的当代价值及精神谱系,作者认为:

粤港澳旅游文化遗产整体呈现出中华民族的精神谱系，从古到今贯穿岭南历史、由南到北嵌入岭南大地，生生不息、千秋传承。这种精神谱系是岭南民众由内生向外源、从创业拓荒到生产生活、从个人到国家和民族、由人类社会到自然世界的一整套精神体系，主要包括创业拓荒精神、冒险进取精神、吃苦担当精神、坚韧不拔意志、奉献牺牲精神、开放包容意识、团结合作意识、感恩回报情怀、奋斗抗争精神、顺天遵道意识、探索创新精神。

本书提出了粤港澳文化探源和传世工程，包括"岭南最早先民来源与迁徙路径、岭南聚落与城邦起源及早期形态、岭南农耕文化起源与变迁、广东语言（粤语）起源及演变、广东航海及"海上丝绸之路"起源与演化五大文化探源工程和"重要古人类遗址复原与保护工程、典型岭南传统民居和建筑保存工程、岭南地理环境与农耕文化自然博物馆工程、重要港口贸易和海防遗址恢复与重建工程、南粤古驿道遗址遗迹修复与保护工程、岭南杰出人物故居保护及生平事迹传承工程、广东重要非物质文化遗产整理与重现工程、粤港澳重要文化遗产传承人搜寻与继承工程、粤港澳重要文化遗产编辑出版与现代化传播工程"九大文化传世工程。

本书首次构建了粤港澳文化形象构成体系，作者指出：粤港澳文化是根植于中国传统文化中的重要分支——岭南文化，融合了南粤本土先民文化、中原移民的客家文化、海外异域文化等多种文化，历经千百年"海丝"交融、近代与西方激烈碰撞而形成的一个极具开放包容与创新活力的多元文化。其本底是本土（南粤）、中原（客家）和海外共同支撑的多元文化，可谓"根繁叶茂"；正由于其文化本底是多元的，才形成中西方交融互补、不拘一格创新、敢为天下先的气质，才拥有开放包容、博采众长的性格，才练就了求真务实、锐意进取的作风，这些成为粤港澳文化形象的内涵。其表现出来的形态特征就是欣欣向荣、生机无限、活力无穷。它包括三个层次："根繁叶茂"的三个文化源流（原生形象），千百年来不断丰富和完善的发展形象——中西交融、创新敢为、开放务实，并最终形成生机无限、活力长存的复合形象三个层次。

最后本书提出了"以文化形象导入旅游品牌提升粤港澳旅游文化知名度、以文化价值渗入旅游品牌凸显粤港澳旅游文化生命力、以现代科技注入旅游品牌打造粤港澳旅游文化竞争力"的旅游文化遗产传承思路；提出了"借鉴国外文化传播成功经验，明确海外文化传播思路；加强与海外华文媒体的合作；粤港澳加强合作，增强粤港澳文化的海外传播力和影响力；运用现代传播手段，提升网络媒体的对外传播力"的粤港澳旅游文化遗产海外传播对策建议。

本书提出的一系列对策建议对于正在推进的粤港澳世界第四大湾区的建设无疑提供了强大的文化原动力和精神鼓舞力，将引导粤港澳大湾区发展向着中华优秀传统文化深入、向着"21世纪海上丝绸之路"的广阔世界迈进，为我国的区域发展指明方向，提供精神力量支持，也为粤港澳旅游、文化、体育、艺术、文物文博、教育等相关行业的发展提供理论参考和行动指导。

本书对于不断丰富、深入的粤港澳旅游文化遗产开发状况，未能穷尽其数量、地区及内容，随着我国考古和文化事业、弘扬优秀传统文化工程的不断深入推进，会有越来越多新的文化遗产被发掘，这就使本书在数据资料的全面性、精准性方面存在一定的欠缺。受"新冠感染"疫情的影响，在课题的实地调查中，访谈部分做得还不够丰富，成果这方面的内容体现不多。以上不足之处，有待课题组成员后续深入研究，不忘初心，把粤港澳旅游文化遗产的研究工作一直推进下去。本书提出的一些观点和对策建议也只是一家之言，可能挂一漏万。

三、研究展望

旅游文化遗产不仅是全人类的文化财富，也是学术界的重要研究内容，粤港澳旅游文化遗产挖掘、保护及其价值传承研究，在此前的文化遗产研究领域还不够深入、全面。在本书研究的基础上，今后还需要在宏观和微观层面上，对粤港澳旅游文化遗产的空间分布、历史价值、现存特点、当代价值进行深入挖掘。对旅游文化遗产价值的传承与传播，需要在现代社会消费方式及科技手段武装下，促进数字技术在旅游文化遗产保存保护、展览展示、管理治理等方面的应用，推动文化遗产的数字化体验产品开发，提供沉浸式体验、虚拟展厅、高清直播等新型服务。文化遗产与旅游休闲、研学教育、文学创作、虚拟科技、创意设计、公共服务和社会治理等方面融合也是未来的趋势，作者盼望能有更多的学者和业界人士关注粤港澳旅游文化遗产的保护利用工作。

附录

粤港澳旅游文化遗产开发利用感知和
评价问卷调查

您好！感谢您在百忙之中抽出时间回答这份调查问卷。本问卷针对粤港澳旅游文化遗产的开发利用感知和评价进行调查，调查目的仅限研究所用。本问卷采取不记名方式，我们保证不会将您填写的信息泄露或者用于其他用途，请您根据个人实际情况如实填写，非常感谢您的配合！

1. 您的性别是：（　　　）［单选题］

A. 男

B. 女

2. 您的年龄段是：（　　　）［单选题］

A. 18 岁及以下

B. 19～25 岁

C. 26～35 岁

D. 36～45 岁

E. 46～60 岁

F. 61 岁及以上

3. 您的职业是：（　　　）［单选题］

A. 学生

B. 教师或科研人员

C. 公务员

D. 国有企业

E. 私营企业

F. 工人/农民

G. 离退休人员

H. 其他_____

4. 您的文化程度是：（　　　）［单选题］

A. 初中以下

B. 高中（中专）

C. 大专

D. 本科

E. 硕博及以上

5. 您的常住地：（　　　）［单选题］

A. 广东省湾区（请跳至第 6 题）

B. 广东省非湾区（请跳至第 7 题）

C. 广东省外（请跳至第 8 题）

6. 湾区：（　　　）［单选题］（请跳至第 8 题）

A. 广州市

B. 深圳市

C. 东莞市

D. 中山市

E. 佛山市

F. 惠州市

G. 肇庆市

H. 江门市

I. 珠海市

7. 非湾区：（　　　）［单选题］

A. 汕头市

B. 韶关市

C. 湛江市

D. 茂名市

E. 梅州市

F. 汕尾市

G. 河源市

H. 阳江市

I. 清远市

J. 潮州市

K. 揭阳市

L. 云浮市

8. 您是否曾经前往粤港澳文化遗产旅游目的地游玩?(　　)[单选题]

A. 有

B. 无(请跳至第10题)

C. 不确定

9. 您为什么前往该旅游文化遗产目的地?(　　)[多选题]

A. 是相关遗产地的工作人员或就业者

B. 出于了解和兴趣,有规划地前往

C. 偶然到达相关遗产地(并了解到游径相关信息)

D. 遗产地附近居民,途经相关遗产地或曾前往休闲

E. 其他_____

10. 您对旅游文化遗产的了解程度是:(　　)[单选题]

A. 非常了解

B. 了解

C. 一般

D. 不了解

E. 非常不了解

11. 您在回答下面 12～18 题时，请您先确定您回答这些问题的身份：
（ ）［单选题］

A. 遗产地的外来游客

B. 遗产地的普通居民

C. 遗产所在地政府机关管理人员

D. 遗产地的旅游行业经营管理服务人员

E. 粤港澳地区的文化、旅游、经济、地理等领域的专业技术人员

F. 其他_____

12. 您认为您所知道的旅游文化遗产的保护程度怎么样？（ ）［单选题］

A. 非常好

B. 一般

C. 不是很好

D. 非常不好

13. 您认为您所了解的旅游文化遗产的开发利用程度怎样？（ ）［单选题］

A. 非常好

B. 一般

C. 不是很好

D. 非常不好

14. 您觉得当前旅游文化遗产保护方面面临的问题是什么？（ ）［多选题］

A. 人们的意识不够

B. 缺乏有效的保护机制

C. 缺乏资金

D. 外来文化和现代文化的冲突

E. 其他_____

15. 您认为解决旅游文化遗产保护与开发问题的重要途径是什么？（ ）

[多选题]

    A. 增加资金投入

    B. 限制游客数量

    C. 培养专业人才

    D. 加强遗产地合理规划

    E. 加大科技保护力度

    F. 加强文化保护教育

    G. 其他＿＿＿＿＿＿＿＿

16. 对于旅游文化遗产，您更希望丰富哪些特性？（　　）[多选题]

    A. 参与性

    B. 故事性

    C. 学习性

    D. 民族性

    E. 趣味性

    F. 艺术性

17. 您认为提升旅游文化遗产吸引力最有效的手段是什么？（　　）[多选题]

    A. 在原有地开发，尽可能保持原貌

    B. 形成品牌

    C. 创新开发，融入现代元素，适应时代需求

    D. 新奇的展示形式

    E. 独特的包装设计

    F. 友好的价格

    G. 广告宣传

    H. 提高实用性

    I. 其他＿＿＿＿＿＿＿＿

18. 您对粤港澳旅游文化遗产开发与利用有什么建议？[填空题]

参考文献

一、著作类

[1] 广州市文物管理委员会，等．中国田野考古报告集：西汉南越王墓[M]．北京：文物出版社，1991.

[2] 广州市文物考古研究所，黄埔区文化广电新闻出版局．南海神庙古遗址古码头[M]．广州：广州出版社，2006.

[3] 韩维龙，易西兵．海上丝绸之路广州史迹[M]．广州：广州出版社，2017.

[4] 李文翎．活力粤港澳大湾区之历史文化[M]．广州：广东科技出版社，2020.

二、期刊类

[1] 陈朝萌．深圳海上丝绸之路文化：历史与现实[J]．华南理工大学学报（社会科学版），2017，19（2）.

[2] 陈达森．"海上丝绸之路"的形成及其历史价值[J]．黑龙江史志，2014（24）.

[3] 陈文璇，郑天祥，陈丽群．澳门在"丝路"中的桥梁作用：建设澳门航空中转港[J]．当代港澳研究，2015（3）.

[4] 陈晓静．广府文化旅游开发模式探析[J]．旅游纵览（下半月），2020（8）.

[5] 陈赟冰．市场话语下的文化政策与文化遗产的创意活化[J]．美术观察，2020（6）.

　　[6] 初蕊. 粤港澳文化创意产业融合模式研究 [J]. 科技视界，2015
(11).

　　[7] 崔梦涵. 粤港澳大湾区全域旅游发展与文化品牌形象塑造 [J]. 旅游
纵览，2021 (5).

　　[8] 邓其生，曹劲. 广州古代建筑与海上"丝绸之路" [J]. 广东经济，
2003 (1).

　　[9] 邓颖颖，蓝仕皇. 南海文化遗产保护及其旅游开发利用研究：基于21
世纪"海上丝绸之路"建设背景 [J]. 贵州省党校学报，2017 (1).

　　[10] 杜明曦，侯迎忠. 外媒镜像下粤港澳大湾区对外传播路径选择探析：
基于182家外媒报道的实证研究 [J]. 对外传播，2020 (4).

　　[11] 方正辉. 海上丝绸之路的文化价值 [J]. 对外传播，2015 (3).

　　[12] 冯润，陈仁，罗浩. 粤籍华侨华人与21世纪海上丝绸之路经济带建
设 [J]. 社会科学家，2020 (8).

　　[13] 韩炜师. 从海上丝绸之路的遗产价值探讨文化遗产保护的理念 [J].
文物世界，2017 (1).

　　[14] 侯培江，尹伶俐. 粤港澳大湾区建设进程中大湾区文化的时代内涵
[J]. 广州航海学院学报，2017, 25 (4).

　　[15] 胡庆亮. 岭南文化海外传播的优势与路径 [J]. 五邑大学学报（社会
科学版），2011, 13 (4).

　　[16] 黄洁薇. 论华侨文化遗产的保护与利用 [J]. 探求，2014 (1).

　　[17] 黄玉蓉，曾超. 文化共同体视野下的粤港澳大湾区文化合作研究
[J]. 广州大学学报（社会科学版），2018, 17 (10).

　　[18] 霍秀媚. "一带一路"倡议与岭南文化的传承传播 [J]. 探求，2018
(3).

　　[19] 蒋明智，樊小玲. 粤港澳大湾区非物质文化遗产的协同保护 [J]. 文
化遗产，2021 (3).

　　[20] 李金明. 中国古代海上丝绸之路的发展与变迁 [J]. 新东方，2015 (1).

　　[21] 李莉，江郁涛. 潮汕非物质文化遗产的保护性旅游开发探析：以潮剧
为例 [J]. 经济研究导刊，2010 (14).

　　[22] 李曙霞. "21世纪海上丝绸之路"：文化认同助推区域共赢 [J]. 长

春大学学报，2015，25（11）.

[23] 李燕，司徒尚纪.港澳文化在珠江三角洲的传播及其影响分析 [J].
热带地理，2001（1）.

[24] 李仲才.建设"21世纪海上丝绸之路"的文化战略思考 [J].群言，
2015（9）.

[25] 梁江川，刘少和.粤港澳大湾区旅游品牌共建要素与路径研究 [J].
华南理工大学学报（社会科学版），2019，21（5）.

[26] 梁巧玲，陈晓君，梁敏.广东地区名人纪念馆的公众教育功能及其实
现路径 [J].文物鉴定与鉴赏，2020（17）.

[27] 刘超，李金萍，熊开容.公众视角的湾区形象感知特征与传播策略：
以粤港澳大湾区为例 [J].城市观察，2021（4）.

[28] 刘介民，刘小晨.粤港澳大湾区新时代文化内涵 [J].地域文化研
究，2018（4）.

[29] 刘荣材.略论粤港澳大湾区多元文化融合发展的实现路径及其重要意
义 [J].南方论刊，2019（4）.

[30] 刘妍.21世纪海上丝绸之路视域下的岭南文化传播 [J].探求，2015
（4）.

[31] 刘云德，杨毅鸿.粤港澳的文化使命 [J].中国投资，2017（23）.

[32] 柳姣羽.分析广州海上丝绸之路的海洋文化遗产保护：以广州对外贸
易机构为例 [J].旅游纵览（下半月），2015（20）.

[33] 罗耀华，姚惠怡.地域文化视角下广东华侨村落中兴里的保护与利用
研究 [J].文化产业，2021（32）.

[34] 马建春.海上丝绸之路的历史贡献 [J].社会科学战线，2016（4）.

[35] 孟子敏.粤港澳大湾区非遗旅游开发：基于RMP分析 [J].社会科
学家，2022（1）.

[36] 莫群.广东红色文化的全媒体传播研究 [J].传播力研究，2018，2
（21）.

[37] 钱林霞，周蜜.加强粤澳文化融合，推进海洋战略合作："海上丝绸
之路中的澳门"座谈会召开 [J].新经济，2015（1）.

[38] 邱玉红.建设21世纪海上丝绸之路背景下广西特色文化产业转型升

级发展研究 [J]. 歌海, 2015 (4).

[39] 石坚平. 江门海上丝绸之路文化探源 [J]. 五邑大学学报 (社会科学版), 2015, 17 (3).

[40] 司徒尚纪, 许桂灵. 中国海上丝绸之路的历史演变 [J]. 热带地理, 2015, 35 (5).

[41] 宋爱珍. 基于文化自信下红色文化资源的有效整合与保护利用: 以广东革命历史博物馆为例 [J]. 中国民族博览, 2020 (14).

[42] 宋平. 广州海上丝绸之路文物与文化史迹展示的现状与思考 [J]. 城市观察, 2014 (4).

[43] 苏勇军. 海上丝绸之路文化遗产与广播影视创作 [J]. 中国广播电视学刊, 2016 (8).

[44] 孙华. 文化遗产概论: 上: 文化遗产的类型与价值 [J]. 自然与文化遗产研究, 2020, 5 (1).

[45] 王福梅. 妈祖文化在东南亚华人中的文化认同价值与路径研究 [J]. 妈祖文化研究, 2021 (1).

[46] 王伟, 陈思扬. 海上丝绸之路与闽南戏曲当代发展: 东亚文化格局中的闽南戏曲二次创业研究 [J]. 艺苑, 2015 (2).

[47] 王晓华. 差异、多元共生与粤港澳大湾区的文化建构 [J]. 广州大学学报 (社会科学版), 2018, 17 (12).

[48] 文豪, 许兆欢. 阳江海上丝绸之路文化遗存概况 [J]. 南方论刊, 2015 (7).

[49] 闻瑞东, 钟世川. 加强粤港澳大湾区文化整合的对策 [J]. 改革与开放, 2018 (20).

[50] 吴宝璋. 关于"文化遗产保护"五题 [J]. 旅游研究, 2009, 1 (1).

[51] 吴尧, 毛一山. 澳门居住建筑文化遗产的修缮保育与旅游开发: 以郑家大屋为例 [J]. 美术学报, 2020 (6).

[52] 徐文燕. 旅游开发对非物质文化遗产保护的适用性研究 [J]. 旅游研究, 2010, 2 (4).

[53] 薛立胜, 李志健. "21 世纪海上丝绸之路"建设的文化考量 [J]. 对外传播, 2015 (4).

[54] 颜妍婷，麦蔼文. 广佛非物质文化遗产旅游资源的保护与开发：以海上丝绸之路为视角 [J]. 广东技术师范学院学报，2015，36（9）.

[55] 杨晓东. 雷州半岛与海上丝绸之路的文物 [J]. 岭南文史，2000（4）.

[56] 姚晔. 从澳门宗教建筑看岭南文化和西方文化的交融 [J]. 内蒙古农业大学学报（社会科学版），2008（3）.

[57] 易西兵. 广州海上丝绸之路史迹的文化内涵与遗产价值 [J]. 岭南文史，2016（2）.

[58] 余欣. 推进"一带一路"建设下粤港澳文化交流与合作 [J]. 城市观察，2017（5）.

[59] 袁俊，张萌. 生态旅游视野下的澳门文化遗产旅游可持续发展研究 [J]. 深圳大学学报（人文社会科学版），2010，27（4）.

[60] 袁奇峰，蔡天抒. 以社会参与完善历史文化遗产保护体系：来自广东的实践 [J]. 城市规划，2018，42（1）.

[61] 占毅. 海上丝绸之路上华侨华人的文化认同 [J]. 中华文化论坛，2015（11）.

[62] 张朝智. 潮汕地区物质文化遗产探析：以境内省级以上文物保护单位为例 [J]. 文化创新比较研究，2021，5（34）.

[63] 张开城. 论广东海上丝绸之路文化资源的开发利用 [J]. 南方论刊，2011（11）.

[64] 张明昊. 地方旅游文化发展中的非物质文化遗产保护思考 [J]. 文化学刊，2014（3）.

[65] 张晓斌，郑君雷. 广东海上丝绸之路史迹的类型及其文化遗产价值 [J]. 文化遗产，2019（3）.

[66] 张晓斌. 广东文化遗产活化利用的模式与实践 [J]. 文博学刊，2020（2）.

[67] 张镒，柯彬彬. 广东沿海地区文化遗产空间分布特征及影响因素 [J]. 海南师范大学学报（自然科学版），2016，29（4）.

[68] 赵春晨. 关于"海上丝绸之路"概念及其历史下限的思考 [J]. 学术研究，2002（7）.

[69] 中共中央办公厅 国务院办公厅印发《关于进一步加强非物质文化遗产保护工作的意见》[J]. 中华人民共和国国务院公报，2021（24）.

[70] 周长山."海上丝绸之路"概念之产生与流变 [J].广西地方志，2014（3）.

[71] 周长山.日本学界的南方海上丝绸之路研究 [J].海交史研究，2012（2）.

[72] 朱万果.推进粤港澳大湾区旅游一体化合作 [J].新经济，2017（1）.

[73] 邹统钎，邱子仪，张梦雅.粤港澳大湾区旅游品牌基因选择研究 [J].城市观察，2021（5）.

三、其他参考文献

[1] 广东首倡共建粤港澳大湾区文化遗产游径 [N].南方日报，2019-01-06（A3）.

[2] 李培."论剑"广东非遗产业振兴 [N].南方日报，2010-06-13（8）.

[3] 林蓁.小公园开埠区焕发新活力 [N].汕头日报，2021-10-13（11）.

[4] 时平."海上丝绸之路"概念的历史考察：兼谈饶宗颐先生的学术贡献 [N].潮州日报，2016-02-04（6）.

[5] 谭志红.广东广州：非遗融入现代生活 [N].中国文化报，2022-04-21（8）.

[6] 汪灵犀，金晨.粤港澳大湾区建设"成绩单"亮眼 [N].人民日报海外版，2022-07-07（10）.

[7] 王红林.海上丝绸之路：一条承载历史与发展的黄金旅游线路 [N].东莞日报，2014-10-28（A5）.

[8] 魏峻.海上丝绸之路：中国博物馆的阐释与展示（2013—2016）[N].中国文物报，2016-12-20（5）.

[9] 新华社.中共中央办公厅　国务院办公厅印发《关于实施中华优秀传统文化传承发展工程的意见》[EB/OL].中国政府网，2017-01-25.

[10] 陈以乐.从城市遗产视角探析粤港澳大湾区疍家文化 [C] //波尔图大学，澳门大学，澳门科技大学，澳门城市大学，澳门理工学院.基于中葡平台的创新性发展研究：2020年中国与葡语系国家发展研究国际会议论文集.[出版者不祥]，2020.

后 记

　　本书完成之时，欣逢党的二十大胜利召开，中国特色社会主义事业进入了新时代、迈向了新征程。从 1997 年香港回归、1999 年澳门回归，至今已 20 余年，粤港澳三地融合发展呈加速推进之势。2017 年《深化粤港澳合作、推进大湾区建设框架协议》签署，标志着粤港澳大湾区建设正式启动；2018 年《粤港澳大湾区发展规划纲要》出台；2019 年、2020 年、2021 年《中共中央、国务院关于支持深圳建设中国特色社会主义先行示范区的意见》《深圳建设中国特色社会主义先行示范区综合改革试点实施方案》《横琴粤澳深度合作区建设总体方案》《全面深化前海深港现代服务业合作区改革开放方案》相继出台并落地实施，推动粤港澳大湾区建设取得阶段性成效。粤港澳大湾区战略的推进，掀开了中国改革开放的新篇章，必将有力地推动中国的现代化建设和中华民族伟大复兴。

　　作为一个新客家人，屈指算来，我来粤港澳大湾区工作、生活整整 21 年，大湾区已成为我的第二家乡。在 50 余年的人生中，超过 2/5 的时间在广东生活，我已深深地融入岭南地理环境、南粤地域文化和大湾区生活气息中。从 20 年前以粤港澳地区旅游合作作为博士论文选题开始，我就将自己当作新客家人全身心投入关注粤港澳经济和社会发展、研究岭南旅游和文化、品味广东生活和习俗中。在本人主持的纵向科研项目、发表的学术论文、出版的学术专著中大部分以粤港澳地区为主题，从粤港澳旅游合作到广东省休闲产业发展，从休闲文化与生活风尚到"21 世纪海上丝绸之路"与广东旅游发展，再到本书的粤港澳旅游文化遗产，见证着我从一个懵懵懂懂、初出茅庐的年轻学子逐渐成长为学有所长、术有专攻的中年学者，凝结着我对岭南文化的深情热爱、对广东人民的深厚友谊及对大湾区的深深眷恋。

　　本书是在我主持的广东省社科规划项目结项成果基础上发展而成的，课题还在研究中。粤港澳大湾区发展可以说是日新月异，大湾区的发展、粤港澳的合作、岭南文化的复兴等都取得了令世界瞩目的成绩。党的十九大、二十大给予大湾区很高的定位和期望，为粤港澳的未来发展及和大湾区有关的学术研究指明了方向。本书的出版无疑借了这股东风，期望能在"21世纪海上丝绸之路"上把粤港澳旅游文化遗产的价值和影响广泛地传播到海外，以造福"人类命运共同体"。

　　衷心感谢给予课题研究及本书出版无私帮助的社会各界人士及相关单位，除了书中注明的引文作者外，特别感谢广东财经大学文化旅游与地理学院，广东省社会科学院环境与发展研究所庄伟光研究员，广东旅道集团创始人陈南江博士，广州市人文社会科学重点研究基地——广州文化和旅游融合发展研究基地，澳门城市大学国际旅游与管理学院李玺教授，作者的研究生陈楚玲、秦玉珍、龚同芳、郑家欣、郑琳等，光明日报出版社的张金良、王佳琪等。

秦学

2023 年 4 月 30 日

于广东财经大学